새로운 한국 모델

박정희 모델을 넘어

김형기 지음

한울
아카데미

이 도서의 국립중앙도서관 출판예정도서목록(CIP)은 서지정보유통지원시스템 홈페이지(http://seoji.nl.go.kr)와 국가자료공동목록시스템(http://www.nl.go.kr/kolisnet)에서 이용하실 수 있습니다.
CIP제어번호: CIP2018005889(양장), CIP2018005888(무선)

차례

책을 내면서

박정희 모델을 넘어 새로운 한국 모델로

보수 정부 9년 끝에 문재인 정부가 집권했다. 문재인 대통령은 새로운 대한민국을 만들겠다고 선언했다. 과거의 낡은 대한민국을 넘어 새로운 대한민국을 여는 것은 지금의 시대정신이다. 대한민국의 지속가능발전을 위해서는 '새로운 한국 모델(New Korea Model)'을 실현해야 한다.

'낡은 한국 모델(Old Korea Model)'은 그 설계자의 이름을 따서 박정희 모델이라 불리기도 한다. 박정희 모델은 개발국가, 개발독재, 수출주도 성장체제, 재벌지배체제, 중앙집권-수도권 일극 발전체제로 구성된 경제발전 모델이었다. 개발국가는 전략산업 육성을 위해 투자 조정, 유치산업 보호, 수출 촉진, 금융 통제 등의 산업정책을 통해 경제 발전에 집중하는 국가다. 개발독재는 경제성장에 걸림돌이 된다고 생각되는 정치적·사회적 장애 요소를 국익과 개발의 명분으로 억압한 독재체제였다.

'대량생산-고생산성-저임금-대량수출'이라는 거시경제적 순환 구조를 가지는 수출주도 성장체제, 재벌 대기업에로의 경제적 집중과 재벌 대기업과 중소기업 간의 종속적 하청 관계를 초래한 재벌지배체제, 권한과 자원을 중앙정부가 독점하고 수도권 집중 상태에서 수도권만이 유일하게 성장 축을 형성하고 있는 중앙집권-수도권 일극 발전체제가 박정희 모델을 구성한 또 다른 요소들이었다.

이러한 박정희 모델은 1987년 시민항쟁과 노동자 대투쟁을 계기로 개발독재체제가 무너지고 1997년 외환위기를 계기로 개발국가가 후퇴함에 따라 붕괴했다. 박정희 모델은 민주화와 글로벌화 시대에 지속 불가능했다. 박정희 모델은 긍정적 및 부정적 유산을 남겼다. 산업정책과 금융 통제는 긍정적 유산이고, 독재, 성장지상주의, 재벌지배체제, 중앙집권-수도권 일극 발전체제는 부정적 유산이다. 민주화 이후 독재는 청산되었으나, 성장지상주의와 재벌지배체제, 수도권 일극 발전체제는 여전하거나 더욱 강화되었다. 산업정책과 금융 통제는 점차 폐기되었다.

1997년 외환위기 이후 한국 모델은 표류하기 시작했다. 1998~2007년 10년간 민주 정부 아래, 민주주의와 시장경제의 병행 발전, 생산적 복지, 동반성장, 지방분권 등 새로운 패러다임이 추진되었다. 이 시기에는 민주화와 자유화가 동시에 진전되고 경제민주주의 요소와 신자유주의 요소가 섞여 있었다. 하지만 2008년 정권 교체 이후 이명박 정부와 박근혜 정부에서 민주화는 위축되고 자유화는 더욱 강화되었다. 심지어 박근혜 정부에서는 낡은 한국 모델인 박정희 모델로 회귀하려는 시도마저 있었다.

박정희 모델 붕괴 이후 20년이 지난 지금까지 아직 그것을 넘어서는 새로운 한국 모델이 정립되지 못하고 있다. 5년 단위의 정권 교체로 인해 한 정부가 도입한 새로운 경제 모델이 다음 정부에서 폐기되는 과정이 반복되어 새로운 경제 모델은 뿌리내릴 수가 없었다.

이를 극복하기 위해서는 중도 진보와 중도 보수가 합의하는 새로운 한국 모델의 상이 정립되고 이것이 공론화되어야 한다. 2012년 대선에서 보수 진영도 경제민주주의와 복지국가를 공약한 바 있다. 지난 박근혜 정부의 집권 여당의 원내 대표는 양극화를 해결하려고 한 노무현 대통령을 높이 평가하고 진보적 경제정책을 주장하기도 했다. 진보 내에서도 성장, 효율성, 혁신을 중시하는 흐름이 나타났다.

박정희 모델의 긍정적 유산인 산업정책과 금융 통제를 새로운 형태로 계승하고 부정적 유산인 성장지상주의, 재벌지배체제, 중앙집권-수도권 일극 발전체제를 넘어서는 '새로운 한국 모델'을 정립하기 위한 보수와 진보 간의 사회적 합의가 도출되어야 한다. 정권이 교체되어도 이 합의에 기초한 새로운 한국 모델의 근간은 유지되어야 한다. 보수 정부에서는 그 발전 모델의 보수 버전이, 진보 정부에서는 그 진보 버전이 출현하더라도 말이다.

저성장과 양극화라는 양대 문제에 직면한 한국 경제의 지속가능한 발전을 위해서는 낡은 한국 모델인 '중앙집권형 개발국가'를 새로운 한국 모델인 '지방분권형 복지국가'로 개조해야 한다. 지방분권형 복지국가 실현을 위한 사회적 합의에 포함되어야 할 의제로는 지방분권 개헌, 노동시장 유연안전성 실현, 고복지·고부담 체제 구축, 이해관계자 자본주의 실현, 소득주도 성장체제 확립을 들 수 있다.

이 책은 이러한 문제의식에서 새로운 한국 모델의 비전과 정책을 제시해보고자 했다. 1997년 외환위기 이후 지난 20년 동안 필자는 낡은 한국 모델인 중앙집권형 개발국가와 그것을 해체해온 신자유주의 정책 패러다임을 넘어서는 새로운 한국 모델 정립을 위한 연구와 실천 활동을 해왔다. 이 책에 담은 글들은 그러한 모색 과정에서 쓴 학술 논문과 정책 에세이다.

1987년 민주항쟁 이후 30년, 1997년 외환위기 이후 20년이 지난

2017년, 때마침 진보 정부인 문재인 정부가 등장한 2017년이 '새로운 한국 모델'을 위한 제도 개혁과 문화 혁신이 이루어지는 원년이 되기를 희망한다. 새로운 한국 모델이 정립되어 광복 100주년인 2045년에는 더 크고 더 좋은 '사람 중심의 통일한국'이 달성되는 꿈을 꾸면서 이 졸저를 세상에 내놓는다. 관심 있는 독자 여러분의 기탄없는 질정을 기대한다.

2018년 2월

복현 동산에서

김형기

제1장

동아시아 발전 모델의 원형과 변형

일본·한국·중국 모델의 공통점과 차이점

1. 머리말

일본, 한국, 중국 등 동아시아 국가의 경제 발전을 다른 서구의 다른 경제 발전과 구분되는 독자적인 발전 모델로 유형화할 수 있는가? 다른 발전 모델과 구분되는 한·중·일 3국만의 공통점이 있는가? 동아시아 발전 모델을 독자적인 발전 모델로 유형화할 수 있다면 동아시아 발전 모델의 원형(prototype)은 무엇인가? 그리고 동아시아 발전 모델의 변형(variants)으로서의 한국 모델, 일본 모델, 중국 모델의 차이는 무엇인가?

발전경제학에서는 일본, 한국, 대만, 홍콩, 싱가포르 등의 경제 발전을 '동아시아 신흥공업경제(NIEs)', '동아시아 모델' 혹은 '아시아 모델'로 설정하고 그 특성을 연구한다.[1] 그러한 연구들은 일본, 한국, 대만, 중국, 싱가포르, 홍콩 등 동아시아 경제가 하나의 독자적인 경제 발전을 성취했음을 보여준다. 그런데 이 연구들은 대부분 동아시아 경제 발전의 특수성을 부각하고 있지만 자본주의의 다양성 이론 혹은 자본주의 발전 모델론의 관점에서 다른 자본주의 발전 모델들과 구분되는 동아시아 발전 모델의 특성을 비교제도적으로 해명하고 있지는 않다.

자본주의의 서로 다른 모델의 차이를 밝히려는 이론에는 자본주의 다양성론과 조절이론의 발전 모델론이 있다.[2] 자본주의 다양성론을 제시

※ 제1장은 한국경제발전학회, ≪경제발전연구≫ 제22권 1호(2016년 3월)에 실린 필자의 논문을 수정·보완한 것임.

1 예를 들면 세계은행(World Bank, 1993), 초두리와 이슬람(Chowdhury and Islam, 1993), 리히터(Richter, 2000), 장하준(Chang, 2006), 헨더슨(Henderson, 2011), 월터와 장(Walter and Zhang eds., 2012), 퍼킨스(Perkins, 2013) 등에서 동아시아 경제 발전의 특수성을 해명하고 있다.

2 영미형, 라인형, 노르딕형, 지중해형, 동아시아형 등 자본주의 유형론으로서의 '자본주의 모델'과 조절이론에서의 '자본주의 발전 모델'은 서로 다르다. 다음 절에서 보는 것처

한 홀과 소스키스(Hall and Soskice, 2001)는 자본주의 시장경제를 자유시장경제(liberal market economies: LME)와 조정시장경제(coordinated market economies: CMEs), 두 유형으로 구분했다. 이 연구에서는 일본만을 조정시장경제로 분류해 연구한다. 아마블(Amable, 2003)은 제도경제학의 방법에 기초해 자본주의를 시장기반 모델, 사회민주주의 모델, 대륙 유럽 모델, 지중해 모델, 아시아 모델 등 다섯 가지로 유형화했다. 이 연구에서는 일본과 한국을 아시아 모델로 독자적으로 설정해 비교제도적으로 연구한다. 하지만 한국과 일본의 차이는 다루지 않는다. 한편 부아예와 우에무라, 이소가이(Boyer, Uemura and Isogai eds., 2012)는 조절이론의 방법에 기초해 한·중·일 3국의 경제를 각각 분석하고 아시아 자본주의의 다양성을 분석한다. 하지만 여기서도 발전 모델론에 기초해 한·중·일 3국이 동아시아 발전 모델로서 공통성을 가짐과 동시에 차별성이 있음을 비교제도적으로 분석하지는 못하고 있다.

이 글에서는 기존의 동아시아 발전 모델 논의를 조절이론의 자본주의 발전 모델 개념과 제도경제학의 제도적 보완성 개념에 기초해 재검토하고 동아시아 발전 모델의 원형과 한·중·일 3국에서의 그 변형을 제도적 위계 개념에 기초해 밝히고자 한다. 이를 위해 먼저 발전 모델 분석의 이론적 틀을 마련해 이 틀에 따라 동아시아 발전 모델의 원형을 제시하고, 나아가 한·중·일 3국에서의 그 변형을 제시하고자 한다. 이를 통해 동아시아 발전 모델이 하나의 독자적 발전 모델로 유형화할 수 있음을 보이고, 또한 동아시아 발전 모델의 세 변형인 일본 모델, 한국 모델, 중

럼 조절이론에서의 발전 모델 개념은 자본주의를 체계적으로 인식하려는 분석적 개념이다. 반면 자본주의 모델에서의 모델은 단순히 유형론일 뿐이다. 따라서 이 글은 서로 다른 자본주의 모델을 발전 모델 개념으로 접근하여 '동아시아 자본주의 모델'을 '동아시아 발전 모델'로 파악하고자 한다.

국 모델의 서로 다른 특징을 밝히고자 한다.[3]

2. 발전 모델 분석의 이론적 틀

이 글에서는 서로 다른 자본주의 발전 모델의 특성을 분석하기 위한 이론적 틀을 조절이론의 통찰에 기초해 제시하고자 한다. 그 이유는 조절이론이 자본주의의 시간적 다양성과 공간적 가변성을 밝히는 유용한 이론적 틀을 제공하기 때문이다. 조절이론에 의하면, 발전 모델은 축적체제(accumulation regime)와 조절 양식(mode of regulation)으로 구성된다. 축적체제는 생산성체제와 수요체제로 구성된다. 생산성체제는 생산성이 획득되는 메커니즘이며 노동 과정을 포함한다. 수요체제는 소비와 투자, 정부 지출 및 순 수출의 총합이다. 하나의 축적체제는 생산성체제(공급)와 수요체제(수요) 간의 연계에 의해 완성되는 그 자신의 거시경제적 회로를 가지고 있다. 축적체제에 규칙성을 부여하는 조절 양식은 일련의 제도 형태로 구성되어 있다(Boyer and Saillard eds., 2002).

3 중국 경제가 지속적인 고도성장에 성공하기 이전까지 동아시아 발전 모델에는 보통 일본, 한국, 대만이 포함되었다. 하지만 중국이 개혁개방에 성공하여 중진국 수준의 발전도상국에 이르게 된 2000년대부터 중국을 동아시아 발전 모델에 근사한 것으로 인식하는 연구들이 나타나기 시작했다. 예컨대 Baek(2005)과 Bolto and Weber(2009)는 중국이 대체로 동아시아 발전 모델을 따르고 있다고 보며, Walter and Zhang(2012)은 중국을 동아시아 발전 모델의 한 변형으로 규정한다. 반면, Hsu, Wu and Zhao(2011)에서는 중국의 국가가 중앙정부의 제도적 역량이 취약하므로 강력한 산업정책을 추진할 수 없었다는 점에서 개발국가로 보기 어렵다는 이유로 중국 모델을 동아시아 발전 모델에 포함시키는 데 유보적이다. 중국 경제를 동아시아 발전 모델의 한 변형으로 볼 수 있는지는 논쟁거리다. 이 글에서는 중국을 동아시아 발전 모델의 한 변형으로 보는데, 그 이유는 이하 이 글의 논의에 제시되어 있다.

조절이론에 따르면, 자본주의 경제는 통화체제, 임노동 관계, 경쟁 형태, 국가와 경제의 관계, 세계 경제에의 편입 형태 등 다섯 가지의 제도 형태를 가지고 있다. 이 다섯 가지 제도 형태의 총체가 하나의 특정한 조절 양식을 창출한다. 조절이론에 의하면 하나의 발전 모델의 특성은 이들 다섯 가지 제도 형태로 분석될 수 있다. 동아시아 발전 모델의 원형과 그 변형을 밝히는 데 이러한 조절이론의 발전 모델 분석 틀이 참고가 될 수 있다.

조절이론의 다섯 가지 제도 형태를 이 글에서는 5대 부문으로 설정했다. 통화체제는 금융 시스템과 금융시장을 포함한 금융 부문으로, 임노동 관계는 노동 시스템과 노동시장을 포함한 노동 부문으로, 경쟁 형태는 기업 시스템과 제품시장을 포함한 기업 부문으로, 국가와 경제의 관계는 국가 유형과 정책 패러다임을 포함한 국가 부문으로, 세계 경제에의 편입 형태는 무역체제와 세계시장을 포함한 해외 부문으로 설정했다. 이러한 설정은 분석적으로 다음과 같은 장점을 가지고 있다. 즉, 조절이론에서는 제도 형태만 고려하지만 이 글에서는 제도로서의 시스템과 시장을 함께 고려한다. 이 글의 '5부문 모형'은 제도와 시장을 동시에 포함하기 때문에 조절이론의 다섯 가지 제도 형태를 확장했다고 볼 수 있다. 그리고 제도와 시장의 상호작용을 분석할 수 있다. 그뿐 아니라 각 발전 모델의 제도와 시장을 좀 더 체계적으로 비교·분석할 수 있다는 장점도 있다.

'5부문 모형'으로 발전 모델을 분석하는 방법이 그림 1-1에 제시되어 있다. 하나의 발전 모델 내에는 3대 시장, 즉 금융시장, 제품시장, 노동시장이 존재한다. 이 세 시장은 각각의 메커니즘에 따라 작동하면서 상호작용한다. '금융시장-제품시장', '제품시장-노동시장', '금융시장-노동시장' 사이의 상호작용이 발전 모델의 성장과 위기를 낳는 원천이다. 이 세

그림 1-1

발전 모델 분석의 이론적 틀: 5부문 모형

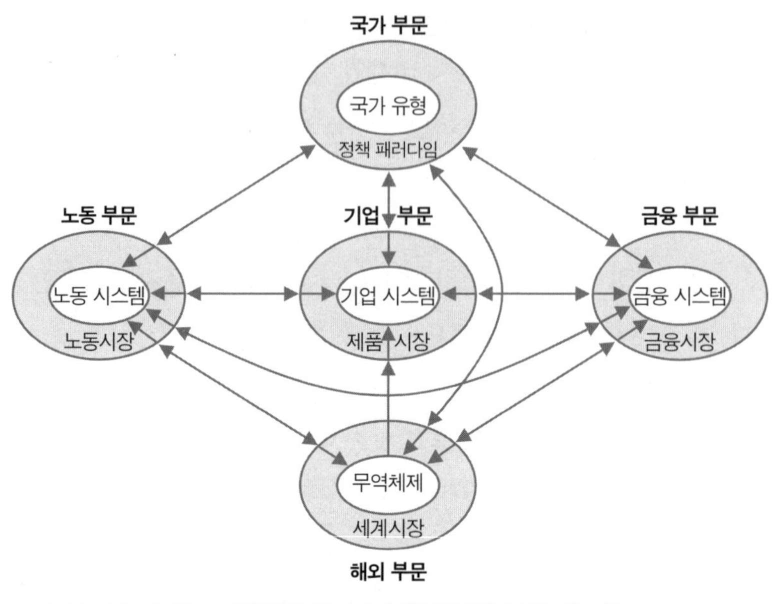

시장은 세계시장의 변동에 영향을 받는다. 글로벌화 시대 개방경제에서 그 영향은 직접적이고 강력하다. 특히 세계 금융시장이 국내 금융시장에, 세계 제품시장이 국내 제품시장에 미치는 영향이 그러하다. 글로벌 경쟁이 금융 부문, 기업 부문, 노동 부문에 깊숙이 작용한다. 금융 시스템은 금융시장에, 기업 시스템은 제품시장에, 노동 시스템은 노동시장에 각각 영향을 미친다. 금융 시스템, 기업 시스템, 노동 시스템은 상호작용한다. 한 기업 내에서 이 세 시스템이 상호 연관되어 작용한다.

기업 시스템은 기업지배구조, 경영 방식, 기업 간 관계를 포함한다. 금융 시스템은 통화제도, 은행제도, 신용제도를 포함한다. 노동 시스템은 노동 과정, 고용 시스템, 노사 관계를 포함한다. 무역체제는 외환 시스템, 무역협정, 국제 자본 이동 등을 포함한다. 무역체제가 자유화되는 정도에 따라서 세계시장이 제품시장, 금융시장, 노동시장에 미치는 영향이 달라진다. 국가 유형은 헌법, 법률체계, 사회협약 등의 제도에 의해 결정된다. 정책 패러다임은 국가가 네 부문, 특히 제품시장, 금융시장, 노동시장에 개입하는 형태를 나타낸다.

발전 모델의 성격은 상호작용하는 이 5대 부문의 총체에 의해 결정된다. 여기에 더해 시민사회의 지배적 가치관인 사회 패러다임(societal paradigm)이 발전 모델의 응집력에 영향을 미친다.

발전 모델이 일관성과 응집력을 가지려면 이 5대 부문이 제도적 보완성(institutional complementarity)을 가져야 한다. 제도적 보완성 가설에 의하면 발전 모델 내의 제도들 사이에 상호의존성 혹은 상호보완성이 존재한다. 하나의 제도의 존재가 다른 제도의 효율성을 증가시킬 때 두 제도는 상호보완적이다(Aoki, 1994; Hall and Soskice, 2001; Amable, 2003).[4] 제도적 보완성은 발전 모델의 일관성과 응집력을 보증한다. 하나의 발전 모델은 상호보완적인 제도들의 집합으로 구성되어 있다. 다른 발전 모델은 또 다른 상호보완적인 제도들의 집합으로 구성된다. 서로 다른 발전 모델은 서로 다른 상호보완적인 제도 집합으로 구분된다. 따라서 제도적 보완성 가설은 자본주의의 다양성을 밝히는 데 유용하다.

제도적 보완성 가설에 의하면 제도들 간에 근본적 불일치가 존재하면 근본적 일치가 존재할 때에 비해 성과가 떨어진다. 상호보완적인 제도들로 구성된 하나의 발전 모델에 다른 발전 모델에 작동하던 이질적인

4 예컨대 금융시장이 자유화되어 있는데 노동시장이 경직적인 경우에는 금융시장이 자유화되고 노동시장이 유연할 때에 비해 국민경제의 성과가 떨어진다는 것이다. 역으로 노동시장이 경직적이고 금융시장이 규제를 받고 있는 경우가 금융시장이 자유화되고 노동시장은 경직적인 경우보다 성과가 높다는 것이다.

제도들이 도입되는 하이브리드화는 제도적 보완성의 결여를 초래해 경제적 성과를 떨어뜨린다.

제도적 보완성 가설은 외부 충격으로 발전 모델이 갑자기 붕괴할 수는 있지만 하나의 발전 모델이 다른 발전 모델로 점진적으로 이행한다고 보지 않는다. 왜냐하면 주어진 발전 모델 내부에서 오직 한계적 변화만이 일어난다고 보기 때문이다. 따라서 제도적 보완성 가설은 하나의 발전 모델의 구조가 재생산되는 것을 밝히는 데 유용하지만 발전 모델의 전환을 설명하기는 어렵다.

다른 한편, 제도적 위계(institutional hierarchy) 개념은 하나의 발전 모델 내부에서 어떤 제도가 다른 제도들에 비해 우월한 지위에 있는 상황을 나타낸다. 제도들이 상호보완성을 가지고 하나의 발전 모델로 결합되어 있지만 그 제도들의 상대적 중요성이 다르다는 것이다. 제도적 위계 개념은 어떤 하나의 발전 모델의 변형을 설명하는 데 유용하다. 제도적 위계의 서로 다른 형태가 하나의 발전 모델의 서로 다른 변형을 창출한다. 즉, 앞의 그림에서 제시된 바와 같이 발전 모델을 구성하는 5대 부문 간의 제도적 위계의 차이가 동일 발전 모델 내부의 상이한 변형을 낳는다는 것이다.

이 글이 다루는 동아시아 발전 모델의 원형을 제시할 때 제도적 보완성 가설이 유용할 것이다. 동아시아 발전 모델과 다른 발전 모델, 예컨대 영미형 발전 모델, 라인형 발전 모델, 노르딕형 발전 모델들과 구분되는 특성을 밝힐 때, 제도적 보완성 가설에 따라 상호보완적인 5대 부문의 제도들의 집합을 제시하는 방법을 택할 것이다. 다른 한편, 동아시아 발전 모델의 변형들, 즉 한국 모델, 일본 모델, 중국 모델의 차이를 밝힐 때는 제도적 위계 개념이 유용할 것이다. 동일한 동아시아 발전 모델 내에서도 한·중·일 3국의 모델은 각각 서로 다른 제도적 위계를 가질 수 있다. 예컨대 기업 부문, 금융 부문, 노동 부문 간의 제도적 위계가 한·중·일 3국에서 상이할 수 있다는 것이다. 이 서로 다른 제도적 위계가 동아시아 발전 모델의 세 변형을 창출한다고 볼 수 있다.

3. 동아시아 발전 모델의 원형

일본 모델, 한국 모델, 중국 모델을 포함한 동아시아 발전 모델에 관해서는 수많은 책과 논문이 있다. 그 대표적인 연구들은 앞의 머리말에서 소개한 바와 같다. 그 연구들을 검토해보면 동아시아 발전 모델에 관해서는 잘 알려진 정형화된 사실이 있다. 여기서 우리는 앞에서 제시한 분석틀을 적용해 그 정형화된 사실들을 정리하여 동아시아 발전 모델의 원형을 밝히고자 한다. 동아시아 발전 모델의 원형은 영미형 모델, 라인형 모델, 노르딕형 모델 등 다른 발전 모델의 제도 형태와 구분되는 한·중·일 3국 경제에 공통적인 기본적 제도 형태로부터 도출할 수 있다. 표 1-1에 동아시아 발전 모델의 원형이 제시되어 있다.

1) 국가 유형과 정책 패러다임

동아시아 발전 모델이 다른 발전 모델들과 구분되는 가장 현저한 특징은 산업화를 달성하기 위해 국가가 경제에 광범하게 개입했다는 것이다(Johnson, 1982). 이러한 국가 유형은 개발국가(developmental state)라 불린다. 개발국가는 약탈국가(predatory state), 복지국가, 신자유주의 국가와 다음과 같은 점에서 구분된다. 개발국가는 기업 부문의 자본 축적을 적극적으로 지원하는 반면, 약탈국가의 권력층은 기업 부문으로부터 부를

표 1-1

동아시아 발전 모델의 원형

제도 형태	핵심 내용
국가 유형 정책 패러다임	개발국가 권위주의 정치체제 산업정책
기업 시스템 제품시장	기업집단의 지배 내부자 지향 기업지배구조 관계기반 계약
금융 시스템 금융시장	은행기반 시스템 금융 억압 인내 자본
노동 시스템 노동시장	장기고용 연공임금제도 기업별 노조
무역체제 세계시장	전략적 개방 수출 촉진 자본 통제

약탈한다.[5] 개발국가는 사회정책이 경제정책에 종속되는 반면, 복지국가는 사회정책이 경제정책에 대해 우위를 점한다. 개발국가는 국가가 시장에 강력하게 개입한다는 점에서 탈규제를 통한 자유시장을 지향하는 신자유주의 국가와 구분된다. 개발국가는 한·중·일 3국의 동아시아 발전

5 Acemoglu and Robinson(2012)은 정치제도를 추출적 제도(extractive institutions)와 포용적 제도(inclusive institutions)라는 두 개의 유형으로 나눈 바 있다. 추출적 제도는 소수의 권력층이 나머지 다수 인구를 수탈하는 제도이며, 포용적 제도는 통치 과정에서 폭넓은 사람들의 이해가 실현되는 제도이다. 추출국가는 추출적 제도를 가지며 개발국가는 포용적 제도를 가진다. Acemoglu and Robinson의 추출국가 개념은 여기서의 약탈국가에 해당된다.

모델에 공통적인 국가 유형이다.

개발국가는 기업 부문, 금융 부문, 노동 부문으로부터 상대적 자율성을 가진다.[6] 개발국가의 상대적 자율성은 개발국가가 경제성장에 유해한 이익집단의 지대 추구 행위를 효과적으로 억압할 수 있게 해주었다. 그래서 개발국가에서 정책 설계와 정책 집행을 하는 관료들은 권력을 가진 사적 이익집단의 방해를 받지 않고 경제정책을 추진할 수 있었다. 그 결과 개발국가는 높은 경제적 성과를 거둘 수 있었다.

한·중·일 3국의 동아시아 국가에서 공통적으로 출현한 개발국가의 정책 패러다임은 산업정책이었다. 산업정책은 경제에 대한 국가 개입의 주요한 채널이었다. 산업정책은 국가가 전략산업을 육성하기 위해 직접 자원을 통제하고 배분하는 것을 말한다. 투자 조정, 유치산업 보호, 수출 촉진, 투자 친화적 거시경제정책, 국내 금융 흐름과 환율 통제 등이 산업정책의 핵심 내용이었다(Chang, 2006).

전략산업을 보호하기 위한 가격 왜곡은 산업정책의 주된 수단 중 하나였다. 보조금 지급, 저금리정책 금융, 임금 억제, 환율 통제 등이 가격 왜곡의 예이다. 동아시아 발전 모델에서 가격 정상화(getting the prices right)가 있었는지 가격 왜곡(getting the prices wrong)이 있었는지에 대한 논쟁이 있었다. 개발국가인 한국의 경우 후자가 사실에 가깝다(Amsden, 1989; Perkins, 2013).

산업정책의 핵심은 정부가 기업의 투자를 조정하는 것이었다. 산업정책의 조정 기관은 일본의 통상산업성(MITI), 한국의 경제기획원(EPB),

---

6 Lipietz(1985)는 개발국가가 3중의 자율성, 즉 ① 외국에 의한 지배의 전통적 형태로부터의 자율성, ② 기존 축적체제와 결합되어 있는 지배 계급에 대한 정치체제의 자율성, ③ 국민 대중에 대한 자율성을 가졌음을 지적한 바 있다.

중국의 국가발전계획위원회(NDPC)였다. 동아시아 발전 모델의 정책 패러다임인 산업정책은 유럽 사회 모델(독일 등 라인형 모델과 스웨덴 등 노르딕형 모델)의 사회정책과 영미형 모델의 신자유주의 정책과 구분되는 것이었다. 뿐만 아니라 선진국의 개입주의 모델에서 총수요관리에 초점을 맞추는 케인스주의적 거시경제정책과도 구분되는 것이었다.

개발국가의 정치체제는 권위주의였다. 중앙정부에로의 권력 집중, 관료제에 의한 상명 하달의 통제, 일당 지배, 그리고 경우에 따라서는 독재체제가 동아시아 개발국가의 권위주의의 특징이었다. 예를 들어, 자민당(LDP)이 50년 동안 사실상 일당 독재로 지배해온 일본의 1955년 체제, 군부 권력 엘리트가 30년 동안 독재해온 한국의 개발독재체제, 공산당이 60년 동안 유일하게 지배해온 중국 정치체제는 모두 권위주의의 서로 다른 형태다.

권위주의 정치제제는 산업정책을 실행할 수 있게 함으로써 고도 경제성장에 기여했다. 민주주의보다는 권위주의가 동아시아 지역의 경제성장을 촉진했다는 불편한 진실은 민주주의와 경제 발전의 관계에 대한 하나의 복잡한 퍼즐을 제공한다. 서구 자본주의 역사에서 절대왕정의 독재가 본원적 축적과 초기 산업화를 촉진했듯이 동아시아 국가에서는 권위주의 체제가 후기 산업화를 촉진했다. 아무튼 계몽된 관료제를 가진 권위주의 체제가 산업정책을 통해 경제성장을 위한 장기적 목표를 추구할 수 있었다(Yusuf, 2001).

요컨대, 개발국가, 권위주의 정치체제, 산업정책을 한·중·일 3국의 공통된 동아시아 발전 모델의 국가 유형과 정책 패러다임으로 특징지을 수 있다.[7] 개발국가, 권위주의 정치체제, 산업정책 이 세 가지는 동아시

7　중국의 국가 유형을 개발국가로 규정할 수 있는 근거는 중국이 핵심적인 측면에서 일

아 발전 모델을 다른 발전 모델들과 구분 짓는 가장 핵심적 요소라 할 수 있다. 중국이 공식적으로는 '사회주의 시장경제' 혹은 '중국특색 사회주의'라고 규정하고 있지만, 바로 이 세 가지 요소를 가지고 있기 때문에 일본 및 한국과 함께 동아시아 발전 모델에 포함시킬 수 있는 것이다.

2) 기업 시스템과 제품시장

동아시아 발전 모델의 기업 부문에는 기업집단(conglomerates)의 지배, 관계기반 계약(relation-based contracting), 내부자 지향 기업지배구조가 널리 퍼져 있었다(Walter and Zhang eds., 2012; Richter, 2000). 일본의 게이레쓰(系列, keiretsu), 한국의 재벌, 중국의 국영기업(SOEs) 등 기업집단이 독점력을 가지고 국민경제를 지배했다. 그래서 제품시장의 구조는 고도로 독점적이었다. 기업집단의 소유권은 주로 일본에서는 주거래은행(main-bank), 한국에서는 재벌 가족, 중국에서는 국가에 속했다. 일본 게이레쓰의 주거래은행 소유, 한국 재벌의 가족 소유, 중국 국영기업의 국가 소유가 동아시아 발전 모델의 소유 구조의 서로 다른 특징이었다.

일본의 게이레쓰와 한국의 재벌 내부의 기업들 간의 상호 출자에 의한 교차 소유는 소유 구조의 또 다른 중요한 특징이었다. 일본의 게이레쓰는 가족 소유가 지배한 전전 자이바쓰(財閥, zaibatsu)의 후신이다. 한국의 재벌은 여전히 재벌 가족이 기업집단을 소유하고 있다는 점만 제외하

본, 한국, 대만과 유사한 발전 전략을 추구했기 때문이다. 즉, 외국무역에 대한 의존, 공산품 수출, 중공업 육성 프로그램, 경제 활동을 방향 짓는 데 있어서 정부의 적극적 역할이 그 발전 전략의 특징이었다(Perkins, 2013: 148). 시장사회주의는 동아시아 권위주의 체제의 중국적 표현이다(Chen, 2009: 71). 이 점에서 중국의 국가 유형은 개발국가의 한 종류라 할 수 있다.

면 일본의 게이레쓰와 유사한 특징을 가진다. 중국의 국영기업은 일본의 게이레쓰와 한국의 재벌처럼 기업집단으로 서서히 진화하고 있다. 중국 정부는 1997년에 120개 국영기업들에게 기업집단 지위를 부여했다. 그 국영기업에게 주식시장 상장과 은행 대출 우선권이 주어졌다. 그것들 중 상위 6개 국영기업들은 더 우대되었다(Richter, 2000: 325).[8]

이러한 소유 구조가 기업집단의 지배 구조 패턴을 내부자 통제형 기업지배구조로 만들었다. 내부자 통제형 기업지배구조에서는 주거래은행(일본), 재벌(한국), 국가(중국)가 대주주로서 의사결정권을 가지고 있었다. 이는 외부 주주가 주주를 대표하는 이사회를 통해 경영을 통제하는 영미형 기업지배구조와 다르다. 기업의 소유와 경영이 분리된 영미형 기업지배구조는 주식시장과 주가수익률(PER)의 극대화를 추구하는 기관 투자자를 포함한 외부 주주의 압력을 받는다. 따라서 그것은 주주 자본주의형 기업지배구조라 할 수 있다. 주주 자본주의형 기업지배구조를 가진 기업은 주주 가치를 극대화하기 위해 단기 수익성과 유연성을 추구하는 경영 방식을 선택한다.

이와는 대조적으로 라인형 모델이나 노르딕형 모델에서 이해관계자 자본주의형 기업지배구조를 가진 기업들은 주주만이 아니라 노동자를 포함한 기업 이해관계자들의 상호 이익을 실현하기 위한 경영 방식을 선택할 것이다. 동아시아 발전 모델은 내부자 통제형 기업지배구조를 가지고 있기 때문에, 이해관계자 자본주의형 기업지배구조에 근접하는 경향이 있다. 실제 독일과 일본은 외부자 통제형 주주 자본주의가 아니라 서로 유사한 내부자 통제형 이해관계자 자본주의 기업지배구조를 가지고

---

8 상위 6대 국영기업은 Beida Fangzheng(소프트웨어), Baogang(철강), Jinanan(조선), Huanbei(제약), Changhong(TV 제조), Haier(백색가전) 등이다.

있다. 이해관계자 자본주의형 기업지배구조를 가진 기업은 장기고용과 같은 안정적 고용 관계를 가지는 경향이 있다. 하지만 이 내부자 통제형 기업지배구조는 폐쇄된 시스템이기 때문에 내부자-외부자 문제(insider-outsider problems)와 투명성 문제를 낳는다.

동아시아 발전 모델의 기업 간 관계는 '관계기반 계약'으로 특징지어진다(Chang, 2006). 제품시장에서 기업들 간의 관계기반 계약은 경제주체들 간의 신뢰에 기초한다. 여기서 기업 간 거래는 단기 시장 관계가 아니라 주로 장기 네트워크 관계에 의해 수행된다. 관계기반 계약은 거래자들이 서로 독립적이고 지속적 관계가 없는 독립 당사 간 거래(arm's-length transaction)와 구분된다. 관계기반 계약은 일본에서 가장 널리 이루어졌고 독립 당사 간 거래는 서구 모델, 특히 영미형 모델에서 널리 이루어졌다.

대기업과 중소기업 간에 관계기반 계약이 이루어질 경우 대기업과 중소기업 간 동반성장을 실현할 수 있는 협력적 기업 간 관계가 존재할 수 있다. 파트너십을 가진 관계기반 계약에서는 지대 공유 혹은 성과 공유가 가능하다. 관계기반 계약은 법률이 빈약하게 입안되고 계약이 잘 이행되지 않는 미성숙한 시장 시스템을 보완하는 역할도 하지만(Chen, 2009; Lu, et al., 2013), 다른 한편 시장에서 경제주체의 기회주의적 행동과 근시안적 행동과 같은 시장실패를 교정할 수 있다. 사람들 간의 관계에서 신의(信義)를 행동 규범으로 강조하는 유교는 한·중·일 3국의 동아시아 발전 모델에서 관계기반 계약이 널리 행해지는 데 기여했다.

3) 금융 시스템과 금융시장

동아시아 발전 모델에서는 주식시장기반 금융 시스템보다 은행기반 금융 시스템이, 금융 자유화보다 금융 억압이, 투기 자본보다 인내 자본이 우세했다(Stiglitz and Yusuf eds., 2001; Perkins, 2013; Chang, 2006; Richter, 2000). 은행은 생산적 투자를 고무하기 위해 기업에 장기 자본을 공급했다. 기업들은 주로 간접 금융 혹은 은행 부문으로부터 부채 금융에 의존했다. 주식시장으로부터의 직접 금융은 기업 금융에서 부차적 역할을 했다. 그래서 동아시아 발전 모델에서 주식시장 자본화 정도는 주식시장에 기업 금융을 크게 의존한 영미형 모델의 그것보다 훨씬 낮았다. 일본에서의 주거래은행, 한국에서 주 대출은행, 중국에서의 국유은행들은 은행기반 금융 시스템의 기축이었다. 은행기반 금융 시스템은 은행과 기업 간의 장기 관계를 지원하고 기업의 장기 투자를 촉진했다. 개발 금융 혹은 장기 투자를 위한 대출이 기업에 제공되었다. 금융정책은 산업정책에 대한 보완물로서 실행되었다. 금융 자본은 산업 자본에 종속되었다. 은행의 활동은 산업 자본에 화폐를 공급하는 고유한 역할만을 수행하도록 규제되었다. 금융 억압(financial repression) 체제가 존재한 것이다. 금융 억압은 순자본 가치(equity) 기반의 강화뿐만 아니라 경제성장 촉진에도 기여했다(Stiglitz, 2001: 515). 정부는 금융시장을 엄격히 통제했다. 은행 활동과 이자율이 규제되었다. 금융산업에 대한 진입 장벽이 존재했다. 은행 대출은 정부의 감독하에 있었다. 한국과 중국에서는 은행이 국유로 되어 있었다. 그래서 정부가 금융 부문을 쉽게 통제할 수 있었다. 정부의 은행 통제하에 인내 자본 혹은 장기 자본이 은행에 의해 기업에 제공되었다. 비생산적 부문으로 흘러 들어가는 투기 자본은 효과적으로 금지되었다. 대규모 인내 자본이 산업으로 흘러 들어갔다. 그래서 동아시아 발전 모델에서 높은 수준의 생산적 투자가 가능했다. 은행기반 시스템, 금융 억압, 인내 자본을 포함하는 금융 시스템이 고도 경제성장을 가져왔다.

이러한 금융 시스템을 매개로 하여 동아시아 발전 모델에서는 국가, 기업집단, 은행 간에 강한 협력 관계가 형성되었다. 이 강한 협력 관계가 고도 경제성장을 지탱한 연합을 창출했을 뿐만 아니라 국민경제에 대한 독점력을 행사한 일종의 금융과두제도 창출했다.

4) 노동 시스템과 노동시장

동아시아 발전 모델에서의 노동 부문의 특징은 장기고용제도, 연공임금제도, 그리고 기업별 노조로 요약될 수 있다(Walter and Zhang eds., 2012). 이 중 장기고용은 가장 두드러진 노동시장 관행이다. 일본적 종신고용제도는 최선의 실천 사례로 간주되었다. 전형적인 종신고용제도에서 신규 학졸자는 최하위직에 채용되고 난 뒤 승진 사다리를 따라 상위의 직무로 승진한다. 그들은 보통 한 기업에 정년 때까지 고용된다. 기업 내에는 관리 규칙에 따라 노동자들이 배치·전환되고 승진하는 구조화된 내부노동시장이 존재한다. 내부노동시장은 외부노동시장으로부터 효과적으로 보호받는다. 내부노동시장의 존재는 종신고용의 전제 조건 중 하나다.

현장 훈련(OJT)에 의해 형성되는 기업특수숙련은 종신고용을 촉진하는 다른 중요한 요인이다. 노사의 기업특수숙련에 대한 공동 투자가 사용자에 의한 노동자 해고를 억제하고 노동자가 기업에 장기 정착하는 것을 촉진한다. 그래서 현장 훈련이 있는 내부노동시장의 존재로부터 직무 안정성이 실현된다. 내부노동시장과 현장 훈련에 기초한 장기고용 관행은 일본과 한국의 대기업에 널리 퍼져 있다.

연공임금제도 또한 동아시아 발전 모델에서 노동시장의 특징이다. 연공임금제도는 근속 연수가 증가할수록 임금이 증가하는 임금제도다. 그것은 서구 모델, 특히 영미형 모델의 임금 시스템의 특징인 성과급과는 다르다. 연공임금제도는 근속 연수가 긴 노동자의 생산성이 근속 연수가 짧은 노동자의 생산성보다 높으면 사용자에게 득이 된다. 달리 말해, 입사 후 일정 기간이 지난 후 노동자의 생산성 곡선이 임금 곡선의 위쪽에 있으면서 서로 평행하고 상향의 기울기를 가진다면 연공임금제도는 노사에게 상호 이익을 줄 것이다. 노동자의 생산성 상승은 현장 훈련 실시로 노동자의 숙련 수준이 향상될 때 가능하다. 그래서 장기고용, 연공임금제도, 현장 훈련, 기업특수숙련은 상호보완물이다. 이것이 노동 시스템 내부에서 제도적 보완성을 보여주는 하나의 예다.

기업 수준에서 조직된 기업별 노조는 동아시아 발전 모델의 노동 시스템에서 중요한 요소를 이룬다. 일본과 한국에서 전형적으로 나타난 기업별 노조는 영미형 모델, 라인형 모델, 노르딕형 모델을 포함한 서구 모델에서 보급되어 있는 산업별 노조와 구별된다(Amable, 2003). 여기서 단체 교섭은 사용자와 기업별 노조 간에 이루어진다. 그래서 노사 관계는 중범위 수준(산업 수준)과 거시 수준(전국 수준)에서보다는 미시 수준(기업 수준)에서 주로 형성된다. 기업별 노조의 주된 목표 중 하나는 장기근속을 확보하는 것이기 때문에 기업별 노조 또한 장기고용을 뒷받침한다.

위에서 언급한 것처럼, 하나의 발전 모델 내에서 기업 부문, 금융 부문, 노동 부문 간에는 상호보완성이 존재한다. 동아시아 발전 모델 내에서는 내부자 통제형 기업지배구조와 은행기반 금융 시스템이 장기고용을 촉진했다. 이것은 동아시아 발전 모델 내에서 기업 부문, 금융 부문, 노동 부문 사이에 제도적 보완성이 존재했음을 말해준다.

5) 무역체제와 세계시장

동아시아 발전 모델이 고도 경제성장을 달성하는 데 국제무역을 최대한 이용했음은 두말할 필요가 없다. 먼저, 수출촉진정책이 일본, 한국,

중국에서 경제성장의 주된 엔진으로 채택되었다. 대량수출에 의한 규모의 경제를 실현함으로써 총요소생산성을 높여 경제성장을 달성할 수 있었다(Chang, 2006). 더욱이 대량수출이 대량생산을 지탱하여 경제성장을 위한 선순환을 만들었다. 경제 발전의 초기 단계에서 유치산업 보호가 산업화에 기여했다. 1960년대와 1970년대의 한국처럼 기계, 조선, 자동차 산업과 같은 핵심 중공업에서 수입 대체를 지원하기 위해 계획적인 가격 조작이 이루어졌다. 이들 산업의 제품들은 공식 환율이 구매력평가(PPP) 환율보다 낮은 수준으로 가격이 책정되었다(Perkins, 2013: 77). 자유무역이 아니라 보호무역이 동아시아 발전 모델 초기 단계의 무역체제였다.

후기 단계에서는 단순한 보호무역주의보다 전략적 개방정책이 선택되었다. 전략산업의 강화가 전략적 개방의 주된 목표였다. 무역정책은 산업정책에 종속되어 있었다. 환율 통제가 전략산업을 강화하기 위한 주요 수단이었다. 환율 저평가는 수출을 촉진하기 위한 계획적 정책이었다. 더욱이 수출을 촉진하기 위해 주요 수출산업 제품의 공식 환율이 구매력평가 환율보다 높은 수준으로 책정되었다. 기술 수입(일본, 한국, 중국)과 해외차관 도입(한국) 혹은 외국인 직접 투자(FDI) 유치(중국)가 경제성장에 강한 자극을 주었다.

자본 통제는 동아시아 발전 모델의 가장 현저한 특징 중 하나였다. '외환통제법', 외국 증권 구입 규제, FDI 유입 규제, 국제 투기 자본 유입 금지, 자본 계정 규제, 외환 보유 관리 등이 실행되었다. 자본 통제는 국민경제의 변동성을 줄이는 데 기여했다. 장기 생산적 투자를 촉진한 거시경제적 안정성은 주로 자본 통제에 의해 달성되었다. 자본 통제는 동아시아 발전 모델에서 가장 중요한 거시경제적 안전망이었다. 왜냐하면 그것이 세계시장의 심각한 요동으로부터 국민경제를 효과적으로 보호했기 때문이다(Stiglitz, 2001; Chang, 2006).

4. 동아시아 발전 모델의 변형: 일본·한국·중국 모델

이제 동아시아 발전 모델의 원형이 한·중·일 3국에서 어떻게 서로 다른 변형으로 나타났는지 살펴보기로 하자. 이 세 변형을 우리는 일본 모델, 한국 모델, 중국 모델이라고 부르고자 한다. 1960년대 이후 순차적으로 정립된 일본 모델, 한국 모델, 중국 모델의 특징은 표 1-2에 요약되어 있다.[9]

1) 일본 모델

1960~1970년대에 출현한 일본 모델은 동아시아 발전 모델의 표준이 되었다. 개발국가의 강도는 상대적으로 온건했지만 정부 관료, 정치인, 게이레쓰 경영자 간의 '철의 삼각형(iron-triangle)' 성장 연합이 존재했다. 일본은 사실상 '일본 주식회사'였다. 산업정책은 통산산업성(MITI)의 집중적 조정에 의해 주도되었다. 사실 동아시아 발전 모델의 원형은 MITI에 의해 제공되었다. MITI는 경제가 지향해야 할 전략적 방향에 대한 국민적 합의를 창출하는 데 주된 역할을 했다(Richter, 2000: 5~6).

그리고 기업집단인 게이레쓰가 일본 경제를 지배했다. 게이레쓰는 자신의 기업지배구조에서 선도적 역할을 한 주거래은행(main-bank)과 장기적인 안정적 관계를 가졌다. 주거래은행제도는 기업의 성장을 지원한 독특한 은행기반 금융 시스템이었고 일본의 경제 시스템을 안정화했다.

---

9 이하에서 서술되는 일본 모델, 한국 모델, 중국 모델은 각각 1960~1970년대(일본), 1970~1980년대(한국), 1980~1990년대(중국)에 성립한 모델이라는 점을 상기하고자 한다. 이 3국 모델들은 각각 그 시기 이후 대전환이 이루어진다. 따라서 이것이 현재의 3국 모델들의 특성이 아님에 주의해야 한다.

표 1-2

동아시아 발전 모델의 변형

	일본 모델 1960~1970년대	**한국 모델 1970~1980년대**	**중국 모델 1980~1990년대**
국가 유형 **정책 패러다임**	온건한 개발국가 '철의 삼각형' 성장 연합 '일본주식회사.'	강한 개발국가 개발독재 '한국주식회사'	아주 강한 개발국가 지역 국가 코포라티즘 '중국주식회사'
산업정책	MITI에 의한 집중적 조정	EPB에 의한 유도적 계획	SDPC에 의한 명령적 계획
기업체제 **제품시장**	J형 기업 게이레쓰의 지배 주거래은행 소유	K형 기업 재벌의 지배 가족 소유	C형 기업 국영기업의 지배 국가 소유
금융 시스템 **금융시장**	주거래은행 체제 관계금융	국유은행 정책금융	국유은행 국가금융
노동체제 **노동시장**	반테일러주의 노동 과정 종신고용 연공임금제도	테일러주의 노동 과정 장기고용 연공임금제도	테일러주의 노동 과정 계약노동제도 저임금
무역체제 **세계시장**	온건한 자본 통제 외국기술 수입	엄격한 자본 통제 외국 차관과 기술 도입	아주 엄격한 자본 통제 FDI 유입
조절 양식	기업주의 조정시장경제(CME)	국가주의 규제시장경제(RME)	국가주의 사회주의 시장경제(SME)

주거래은행제도는 인내 자본을 공급함으로써 기업특수기술 형성과 종신고용을 촉진했다.[10]

게이레쓰는 주거래은행 소유와 반테일러주의 노동 과정(Toyotism),[11]

10 주거래금융은 일본에서 종신고용 규범을 지원한 일종의 인내 자본이었다(Jackson, 2009).

11 토요티즘(Toyotism)은 구상과 실행이 상당 정도 통일되어 있고 노동자가 기업특수숙련을 가지고 있는 노동 과정으로서 일종의 반테일러주의(Anti-Tayorism)다. 테일러주의는 구상과 실행의 분리와 단순 반복노동으로 특징지어지는 노동 과정을 말한다.

종신고용, 연공임금, 기업별 노조 등으로 특징지어지는 J형 기업이었다(Yamada, 2000; Isogai, 2012). 일본 기업체제는 전통적으로 장기고용 관계를 크게 강조했다. 수익성 증대보다는 기업 성장이 노동자들의 고용안전을 제공하기 위한 주된 기업전략이었다. 기업 내외의 경제주체들 간의 장기적 관계가 형성되어 있었다. 즉, 종신고용에서 노동과 자본 간에, 장기 자본 조달에서 기업과 은행 간에, 부품 소재 공급에서 대기업과 중소기업 간에 장기적 관계가 맺어진 것이다(Boyer and Yamada eds., 2000: 27). 춘투 임금 교섭이 임금 상승을 균등화하는 역할을 하고 있었다.

일본의 시장경제 유형은 경제주체들 간의 관계적 조정이 자원 배분에서 주된 역할을 하는 조정시장경제에 속한다(Hall and Soskice, 2001). 특히 대기업은 일본의 경제 시스템을 제도적으로 조직화하는 데 중추적인 지위를 차지했으며 일본 사회의 사회통합을 강력히 촉진했다. 이 점에서 일본 모델은 '기업주의' 조절 양식(Yamada, 2000)을 가졌다. 달리 말하면 기업 수준에서 노사 합의가 이루어진다는 점에서 일본 모델은 미시 코포라티즘(micro-corporatism)으로 정의될 수 있다.

2) 한국 모델

한국 모델은 1970~1980년대에 정립된 전형적인 동아시아 발전 모델이다. 정치체제가 개발독재였기 때문에 한국은 강한 개발국가를 가졌다. 개발독재는 경제개발을 추구한 독재였다. 독재를 통해 국가가 시장에 강하게 개입했다. 제품시장, 금융시장, 노동시장에 대한 광범한 행정적 개입이 이루어졌다. 금융 시스템에 대한 국가 통제, 국가가 조정한 기업체제, 국가가 개입한 노동시장 시스템 등이 한국 개발국가의 특징이었다. 국가는 산업정책을 통해 기업 투자 결정에 큰 영향을 미쳤다.

산업정책은 경제기획원에 의해 설계된 유도적 계획(indicative planning)을 통해 추진되었다. 한국 또한 '한국 주식회사'였다. 한국은 정치적·경제적으로 고도로 중앙집권화된 체제를 가지고 있었다. 이런 측면에서 한국 자본주의는 일종의 강한 국가 자본주의였다. 한국의 시장경제 유형은 국가가 시장에 광범하고도 집중적으로 개입했다는 점에서 '규제 시장경제(regulated market economy: RME)'로 분류할 수 있다(김형기, 2007). 규제시장경제는 홀과 소스키스(Hall and Soskice, 2001)가 분류한 자유시장경제(LME)나 조정시장경제(CME)와 구분된다. 규제시장경제가 조정시장경제와 구별되는 점은 후자가 경제주체들 간의 수평적 조정이 이루어지는 네트워크 경제라고 한다면, 전자는 국가가 시장에 체계적으로 강력하게 개입하는 위계적 경제라는 점이다.

정부의 지원을 받는 재벌이 국민경제를 지배했다. 재벌기업은 가족소유, 위계적 기업 간 관계,[12] 테일러주의적 노동 과정, 장기고용, 저임금 장시간 노동체제, 연공임금제도, 기업별 노조 등으로 특징지어지는데 이를 K형 기업이라 명명할 수 있다. 은행이 국유화되어 있었기 때문에 정부 지배 금융 시스템이 금융 시스템의 특징이었다. 금융정책이 산업정책에 종속되고 금리생활자 계급의 이해가 산업 자본가의 이해를 위해 억압된 금융 억압체제가 존재했다. 정부가 다양한 정책 목표를 위한 신용 제공을 하는 정책금융체제가 도입되었다. 한국 모델의 금융 시스템은 은행기반 금융 시스템 플러스 정부지배 금융 시스템이라 할 수 있다(Chang, 2006: 263). 환율 통제, 자본 통제, 대규모 외채 도입 등이 무역체제의 특징이었다.

12 재벌기업이 하청 중소기업을 지배하고 수탈하는 관계를 말한다.

3) 중국 모델

1980년대에서 1990년대에 출현한 중국 모델은 공식적으로 '중국특색 사회주의'로 혹은 사회주의 시장경제(socialist market economy: SME)로 불린다. 중국 모델은 중앙계획경제에서 시장경제로 점진적으로 이행하는 과정에서 형성되었기 때문에 강한 계획경제 유산을 가지고 있었다. 중국의 개발국가는 중국공산당의 단일체적 권력이 경제에 대해 광범하고도 강력하게 개입했기 때문에 매우 강했다.

하지만 정치적 집권화와 경제적 분권화가 결합되어 있었고(Lu et al., 2013) 지방정부와 지방기업 간에 경제성장을 위한 연합이 이루어져 있었기 때문에 중국 모델은 '지역 국가 코포라티즘(local-state corporatism)'이라 할 수 있다(Boyer, Uemura and Isogai eds., 2012: 339). 이러한 시스템을 통해 중국에서는 국가와 인민 사이에 암묵적인 사회정치적 타협이 있었다. 그 타협은 지속적인 고도경제성장을 통한 인민 생활수준의 항구적 향상과 정치 영역에서 공산당의 권력 독점을 인민이 수용하는 것을 교환하는 것이었다(Boyer, Uemura and Isogai eds., 2012: 339). 국영기업(SOEs)에 대한 국가 보증과 국가 보조금 규모가 상당했다. 농업 부문에서는 지방정부, 개별 농민과 집단이 공동 투자하는 향진기업(TVEs)이 지역 코포라티즘 형태를 취하고 있었다(Henderson, 2011: 34). 이렇게 해서 중국도 '중국 주식회사'가 되었다. 조세 공유 시스템을 가진 재정분권이 성급 수준의 지역경제에 상당한 자율성을 부여했다. 산업정책은 중국공산당의 지도력 아래 국가계획발전위원회(SDPC)에 의해 설계된 명령적 계획을 통해 실행되었다. 기업 활동에서 많은 특권을 가진 국영기업이 국민경제를 지배했다.

국영기업은 국가 소유, 상명 하달의 경영 시스템, 약한 기업 간 관계, 테일러주의적 노동 과정, 종신고용보다 계약노동제도, 저임금체제와 독립적 노조의 부재 등을 포함하는 'C형 기업'으로 특징지어진다. 국영기업과 향진기업에서 사영기업까지 기업 간에 밀접한 상호작용이 결여되어 있었다. 중국은 국가 소유 은행을 가지고 있었다. 국가 소유 은행은 중앙정부와 지방정부의 산업정책에 기초해 국영기업에 안정적 대출을 제공했다. 그래서 국가 금융(state banking)은 중국에서 두드러진 특징이었다. 아울러 매우 엄격한 자본 통제가 이루어졌다. 대규모 외국인 직접 투자(FDI)의 적극적 도입은 일본과 한국과는 구분되는 중국의 특징이었다.

4) 한·중·일 3국 모델 비교: 제도적 위계의 차이

일본 모델, 한국 모델, 중국 모델 등 동아시아 3국 모델의 차이는 앞에서 지적한 것처럼 5부문 간의 제도적 위계의 차이에서 비롯된다고 할 수 있다. 국가 부문의 상대적 우위는 중국, 한국, 일본 순으로 높았다고 할 수 있다. 이는 개발국가의 강도가 중국, 한국, 일본 순으로 강했기 때문이다.[13] 이러한 개발국가의 강도의 차이는 정치체제에서 권위주의의 정도가 중국, 한국, 일본 순으로 강력했기 때문이다. 산업정책의 강도 면에서 일본의 집중적 조정보다는 한국의 유도적 계획이, 한국의 유도적 계획보다는 중국의 명령적 계획이 더 높은 강도를 가졌다고 할 수 있다. 이는 산업정책 주체의 권력 면에서 볼 때 중국의 국가발전계획위원회, 한국의 경제기획원, 일본의 통상산업성 순서로 권력이 강했기 때문이다.

역으로 국가 부문에 대한 기업 부문의 상대적 지위는 일본, 한국, 중

13 국가가 경제에 개입하는 강도에 있어서 한국 모델과 중국 모델 중 어느 것이 강했는지에 대해서는 논란의 여지가 있지만, 중국 모델은 사회주의 시장경제라는 체제적 특성 때문에 개발독재를 가진 한국 모델보다 더 강한 개발국가를 가지고 있었다고 말할 수 있다.

국 순으로 높았다고 할 수 있다. 중국의 국영기업보다는 한국의 재벌이, 한국의 재벌보다는 일본의 게이레쓰가 국가에 대해 상대적으로 더 높은 자율성을 가지고 있었다. 일본에서의 '철의 삼각형' 성장 연합 내에서의 국가와 게이레쓰 간의 관계와 한국에서 개발독재체제에서 국가와 재벌 간의 관계를 비교해볼 때, 국가에 대한 상대적 지위는 게이레쓰가 재벌보다 더 높았다고 할 수 있다. 일본에서 국가와 게이레쓰는 수평적 파트너십 관계를 형성하고 있었고 한국에서 국가와 재벌은 수직적 위계 관계를 형성하고 있었던 점에서 차이가 있다.

국가 부문 및 기업 부문에 대한 금융 부문의 상대적 지위도 일본, 한국, 중국 순이라 할 수 있다. 일본의 주거래은행은 한국과 중국에서 국가의 직접 통제를 받는 국유은행에 비해 국가와 기업에 대해 높은 자율성을 가지고 있었다. 기업 부문에 대한 노동 부문의 지위도 '미시 코포라티즘' 체제를 가진 일본이 한국이나 중국보다 상대적으로 높았다고 할 수 있다. 독립 노조가 없고 계약노동제도를 가진 중국이 노동 부문의 지위가 상대적으로 가장 낮았다고 할 수 있다. 그리고 조절 양식이 일본은 기업주의, 한국과 중국은 국가주의로 서로 달리 규정되는데, 이는 일본에서 기업 부문의 상대적 우위를 나타내준다.

이처럼 동아시아 발전 모델 내에서 5부문 간의 상대적 지위의 차이에 따라 서로 다른 변형인 일본 모델, 한국 모델, 중국 모델이 나타난 것이다.

5. 맺음말

이 글은 동아시아 발전 모델의 원형과 그 변형인 일본 모델, 한국 모델, 중국 모델의 특징을 밝히고자 했다. 동아시아 발전 모델의 원형과 일본, 한국, 중국에서의 그 변형의 특성을 발전 모델 분석을 위한 이론적 틀에 따라 밝혔다.

이 글에서 우리는 동아시아 3국에서 나타난 경제 발전 패턴을 하나의 독자적 발전 모델로 유형화할 수 있음을 밝혔다. 이를 통해 동아시아 발전 모델을 다른 발전 모델들과 비교·고찰할 수 있는 토대를 제시하고자 했다. 아울러 일본 모델, 한국 모델, 중국 모델의 공통점과 차이점을 밝힘으로써 3국 모델들을 비교·연구할 수 있는 기초를 제공하고자 했다. 이러한 비교제도 분석이 의미가 있다면, 여기서 제시된 동아시아 발전 모델론은 자본주의 다양성론을 확장하는 데 기여할 것이다.

하지만 이 글은 비교제도론적 시각에서 동아시아 발전 모델의 원형과 변형의 특성을 밝히는 데 국한했기 때문에 다음과 같은 한계를 가진다. 우선, 동아시아 발전 모델의 원형과 변형이 가지고 있었던 고유한 문제점을 체계적으로 밝히지 못했다. 예컨대 내부자 지향 기업지배구조의 문제점, 일본의 게이레쓰와 한국의 재벌과 중국의 국영기업이 가지고 있는 문제점, 금융 억압체제의 문제점 등에 관해 논의하지 못했다. 아울러 동아시아 발전 모델이 지난 20, 30년간 어떻게 변화해왔는지 그 전환 과정을 분석하지 못했다.

동아시아 발전 모델은 1980년대 이후 글로벌 신자유주의의 외압을 받아 자신의 모델을 원형 그대로 유지할 수 없었다. 세계시장의 외압과 스스로의 선택에 따라 동아시아 발전 모델은 큰 전환을 하게 된다. 시장화, 민영화, 자유화, 유연화가 진행됨에 따라 이 글에서 제시한 동아시아 발전 모델의 5대 부문(국가 부문, 기업 부문, 노동 부문, 금융 부문, 해외 부문)에서 큰 변화가 나타난다. 그 전환 과정에서 일본은 잃어버린 20년이라는 장기침체를, 한국은 1997년 파국적 외환위기를 겪게 되었다.

동아시아 발전 모델의 전환 과정에 대한 분석은 차후의 연구 과제로 남겨둔다. 그 전환 과정 분석에는 이 글에서 제시된 동아시아 발전 모델의 원형과 변형 분석이 기초가 될 것이다.

제2장

세계 경제질서의 변화와 새로운 한국 모델

1. 머리말

21세기에 들어와 세계 경제질서가 급변했다. 글로벌화, 신자유주의, 금융주도 축적체제, 지식기반경제라는 네 가지 경향이 21세기 초 세계 경제질서를 형성한 주요 요소들이었다. 이러한 현대 자본주의의 4대 경향은 세계 각국의 기존의 발전 모델에 큰 변화를 초래했다.

이미 세계 경제에 깊숙이 편입된 한국도 물론 예외는 아니다. 한국의 경우 이러한 세계 경제질서의 변화와 함께 1987년 이후 민주화의 진전, 1997년의 외환위기 이후 개방화의 급속한 진전이 더해지면서 기존의 개발국가 모델인 한국 모델(Korea model)이 위기에 빠지고 해체되는 가운데 경제사회 발전 모델의 신자유주의적 재편이 이루어진다. 한국에서 본격적인 산업화가 시작된 1962년부터 약 35년간 한국 경제를 추동해온 기존의 발전 모델이 해체되고 새로운 발전 모델의 요소들이 등장했다는 점에서 이는 실로 대전환이라고 규정할 수 있다.

개발국가로부터 신자유주의로의 이러한 대전환이 20년간 이루어지는 과정에서 저성장과 양극화라는 양대 문제가 발생했다. 성장 잠재력이 떨어지고 양극화가 심화되면 경제 침체 속에서 사회 갈등이 증폭되어 한국은 지속 불가능한 사회가 될 것이다. 한국이 지속가능한 사회가 되고 한국 경제에서 지속가능한 성장이 이루어지기 위해서는 저성장과 양극화를 극복하는 대안적 발전 모델로서 새로운 한국 모델을 정립하지 않으면 안 된다.

1997년 이후 20년 동안 민주 정부와 보수 정부가 각각 10년씩 교대

※ 제2장은 이장원 외, 『경제사회발전모델의 사회적 합의 구축방안 연구』(한국노동연구원, 2008)에 실린 필자의 글을 수정·보완한 것임.

로 집권했다. 2007년 대선을 통해 진보 성향을 보였던 노무현 정부에서 중도 보수의 이명박 정부로 정권 교체가 이루어짐에 따라 민주주의는 다소 후퇴하고 신자유주의적 경향은 더욱 강화되었다. 민주주의가 후퇴하는 가운데 신자유주의가 강화되는 경향은 저성장과 양극화를 초래하여 장기적 국가발전을 저해할 우려가 있다.

이 글에서는 이러한 문제의식에 따라 세계 경제질서의 변화와 국내 정치사회 정세의 변화에 따른 기존 발전 모델의 위기를 진단하고, 그 위기를 벗어나기 위한 대안적 발전 모델의 비전과 전략을 모색하고자 한다. 이를 위해서 먼저 글로벌화와 지식기반경제 시대로 특징지어지는 21세기에 신자유주의적 방향으로의 세계 경제질서의 재편에 대응하여 기존의 선진국 발전 모델들이 어떻게 변화했고 그 변화의 의미는 무엇인지를 해석하고자 한다. 이러한 분석에 기초해 가까운 장래에 한국에서 실현 가능한 대안적 발전 모델의 비전과 전략을 제시하고자 한다.

2. 세계 경제질서의 변화: 현대 자본주의의 4대 경향

1) 21세기 현대 자본주의의 4대 경향

20세기 말에서 21세기 초에 걸쳐 나타나고 있는 현대 자본주의의 새로운 경향은 크게 보아 글로벌화, 지식기반경제, 신자유주의, 금융주도 축적체제 등 네 가지로 요약할 수 있다. 이 네 가지 경향의 특징에 대해 알아보기로 하자.

첫째, 글로벌화는 현대 자본주의의 가장 중요한 경향이다. 21세기 초 현 단계에서 나타나고 있는 글로벌화는 자본의 글로벌화와 정보의 글로벌화라는 두 흐름으로 구성되어 있다. 자본의 글로벌화는 자본의 국제적 이동에 대한 장애물이 제거되어 자본이 전 지구적 범위에서 자유롭게 이동하는 것을 말한다. 자본의 글로벌화는 다시 생산의 글로벌화와 금융의 글로벌화로 구성된다. 생산의 글로벌화는 세계 전체의 생산에서 다국적 기업에 의한 해외 생산의 비중이 커지는 것을 말한다. 생산의 글로벌화의 지표는 국제 하청생산 혹은 글로벌 아웃소싱과 해외 직접 투자(FDI) 비중의 증가이다. 금융의 글로벌화는 각국의 통화제도 및 금융시장이 아주 밀접한 상호 연계를 맺는 현상을 말한다(셰네 엮음, 2002). 이러한 금융의 글로벌화에 따라 금융 거래에서 국제간 금융 거래의 비중이 증가하는 것을 말한다. 오늘날 금융 글로벌화의 핵심 지표는 국제 단기 포트폴리오 투자의 증대이다. 금융의 글로벌화는 국제 단기 자본 이동의 자유화, 이자율 규제 철폐와 금융의 자유화를 전제로 한다. 금융의 자유화 과정은 본질적으로 금융 자본의 이해를 반영하는 정치적 과정이다. 이러한 금융의 자유화 과정이 금융의 글로벌화를 급속히 진전시킨 주된 요인이다.

정보의 글로벌화는 컴퓨터와 인터넷이 결합된 정보 기술의 발달에 따라 과거와는 비교도 되지 않을 정도로 획기적으로 진전되었다. 전자우편을 통한 지구촌 사람들 간의 교류가 이루어지는 교류의 세계화, 전자상거래를 통한 세계시장에서의 거래가 이루어지는 거래의 글로벌화는 정보의 글로벌화의 두 측면이다. 이러한 정보의 글로벌화는 자본의 글로벌화, 특히 금융의 글로벌화를 촉진하고 세계시장에서의 글로벌 경쟁을 격화시켰다. 인터넷을 통한 주식거래는 전 지구적 범위에서 작동하는 국제 금융시장을 형성했다. 또한 정보의 글로벌화는 소비양식을 포함한 생활양식의 글로벌화를 초래했다. 아울러 정보의 글로벌화는 환경, 인권, 평화와 같은 글로벌 이슈에 공통적 관심을 가진 시민들의 세계적 교류와 연대를 가능하게 하여 이른바 '글로벌 시민사회(global civil society)'의 형성에 기여하고 있다. 요컨대 정보의 글로벌화는 자본운동의 글로벌화와 함께 시민운동의 글로벌화를 촉진했다.

둘째, 지식기반경제는 20세기 말 21세기 초 세계 경제의 새로운 패러다임이다. 20세기 경제가 대량생산경제라면 21세기 새로운 경제는 지식기반경제라 할 수 있다. 대량생산경제의 기술적 기초가 자동화 기술이라면 지식기반경제의 그것은 정보 기술이다. 대량생산경제의 생산체제가 대량생산체제라면 지식기반경제의 그것은 유연생산체제이다. 구상과 실행의 분리가 특징인 대량생산경제의 노동 과정과 달리 지식기반경제의 노동 과정은 구상과 실행의 통합 경향이 부분적으로 나타난다. 따라서 노동자의 숙련은 대량생산경제에서는 단능 숙련이지만 지식기반경제에서는 지적 숙련이다. 대량생산경제에서는 물적 자본(physical capital)과 단순노동이 결합되므로 수확체감 현상이 나타나지만 지식기반경제에서는 지식자본(knowledge capital)과 지식노동(knowledge labor)이 결합하기 때문에 수확체증 현상이 나타난다. 대량생산경제에서의 소비양식은 내구재의 대량소비이지만 지식기반경제에서의 소비양식은 하이테크 제품, 교육, 문화 서비스의 다품종 소량소비로 특징지을 수 있다. 그리고 단순반복의 고강도 노동이 요구되는 대량생산경제에서의 기업 조직 원리는 집권화, 위계, 타율인 반면, 인터넷이 사용되고 노동자들에게 창의성 있는 지식이 요구되는 지식기반경제에서의 조직 원리는 분권화, 네트워크, 자율로 특징지을 수 있다(김형기, 2001: 500~504).

이러한 지식기반경제를 추동하는 것은 창조적 파괴를 하는 혁신이다. 혁신에는 전통산업에서 주로 나타나는 점진적 혁신과 첨단산업에서 주로 나타나는 급진적 혁신, 두 유형이 있다. 기술이 단절적으로 변화하는 급진적 혁신의 경우 신기술을 개발하는 연구개발(R&D) 투자가 더욱 중요시된다. 기술이 연속적으로 변화하는 점진적 혁신의 경우, 생산 현장 노동자에 대한 교육 훈련 투자와 같은 인적자원개발(HRD) 투자가 중요시된다. 지식기반경제의 미시적 기초는 지식기업이다. 지식기업은 R&D 집약형 지식기업과 HRD 집약형 지식기업, R&D-HRD 병행 지식기업 등 세 유형으로 나눌 수 있다(Kim, 2007). 첨단산업에서는 주로 R&D 집약형 지식기업, 전통산업에서는 주로 HRD 집약형 지식기업이 중심을 이룰 것이다. 국민경제 전체적으로는 R&D 주도 지식기반경제, HRD 주도 지식기반경제, R&D-HRD 병행 지식기반경제 등 세 유형의 지식기반경제가 존재할 수 있다.

셋째, 신자유주의는 1980년대부터 지금까지 지구촌을 지배해온 현대 자본주의의 가장 중요한 경향이라 할 수 있다. 경제적 측면에서 볼 때, 신자유주의 이데올로기는 첫째, 시장의 완전성을 신봉하여 모든 것을 시장에 맡기자는 시장근본주의, 둘째, 사유재산권과 영리 추구 활동의 자유를 주창하는 자유기업주의, 셋째, 생산성과 효율성을 유일한 평가 기준으로 삼는 성장지상주의 등 세 가지로 요약할 수 있다(김형기, 2001: 485). 신자유주의는 시장근본주의 이념에 따라 경제에 대한 국가 개입을 비판하고 규제 철폐를 주장한다. 자유기업주의에 따라 해고의 자유를 제한하는 노동시장 경직성을 비판하며 노동시장 유연화를 주장한다. 그리고 성장지상주의 이념에 기초해 복지국가를 비판하고 복지제도를 약화하고 복지 지출을 삭감하며 종래에 국가가 제공하던 육아, 양로, 의료, 교육 등 사회복지 서비스를 시장을 통해 공급하는 재상품화(recommodification)를 추진한다.

시장근본주의와 자유기업주의에 기초해 추진되는 신자유주의 정책 중 핵심적 정책이라 할 수 있는 규제 철폐는 곧 자유화를 의미하는데, 대내적으로는 금융시장과 노동시장에 대한 규제 철폐가 그 핵심이다. 금융시장 자유화 정책에는 이자율 규제 철폐와 국제 단기 자본 이동의 규제 철폐가 포함된다. 임금 및 고용의 유연성을 높이기 위한 노동시장 유연화 정책은 정리해고를 제한하는 법률을 폐지하거나 노동조합을 약화하는 방향으로 추진되었다. 대외적으로는 국제 경쟁력 향상과 경제성장을 위한 자유무역 추진이 신자유주의의 주요 정책이다. 세계무역기구(WTO) 체제하에서 추진되고 있는 자유무역협정(FTA)은 최신의 신자유주의적 국제 경제정책이라 할 수 있다. 그리고 이른바 '워싱턴 콘센서스(Washington consensus)'[1]는 미국이 주도하는 신자유주의를 개발도상국가에 사실상 강제로 적용하려는 국제적 및 국내적 경제질서 정책이다.

넷째, 금융주도 축적체제는 금융이 거시경제의 순환을 좌우하고 주가 수익과 배당 및 이자 등 금융소득에 기초한 소비가 경제성장을 주도하는 축적체제이다(Boyer, 2000). 이 새로운 축적체제는 가계자산에서 금융자산의 비중이 증가하는 현상인 금융화(financialisation)에 그 기초를 두고 있다. 금융화에 따라 노동자의 가계소득에서 금융소득이 차지하는 비중이 커지고 그 결과 금융소득에 기초한 소비가 거시경제 순환을 좌우하게 된다. 이는 임금소득에 기초한 대량소비가 거시경제 순환을 좌우하는 포드주의적 축적체제와 대조를 이룬다. 금융주도 축적체제에서는 가계의 저축이 증권화되어 그 금융 투자 행위가 거시경제의 주요 변수로 작동한다. 임금, 고용 등 노동시장 변수가 중요한 거시경제 변수가 되는 포드주의적 축적체제와 달리 금융주도 축적체제에서는 주가, 금리, 환율 등 금융시장 변수가 중요한 거시경제 변수가 된다. 이 축적체제에서는 가계의 저축을 수집한 연금기금, 상호기금, 헤지펀드 등 기관 투자가들이 금융시장을 좌우한다. 금융의 자유화와 글로벌화는 이러한 금융주도

1 워싱턴 콘센서스는 규제 완화, 재정 긴축, 노동시장 유연화, 금융시장 자유화, 국영기업 민영화 등 신자유주의 구조조정 프로그램이다(Stiglitz, 2003: 229~230).

축적체제가 세계적 규모에서 형성되게 만들었고 기관 투자가의 금융 투자 행위, 특히 단기 국제 금융 자본의 투자 행위가 세계 경제의 흐름을 좌우하게 만들었다.

금융주도 축적체제에서는 기관 투자가가 주도하는 기업지배구조가 형성된다. 기관 투자가는 대체로 대주주로서 자신의 기금으로 투자한 기업의 주가수익을 극대화하기 위한 행동을 기업이 하도록 만든다. 기관 투자가는 주가수익을 극대화하기 위해 제품시장과 금융시장의 변화에 대응하여 신속하게 신축적으로 변화하는 유연성을 요구한다. 그래서 금융주도 축적체제에서의 기업의 행동준칙은 단기 수익성 추구와 단기 유연성 추구가 된다. 이러한 단기주의 행동준칙에 따라 기업들은 금융시장의 변화에 대응하여 상시적인 기업 구조조정을 실시한다. 기업 구조조정은 노동시장 유연화를 요구한다. 이와 같이 금융주도 축적체제에서는 금융시장의 자유화와 노동시장의 유연화가 서로 연계되어 진행된다. 제품시장의 규제 완화도 물론 진전된다. 그래서 결국 이 축적체제에서는 자본주의의 3대 시장인 생산물시장, 금융시장, 노동시장이 총체적으로 자유화되거나 유연화된다. 이런 점에서 금융주도 축적체제는 신자유주의를 전면적으로 실현하는 역할을 하며 신자유주의의 경제적 기초를 형성한다.

2) 현대 자본주의의 4대 경향의 사회경제적 효과

글로벌화, 지식기반경제, 신자유주의, 금융주도 축적체제는 세계 경제에 큰 사회경제적 효과를 낳았다. 이제 위에서 논의한 현대 자본주의의 4대 경향이 일국의 발전 모델에 어떤 변화를 초래했는지 알아보기로 하자.

(1) 글로벌화의 사회경제적 효과

글로벌화는 한 나라의 발전 모델에 변화를 초래한 가장 중요한 요인이다. 글로벌화에 따라 제품시장과 금융시장에서 세계시장(world market)이 형성되어 자본 간 경쟁의 범위가 전 지구적으로 확대되는 세계적 경쟁이 이루어진다. 각국 내에서의 경제주체에 대해 세계시장의 힘이 작용한다. 세계시장에서의 경쟁은 국민적 시장에서의 경쟁에 비해 더욱 치열하고 파괴적이게 된다. 국민국가의 무역 규제나 보조금에 의해 보호받고 있던 비효율적이고 경쟁력이 약한 경제 부문이 그러한 보호 장치의 제거를 수반하는 글로벌화에 따라 쇠퇴한다. 반면 세계적 경쟁력을 갖춘 부문은 글로벌화의 긍정적 효과라 할 수 있는 생산력 향상과 시장 확대의 혜택을 받아 성장한다. 그 결과 경제의 양극화가 심화된다. 노동자에 대한 시장전제(market despotism)가 더욱 강력하게 작용하고, 시장의 불안정성과 불평등성은 더욱 증폭되어 나타난다.

자본의 글로벌화의 핵심 과정인 외국인 직접 투자(FDI)는 자본 철수라는 자본의 위협 수단을 통해 자본 수입국의 임금 인하와 조세 삭감이라는 위협 효과를 낳는다(김영용, 2007; 이강국, 2005). 임금이 낮고 세율이 낮은 국가로의 공장 이전과 아웃소싱의 가능성 때문에 발생하는 위협 효과는 일국 내 노사 간 단체 협상에서 고용주의 지위를 강화하고 노동자의 지위를 약화한다. 또한 위협 효과는 각국 정부, 특히 개발도상국가 정부로 하여금 경제성장과 일자리 창출을 명분으로 FDI를 유치하고자 조세 감면 경쟁, 노동 비용 인하 경쟁, 환경 규제 완화 경쟁을 하는 이른바 '바닥을 향한 경주(race to the bottom)'(Tonelson, 2002)에 나서게 만든다. 이에 따라 복지 지출 감소, 임금 삭감, 환경오염 심화가 초래된다. 아울러 FDI의 위협 효과는 글로벌화 이전에 형성되었던 노동자에게 유리한 노동·복지 관련 제도의 약화 내지 폐기를 초래해 발전 모델에 변화를 가져온다.

글로벌화가 발전 모델에 미치는 효과 중에서 가장 중요한 것은 아마도 양극화일 것이다. 글로벌화는 경쟁력이 약한 국내 보호 부문의 쇠퇴와 몰락을 가져오고 그 결과 노동자들의 주변화와 사회적 배제(social exclusion) 현상을 초래한다. 글로벌화는 글로벌 경쟁력을 가진 산업, 기업, 개인과 그렇지 못한 산업, 기업, 개인 간의 격차가 확대되는 양극화를 초래한다. 이에 따라 글로벌화는 소득분배의 불평등을 확대한다. 아울러 국내 자본의 글로벌화에 따라 글로벌 소싱과 아웃소싱 비중이 높아짐으로써 국내 산업연관이 약화되거나 단절될 가능성이 높아진다. 글로벌화는 글로벌 산업연관을 강화하는 반면, 국민경제 내 산업연관은 약화하는 경향이 있다. 그래서 글로벌 연계가 강화되는 부문과 그로부터 단절된 부문 간에 국민경제의 양극화를 초래한다. 이처럼 글로벌화는 양극화를 초래함으로써 한 나라 경제가 성장하더라도 양극화 성장(polarized growth)을 할 가능성이 높다. 그래서 글로벌화는 국민경제 각 부문이 상호 연계 속에서 성장하는 동반성장보다는 연계가 취약하거나 단절된 채 성장하는 양극화 성장이 이루어지는 발전 모델로 귀결할 가능성이 높다.

글로벌화가 발전 모델에 미치는 요인 중에 또 하나 중요한 것은 국민국가의 역할 변화이다. 글로벌화에 따라 국민국가의 역할이 어떻게 변화하는지는 뜨거운 논쟁의 대상이 되어왔다. 국민국가의 경제적 관리능력이 약화된다는 '국민국가 약화론'과 국민국가의 역할이 축소되는 것이 아니라 국가의 개입 방식이 변화한다는 '국민국가 역할 변화론'이 논쟁을 벌여왔다. 1990년대 이후 급속히 진전된 글로벌화의 추세를 보면 국민국가가 일방적으로 약화되었다고 보기 어렵고 그 역할이 변화되었다고 보는 것이 온당하다 하겠다(이강국, 2005). 그렇지만 분명한 것은 글로벌화가 국민국가의 거시경제정책에 여러 모로 제한을 가하고 있다는 것이다.

생산의 글로벌화에 따라 다국적기업의 힘이 커지고, 금융의 글로벌화로 국제 자본 이동이 크게 증대하고, 월스트리트와 같은 국제 금융시장의 힘이 증가함에 따라 정부의 독립적인 통화정책이 과거에 비해 더욱 어려워지고 거시경제정책의 효과성이 떨어진다. 예컨대 국제 자본 이동이 자유로운 상태에서 일국이 경기 부양을 위해 이자율을 인하하면 국외로 자본이 유출되고 총투자가 감소하여 경기 부양의 정책 목표를 달성할 수 없게 된다. 변동환율제 아래 자본 이동이 자유로운 경우 환율과 이자율을 유지하여 국민경제를 관리하기가 어려워진다. 그리고 법인세를 인상하면 자본 도피 가능성이 있으므로 투자 확대를 통한 고용의 유지를 목표로 할 경우 세율 인상 정책을 취하기가 어려워진다. 이처럼 통화정책이나 재정정책과 같은 거시경제정책이 상당히 제한받게 되어 과거처럼 총수요관리를 위한 케인스주의적 국가 개입을 하기 어려워진다.

(2) 지식기반경제의 사회경제적 효과

지식기반경제는 노동 과정과 노동시장, 그리고 소득분배 과정에 영향을 미침으로써 발전 모델에 변화를 가져온다.

우선 앞에서 지적한 것처럼, 지식기반경제에서는 생산체제가 지식노동을 요구하기 때문에 노동 과정에 결합된 노동자들의 숙련 수준과 지식수준이 높아지는 경향이 있다. 대량생산경제의 노동 과정이 탈숙련의 단순 반복노동 중심이었다면 지식기반경제의 노동 과정은 구상 능력을 가진 지식노동 중심이라 할 수 있다. 특히 지식기업에서의 기간 노동자는 지식노동을 수행하는 지식노동자가 된다. 이와 같이 지식노동을 수행하는 지식노동자들은 생산체제에 대한 지식에 기초해 구상 기능을 수행할 수 있기 때문에 기업에서 기술적 문제를 해결하는 작업장 참가[2]를 할

2 작업장 참가(workplace participation)란 노동자들이 생산 현장에서 생산성 및 품질 향

수 있고 나아가 기업의 경영 전략이나 투자 전략을 결정하는 전략적 의사결정에 참가할 수 있다. 따라서 지식기업에서는 노동자 참가 제도가 정착할 수 있다. 이와 같이 지식기업을 중심으로 노동자 참가가 확산되면 자본주의는 '이해관계자 자본주의'의 성격을 가질 수 있다. 그런데 만약 국민경제가 지식기업과 비지식기업, 즉 단순기업으로 양분되어 있을 경우 지식기반경제는 이중구조를 가지게 된다.

지식기반경제에서는 기술이 숙련과 보완 관계를 형성하는 숙련 편향적 기술변화(skill-biased technological change)[3]가 나타나 숙련노동에 대한 수요가 커진다. 이것은 노동시장에서 숙련노동자의 고용 가능성을 높이고 비숙련노동자의 고용 가능성을 줄이는 효과를 낳는다. 그래서 고용구조와 소득분배 구조에서 숙련노동자에게 유리하고 비숙련노동자에게 불리한 구조를 형성하게 만든다. 지식기반경제에서 숙련 편향적 기술변화는 지식기업과 단순기업으로 산업구조가 이중구조가 되고 지식노동자와 단순노동자로 노동자가 양분될 경우 사회 양극화의 한 요인이 된다.

한편 지식기반경제는 수확체증 법칙의 작용으로 승자 독식(winner-takes-all)의 가능성이 있기 때문에 독점을 형성시킬 가능성을 높인다. 컴퓨터 소프트웨어 산업에서의 마이크로소프트 회사의 독점적 지배력은 이러한 수확체증의 법칙에서 비롯되고 있다. 그렇지만 이러한 독점은 지식에 기반을 두고 있기 때문에 기존 지식이 무용지물이 되고 새로운 지식이 창출될 경우 기존 독점은 해체되고 새로운 독점이 형성된다. 이러

상을 위해 적극적인 노력을 하는 것을 말한다.

3 숙련 편향적 기술변화는 신기술이 비숙련노동자보다 숙련노동자를 더 수요하는 현상을 말한다. 대량생산경제에서는 기술과 숙련 간에 대체 관계가 형성되어 비숙련노동자를 더 수요하지만 지식기반경제에서는 기술과 숙련이 보완 관계를 형성하여 숙련노동자를 더 수요하게 된다는 것이다(Berman et al., 1998).

한 독점체제의 재편은 급진적 혁신이 일어나는 산업 부문에서 더욱 현저하게 일어날 것이다. 아무튼 수확체증의 법칙이 작용할 경우 승자의 독점화와 패자의 주변화가 확연히 악화되기 때문에 경제적 및 사회적 양극화가 심화할 가능성이 높다.

이와 같이 숙련 편향적 기술변화와 수확체증의 법칙 작용에 따라 지식기반경제에서는 양극화가 심화할 가능성이 높다. 개인의 지식수준은 결국 교육 수준에 의존하고 교육 수준은 소득 및 자산의 크기에 의존하고 다시 지식수준이 소득과 자산의 크기를 결정하는 주요 변수가 된다. 요컨대, 지식과 자산 사이에는 양의 피드백이 작용한다. 따라서 자산의 분배가 불평등한 지식기반경제에서는 양극화가 더 크게 나타날 가능성이 높다. 더욱이 여기에 시장만능주의에 기초한 신자유주의적 정책이 결합되면 양극화는 더욱 심화할 것이다.

(3) 신자유주의의 사회경제적 효과

시장만능주의, 자유기업주의, 성장지상주의라는 이념에 기초한 신자유주의는 현대 자본주의의 4대 경향 중 발전 모델에 가장 심대한 영향을 초래한 경향이라 할 수 있다. 이러한 신자유주의의 이념은 발전 모델을 구성하는 사회 패러다임으로서 기존의 포드주의 발전 모델 혹은 사회민주주의 체제에 큰 변화를 가져왔다. 오로지 효율성과 경쟁력을 높여 성장을 추구하는 고용주들이 정부의 간섭이나 노조의 견제 없이 자유롭게 노동력을 사용하는 자유시장경제를 최상의 것으로 상찬하는 신자유주의는 기존의 포드주의적 생산체제, 분배체제 그리고 축적체제의 성격을 크게 바꾸어놓았다.

작은 정부와 큰 시장을 지향하는 규제철폐정책과 감세정책은 자본의 자유를 확대하고 자본에게 유리한 반면 노동의 자유를 축소하고 노동에 불리한 분배체제를 만들었다. 제품시장에 대한 규제 철폐보다도 노동시장에 대한 규제 철폐가 특히 친자본적이고 반노동적인 효과를 낳았다. 노동시장 유연화는 곧 노동시장 불안정화를 의미하기 때문에 자본에게는 더 많은 자유를, 노동에게는 더 큰 구속을 가져다주었다. 신자유주의의 감세정책은 일반적으로 주로 법인세, 재산세 등 자본소득 감세로 추진되었기 때문에 자본에 유리한 분배체제가 형성되었다. 다른 한편 정부의 복지 지출 감소와 사회복지 서비스의 재상품화는 저소득 노동자를 비롯한 빈민들의 생활 불안을 증가시키고 기업복지에 대한 노동자의 의존성을 높였다. 자본에 대한 감세정책과 결합된 노동에 대한 사회복지 지출의 감소는 친노동자적 소득재분배정책의 약화를 의미한다. 그리고 기업복지에 대한 의존성 증대는 노동자에 대한 시장전제를 강화하는 효과를 낳았다.

신자유주의의 또 다른 핵심 정책인 금융시장 자유화는 이자율 규제를 철폐함으로써 금융 자본과 금리 생활자에게 유리한 분배체제를 형성했다. 아울러 금융시장 자유화는 포드주의 축적체제를 대신하는 금융주도 축적체제 형성에 기여함으로써 발전 모델에 큰 변화를 초래하게 된다.

(4) 금융주도 축적체제의 사회경제적 효과

금융주도 축적체제는 포드주의적 축적체제에 그 경제적 토대를 두었던 현대 자본주의의 생산 관계를 크게 변화시켰다(김형기, 2001: 507).

첫째, 산업 자본과 금융 자본 간의 관계를 변화시켰다. 금융의 자유화로 금융 자본이 자립화하고 금융 자본의 논리를 추구하는 기관 투자가 주도의 기업지배구조가 성립함에 따라, 과거 포드주의 축적체제에서와 같이 산업 자본의 축적 요구에 금융 자본이 헌신하던 상황이 이제는 산업 자본이 주가수익 극대화라는 금융 자본의 요구에 종속되는 상황으로

역전되었다. 그래서 산업 자본 우위의 자본 간 관계에서 금융 자본 우위의 자본 간 관계가 성립한다.

둘째, 이러한 자본 간 관계의 변화는 자본과 노동 간의 관계를 변화시켰다. 금융주도 축적체제에서 형성되는 기관 투자가 주도의 기업지배구조는 금융 자본인 주주의 이익에 부합하는 주가수익 증대가 최우선으로 고려되고 노동자의 이익에 부합하는 임금 인상과 고용 안정은 부차적인 고려사항이다. 그 결과 노동시장이 유연해지고 노동자에 대한 고용 불안과 임금 불안이 가중된다. 이에 따라 과거 경영자 주도의 기업지배구조 아래 형성되었던 포드주의적 노사 타협이 깨진다. 노동시장이 유연해져 노동자에 대한 시장전제가 강화됨에 따라 과거에 상대적으로 대등했던 노사 관계가 사라지고 자본가 우위의 일방적 노사 관계가 형성된다.

금융주도 축적체제는 노동자들의 존재 조건에 질적인 변화를 초래했다. 노동자들이 저축을 할 수 있게 됨에 따라 노동력을 판매하는 노동자들이 주식이나 채권과 같은 금융자산의 소유자가 되었다. 즉, 노동자들이 노동력의 소유자임과 동시에 금융자산의 소유자라는 이중적 정체성을 가지게 된 것이다. 종업원지주제가 도입될 경우 기업 내에서 노동자는 그 기업의 종업원임과 동시에 주주가 된다. 이에 따라 노동자 가계의 소득은 임금소득과 금융소득으로 구성된다. 이렇게 되면 노동자의 생활 조건은 노동시장에 의해 영향을 받는 임금 수준의 변동과 금융시장 상황에 좌우되는 금융소득의 변동에 좌우된다. 이와 같이 노동자의 존재 조건에 변화가 생기면 노동자들은 임금 교섭만이 아니라 금융시장의 머니 게임에도 참가하게 된다. 그런데 주가수익을 높이기 위해서는 고용 불안을 초래할 수 있는 상시적인 구조조정과 임금 억압이 요청될 수 있다. 이 경우 금융주도 축적체제 아래에서 주식을 소유한 노동자들은 임금 인상 요구와 주가수익 추구 사이에서 자가당착을 느낄 수 있다.[4]

3. 선진국 발전 모델의 전환

앞에서 논의한 현대 자본주의의 4대 경향과 그 사회경제적 효과에 따라 선진국의 발전 모델이 변화한다. 글로벌화, 신자유주의, 지식기반 경제라는 3대 경향이 결합되어 1990년대 이후 선진국의 발전 모델에는 크게 두 가지의 전환이 나타난다. 즉, 하나는 국가 형태가 케인스주의적 복지국가(Keynesian Welfare State)로부터 슘페터주의적 노동연계 복지국가(Schumpeterian Workfare State)로 전환한 것이다(Jessop, 2002). 다른 하나는 사회민주주의 국가에서 기존의 사회민주주의와 신자유주의를 넘어선 제3의 길이 출현한 것이다. 이러한 두 가지 흐름이 뚜렷한 가운데 다양한 발전 모델이 공존하는 모습을 보이고 있다.

1) 슘페터적 노동연계 복지국가

먼저 복지국가의 전환에 대해서 보기로 하자. 케인스주의적 복지국가는 유효 수요를 높이는 수요 측면에 개입함으로써 거시경제 순환의 규칙성과 안정성을 유지하고, 사회보장을 강화함으로써 실업자를 소비자로 전환해 경제 시스템에 통합시키는 것을 지향하며 경제정책과 사회정책의 결합을 추구한다. 슘페터주의적 노동연계 복지국가는 국가 혁신이나 지역 혁신과 같은 공급 측면에 개입해 국가경쟁력을 높이는 정책을 실시하고, 교육 및 훈련 시스템의 질을 개선해 노동자들의 학습 능력을

---

4 물론 이러한 현상은 금융자산을 소유할 만큼 저축할 수 있는 고임금 노동자 계층에서 일어날 수 있다. 고전적 노동귀족 현상이 금융주도 축적체제에서 현대적으로 나타날 수 있다.

높이고 지식기반경제에 통합될 수 있는 인적자원개발 투자에 주력하는 적극적 노동시장정책을 지향한다(김형기, 2006c).

케인스주의적 복지국가로부터 슘페터주의적 노동연계 복지국가로의 이행은 글로벌화와 지식기반경제에 대한 대응 방식에 따라 서로 다른 형태로 진행된다. 즉, 정치사회학자 밥 제솝(Bob Jessop)이 지적하는 것처럼 선진국들이 슘페터주의적 노동연계 복지국가를 실현하는 방식에는 신자유주의(Neo-liberalism), 네오코포라티즘(Neo-corporatism), 신국가주의(Neo-statism), 신공동체주의(Neo-communitarianism) 등 네 가지 전략이 있다(Jessop, 2002).

신자유주의적 전략은 자유 경쟁을 촉진하는 자유화, 국가의 역할을 줄이는 탈규제, 공공 부문을 매각하는 민영화, 상품과 자본의 자유로운 이동을 보장하는 글로벌화, 기업 투자와 소비자의 선택을 증가시키는 감세 등으로 요약된다. 네오코포라티즘 전략은 경쟁과 협력의 재균형, 분권화된 '규제된 자기 규제(regulated self-regulation)',[5] 민간·공공 및 이해관계자 범위의 확대, 민관 파트너십 역할의 확대, 개방경제에서 핵심 경제 부문의 보호, 사회투자 기금을 조달하기 위한 높은 과세 등으로 요약된다. 신국가주의는 국가 통제로부터 규제된 경쟁으로의 이행, 계획의 상명 하달보다는 국가 전략의 지도, 민간 부문과 공공 부문 업적 감사, 국가 지도하에서의 민관 파트너십, 핵심 경제에 대한 신중상주의적 보호, 새로운 집합적 자원의 역할 확장 등으로 정리된다. 신공동체주의는 자유 경쟁을 제한하는 탈자유화, 제3섹터의 역할을 제고하는 권한 부여, 사회

---

5 '규제된 자기규제'란 영미권에서 말하는 규제(regulation)나 탈규제(deregulation)와 달리 독일 등 유럽에서 기업과 산업이 자기 규제를 하도록 정부가 규제의 목표를 설정하고 자기 규제의 틀을 만드는 것을 말한다(Schultz and Held, 2004).

적 경제를 확장하는 사회화, 교육·의료·환경과 같은 사회적 사용가치와 사회적 응집 강조, 자유무역 대신 공정무역(fair trade) 등을 지향한다.

신자유주의 전략은 자유시장경제를 가진 미국 등 영미형 모델에서, 네오코포라티즘 전략은 조정시장경제를 가진 독일이나 오스트리아 등 라인형 모델에서, 신국가주의 전략은 프랑스, 이탈리아 등 유럽 대륙 모델에서, 신공동체주의 전략은 스웨덴, 덴마크 등 노르딕형 모델에서 주로 채택되었다. 물론 한 나라 안에서 하나의 주요한 전략 이외에도 다른 전략들이 부차적으로 결합되는 전략 배합이 있었다.

신자유주의 전략의 경우 미국 등 영미형 모델에서처럼 시장근본주의 입장에서 거의 전면적인 규제 완화, 자유화, 민영화를 통해 기존의 포드주의적 축적체제를 신자유주의적 금융주도 축적체제로 이행한 나라도 있지만, 독일과 같은 라인형 모델이나 스웨덴과 같은 노르딕형 모델에서와 같이 기존의 코포라티즘적 혹은 사회민주주의적 모델의 효율성과 유연성을 높이는 방향으로 쇄신하기 위한 부분적인 정책으로 도입된 경우도 있었다. 신자유주의의 핵심적 과정 중 하나인 자유화의 경우에도 라인형 모델과 노르딕형 모델 국가에서는 '관리된 자유화(managed liberalization)'의 형태로 진행되었다.

2) 다양한 발전 모델의 공존[6]

글로벌화와 신자유주의의 강한 영향력으로 일정한 수렴 현상이 출현했음에도 불구하고 선진국의 발전 모델은 다양한 모습을 보이고 있다. 하나의 발전 모델은 생산체제 수준, 축적체제 수준, 조절 양식 수준으로

---

6 이 부분은 김형기 엮음(2007: 35~39)을 수정·보완한 것이다.

표 2-1

21세기 초 현대 자본주의 발전 모델의 유형

수준	유형	
생산체제	네오포디즘	포스트포디즘
축적체제	금융주도 축적체제	지식주도 축적체제
조절 양식	자유시장경제	조정시장경제 규제시장경제

자료: 김형기 엮음(2007: 36) 표 1.

구분할 수 있다. 이러한 기준에 따라 1990년대 이후 선진국의 발전 모델을 구분해본 것이 표 2-1이다. 즉, 생산체제 수준에서는 네오포디즘(Neo-Fordism)과 포스트포디즘(Post-Fordism)으로,[7] 축적체제 수준에서는 금융주도 축적체제와 지식주도 축적체제(Knowledge-led Accumulation Regime)로, 조절 양식 수준에서는 자유시장경제와 조정시장경제로[8] 각각 구분할 수 있다.

여기서 지식주도 축적체제란 자본 축적과 경제성장에서 지식이 결정적인 중요성을 가지는 축적체제로서 1990년대에 지식기반경제의 출현과 함께 새롭게 등장한 축적체제이다. 지식에 기초한 고품질 생산이 고부가 가치를 창출하고 고부가 가치가 고임금을 가능하게 하고 고임금이

7 여기서 네오포디즘은 구상과 실행을 분리하는 포드주의적 노동 과정이 컴퓨터 기술을 적용하는 과정에서 새롭게 강화되는 것을 의미하며, 포스트포디즘은 노동자의 고숙련과 일정한 자율성에 기초해 구상과 실행의 부분적 통일이 일어나는 것을 말한다.

8 여기서 자유시장경제는 기업들이 주로 경쟁적 시장과 위계적 조직을 통해서 그 활동을 조절하는 경제를 말하며, 조정시장경제는 기업들이 자신의 활동을 조정하고 핵심 역량을 구축하기 위해 비시장적 관계에 더 크게 의존하는 경제를 말한다(Hall and Soskice, 2001).

하이테크 제품의 다품종 소량소비를 가능하게 하며 다품종 소량소비가 고품질 생산을 뒷받침함으로써 이 축적체제의 거시경제적 회로가 성립한다(김형기, 2001: 589~590).

표 2-1에서 '네오포디즘-금융주도 축적체제-자유시장경제'는 서로 친화성을 가진다. '포스트포디즘-지식주도 축적체제-조정시장경제'도 서로 친화성을 가진다. 지식주도 축적체제는 로베르 부아예(Boyer, 2001)가 보여주는 것처럼 자유시장경제와 결합할 수도 있고 조정시장경제가 결합할 수도 있다. 금융주도 축적체제는 그 본성상 자유시장경제와 친화성을 가지며 조정시장경제와는 양립하기 어렵다.

이와 같이 축적체제와 조절 양식 두 수준을 기준으로 했을 때, 현재 OECD 국가를 중심으로 본 현대 자본주의 발전 모델은 금융주도-자유시장경제, 지식주도-자유시장경제, 지식주도-조정시장경제, 포드주의-조정시장경제 등 네 유형으로 구분할 수 있다.

'유형 I: 금융주도-자유시장경제'는 미국에서 전형적으로 나타나고 있다. 금융주도 축적체제는 금융시장의 자유화와 노동시장의 유연화가 전면적으로 실현되는 자유시장경제에서 확립될 가능성이 높다. 그래서 가장 전형적인 자유시장경제를 가진 미국에서 금융주도 축적체제가 선도적으로 출현하고 그 결과 금융주도 자유시장경제가 성립하게 된다.

'유형 II: 지식주도-자유시장경제'는 미국과 아일랜드 등에서 전형적으로 나타나고 있다. 영미형 모델에 속하는 미국과 아일랜드는 IT 등 신기술산업 혹은 지식산업을 진흥하기 위한 외국인 직접 투자(FDI) 유입을 촉진하기 위해 지적재산권을 강하게 보호하며 기업 활동에 대한 규제를 완화하고 노동시장을 유연화했는데, 이는 곧 지식기반경제가 자유시장경제와 결합된 사례라 하겠다.

'유형 III: 지식주도-조정시장경제'는 스웨덴, 핀란드, 덴마크 등 스칸디나비아 국가들에서 나타나고 있다. 지식기반경제가 조정시장경제와 결합된 스칸디나비아 국가들에서는 높은 일반 교육 수준, 광범하고 강도 높은 직업 훈련, 높은 수준의 평생 교육을 통한 지식의 광범한 사회화가 이루어져 있다(Boyer, 2004). 그리고 노동시장은 안정적이거나 유연안전성(flexicurity)이 실현되어 있다. 이는 결국 지식주도-조정시장경제가 성립하고 있음을 말해준다.

'유형 IV: 포드주의-조정시장경제'는 1990년대까지의 독일에서 전형적으로 나타났다. 1990년대까지 독일 경제에서는 지식기반경제의 성립이 상대적으로 지체되었으며 금융주도 축적체제는 강고한 은행기반 금융시스템 때문에 뿌리를 내리기 어려웠다(Amable, 2003). 그래서 기존의 축적체제인 포드주의와 조정시장경제가 결합된 발전 모델이 지속되었다.

그런데 미국은 유형 I과 유형 II가 결합되어 말하자면 '금융·지식주도-자유시장경제'라는 복합적 유형을 보이고 있다. 즉, 자유시장경제와 친화적인 금융주도 축적체제 속성뿐만 아니라 지식주도 축적체제 속성도 아울러 가지고 있다. 이러한 미국에서는 자유시장경제 속에 작동하는 금융시장이 IT 산업 등에서 지식기업의 특성을 가진 벤처기업의 창업과 투자 확대를 촉진하는 역할을 한다. 그래서 금융·지식주도 자유시장경제가 성립하게 된다.

그런데 여기서 조정시장경제는 다시 기업 수준의 노사 협력과 기업 간 협력을 중심으로 조정이 되는 미시 코포라티즘(일본)과 산업 수준 혹은 전국 수준의 노사(정) 합의를 중심으로 조정이 이루어지는 거시 코포라티즘(독일, 스웨덴)으로 구분할 수 있다.

한국을 비롯한 동아시아 자본주의는 1997~1998년 외환위기·금융위기 발생 이전까지는 선진 자본주의 국가들의 자유시장경제도 조정시장경제도 아닌 '규제시장경제'[9]가 지배했다. 여기서 말하는 규제시장경제란

국가의 법적·행정적 규제에 의한 국가적 조정이 시장적 조정을 압도하는 시장경제이다. 한국에서 과거 개발독재체제 아래 존재했던 '관치경제'가 바로 그 전형이었다.

규제시장경제는 사회민주주의 국가에서의 사회적 파트너들 간의 사회적 합의를 통해 경제가 조정되는 조정시장경제와 구분된다. 경제주체들 간의 협력을 통한 조정을 '사회적 조정'이라 할 수 있다. 사회적 조정은 기업들 간의 네트워크를 통한 미시경제적 전략적 상호작용과 노·사·정·민 간의 사회적 대화와 합의를 통한 거시경제적 전략적 상호작용에 기초해 경제 조정이 이루어지는 것을 말한다. 규제시장경제와 조정시장경제의 차이는 결국 시장적 조정에 대해 국가적 조정이 우위인 경제가 규제시장경제이고 시장적 조정에 대해 사회적 조정이 우위인 경제가 조정시장경제이다.

종합하자면, OECD 국가와 동아시아 국가를 포함한 자본주의 발전모델은 유형 I: 금융주도-자유시장경제, 유형 II: 지식주도-자유시장경제, 유형 III: 지식주도-조정시장경제, 유형 IV: 포드주의-조정시장경제, 유형 V: 포드주의 규제시장경제로 구분할 수 있다.

이러한 구분은 1980년대에서 2000년대에 이르는 시간 지평에서 이루어진 것이다. 그런데 1990년대에 들어오면 유형 I, II, III의 경향이 강화되는 반면 유형 IV와 V는 해체되고 전환되는 현상이 나타난다. 지금까지 포드주의적 조정시장경제였던 독일은 유형 I로 가려는 세력과 유형 III으로 가려는 세력 간에 팽팽한 대립이 지속되다가 메르켈(Merkel) 정부

---

9 여기서 우리는 규제라는 개념을 국가에 의한 일방적 조정이라는 의미로 좁게 사용한다. 노·사·정·민의 경제주체들 간의 전략적 상호작용, 즉 협의나 합의를 통한 상호주의적 자발적 조정은 규제 개념에서 제외한다.

성립 후 유형 I 쪽으로 약간 기울어졌다. 미시 코포라티즘에 기초한 조정시장경제에 가까웠던 일본은 10년간의 장기침체 동안 유형 I, II로 가려는 힘이 강하게 작용해왔다. 1997년까지 유형 V: 포드주의 규제시장경제였던 한국은 1997년 외환위기 이후 민주 정부 아래에서 유형 I과 유형 II로 향하는 힘이 유형 III으로 가려는 힘보다 강하게 작용해왔다.

이와 같이 글로벌화와 신자유주의 그리고 지식기반경제 시대에 선진국의 발전 모델은 그 시대적 흐름에 대응하는 다양한 방식을 보이고 있다. 글로벌화에 대응해서는 현재 지배적인 신자유주의적 글로벌화를 주도하거나 그대로 수용하는 발전 모델이 있는가 하면, 공정한 글로벌화(ILO, 2004), 인간의 얼굴을 한 글로벌화(Stiglitz, 2002)를 추구하는 발전 모델도 있다. 신자유주의에 대해서는 그대로 수용하는 자유시장경제형 발전 모델이 있는가 하면 제3의 길 방식으로 대응하는 조정시장경제형 발전 모델도 있다. 지식기반경제가 실현되는 방식은 지식주도 조정시장경제와 지식주도 자유시장경제가 있다.

4. 새로운 한국 모델의 비전과 전략

앞에서 서술한 세계 경제질서 변화와 선진국 발전 모델의 전환 양상에 비추어볼 때, 과연 새로운 한국 모델의 비전은 무엇이며, 그 비전을 실현할 전략은 어떠해야 할 것인가?

1) 한국형 제3의 길

1997년 이전까지 유지되었던 개발국가와 1997년 이후 도입된 신자유주의 양자를 모두 넘어서는 비전 한국형 제3의 길이라 할 수 있다. 원래 제3의 길은 글로벌화와 지식기반경제 시대에 대응하여 사회민주주의의 갱신을 목표로 기존 사회민주주의와 새로 등장한 신자유주의를 넘어서려는 정책 비전을 말한다. 사회민주주의의 복지국가를 노동연계 복지국가로 개혁하고 노동시장의 유연성과 안전성을 결합한 유연안전성을 추구하는 것이 대표적인 제3의 길의 정책 방향이다.

한국에서 제3의 길은 글로벌화와 지식기반경제 시대에 기존의 개발국가와 새로 도입된 신자유주의를 넘어서는 정책 비전을 통해 민중의 삶의 질을 향상하는 데 기여하는 '지속가능한 진보(sustainable progress)'(김형기, 2006b)의 관점에서 설정되어야 한다. 지속가능한 진보의 관점은 '글로벌화와 민주화 시대에 기존의 개발국가는 작동 불가능하다', '저성장과 양극화를 초래하기 때문에 신자유주의는 지속 불가능하다', '글로벌화와 지식기반경제에서 기존의 서구 사회민주주의는 실행 불가능하다', '지식기반경제에서 요청되는 혁신을 위해 유연성은 필수적이다'라는 기본 인식에서 출발한다.

이러한 관점에서 보았을 때 한국형 제3의 길의 비전은 다음과 같이 제시할 수 있다. ① '자율·연대·생태'의 가치 추구, ② '분권·혁신·통합' 정책의 지향, ③ 공정한 시장경제의 실현, ④ 국가지상주의와 시장근본주의의 배격, ⑤ 사회적 대화와 사회적 합의의 추구, ⑥ 공정한 글로벌화 추구, ⑦ 경제성장과 사회통합의 실현, ⑧ 혁신주도 동반성장체제의 구축, ⑨ 학습복지와 복지 공동체 구현.

각 개인과 조직이 자기결정권을 가지면서도 사회적 책임을 완수하는 것을 의미하는 자율(autonomy), 더불어 함께 살아가는 공동체의 실현을 의미하는 연대(solidarity), 인간과 자연의 공생을 통한 지속가능한 발전을 의미하는 생태(ecology), 이 세 가지는 21세기 지속가능한 진보가 지향해야 할 기본 가치이다. 한국형 제3의 길도 이러한 가치를 지향해야 할 것이다.

이러한 가치를 지향하면서 지방분권과 지역 혁신, 사회통합 정책을 추진해야 한다. 여기서 지방분권은 중앙집권-수도권 일극 발전체제를 지방분권-지역다극 발전체제로 전환하는 과정, 지역 혁신은 지역의 낡은 패러다임을 창조적으로 파괴하고 학습 지역을 창조하는 과정, 통합은 국민경제 여러 부문 간의 강한 산업연관과 교류 관계가 형성되고 사회적 배제를 막으며 양극화를 해소하는 과정을 의미한다.

공정한 시장경제는 시장에 참여하는 경제주체들의 세력 관계가 대등하고 기회균등이 보장되어 경쟁이라는 게임의 규칙이 공정한 시장경제를 말한다. 이러한 시장경제는 경쟁을 통해 효율성을 높이고 혁신을 추동하는 시장의 역동성을 살리면서도 시장이 가지는 역기능인 불안정성과 불공평성을 줄일 수 있다. 공정한 시장경제는 자유시장경제보다는 조정시장경제에서 실현될 가능성이 높다.

이와 같이 공정한 시장경제를 추구한다는 것은 곧 시장의 완전성을 믿고 모든 것을 시장에 맡기려는 시장근본주의를 배격한다는 것을 의미한다. 그렇지만 제3의 길은 국가만능을 믿고 모든 것을 국가의 개입을 통해 해결하려는 국가지상주의도 배척한다. '국가냐 시장이냐'는 종래의 이분법적 대립 구도 설정에도 찬성하지 않는다. 그 대신 자원 배분과 사회경제 운영에서 국가·시장·시민사회 간의 적절한 균형점을 모색하고자 한다. 그래서 시장주도도 아니고 정부주도도 아니며, 민관 파트너십에 기초한 거버넌스를 지향한다. 이러한 거버넌스를 통해 사회적 대화를 하고 사회적 합의를 추구함으로써 정책의 효과성을 높이고 사회통합을 실현할 수 있다. 이러한 시장경제는 곧 조정시장경제라 할 수 있다. 이와 같이 제3의 길은 조정시장경제를 지향한다.

그리고 제3의 길은 신자유주의적 글로벌화도 반글로벌화도 아닌 대안적 글로벌화로서 '공정한 글로벌화(fair globalization)' 혹은 '인간의 얼굴을 한 글로벌화', '관리된 글로벌화'를 지향한다. 이러한 글로벌화의 제3의 길은 민주주의, 사회적 공평성, 인권존중, 그리고 법의 지배라는 기본원리가 글로벌화를 규율하도록 '좋은 거버넌스(good governance)'를 구축하는 것이다(ILO, 2004). 여기서 좋은 거버넌스란 지속가능한 사회 실현이라는 관점에서 글로벌화가 초래할 사회경제적 위험, 즉 경제 불안정성과 양극화를 완화할 수 있는 '세계-지역-국가-지방(Global-Regional-National-Local)' 수준의 중층적이고 상호보완적인 제도 묶음을 통해 구축되는 다중적 피드백 시스템(金子勝·児玉龍彦, 2004)을 말한다(김형기, 2006a).

이와 같이 '자율·연대·생태'의 가치를 추구하고 '분권·혁신·통합'의 정책을 지향하면서, 시장근본주의와 국가지상주의 모두를 배격하고 사회적 합의를 통해 운영되는 공정한 시장경제, 즉 조정시장경제를 경제시스템으로 구축하고 공정한 글로벌화를 추구함으로써 결국 제3의 길은 경제성장과 사회통합을 동시에 실현하고자 한다.

2) 제3의 길 실현을 위한 정책 방향[10]

이러한 비전을 가진 제3의 길을 실현하는 데 핵심이 되는 정책은 혁신주도 동반성장체제 구축과 학습복지와 복지 공동체 구현이라 할 수 있다. 이 양대 정책은 경제성장과 사회통합을 동시에 구현하기 위해 필수적으로 요구되는 정책이다.

---

10 이 부분은 김형기(2006c)의 제3장 「한국사회의 지속가능한 진보를 위한 대안적 발전 모델」 2절의 내용을 수정·보완한 것이다.

(1) 혁신주도 동반성장체제

현재 한국 경제 최대의 과제는 새로운 성장 동력을 창출하고 경제의 양극화를 해소하는 것이라 할 수 있다. 수도권 경제와 지방 경제 간, 대기업과 중소기업 간, 수출 부문과 내수 부문 간, 도시 경제와 농촌 경제 간, 첨단산업과 전통산업 간, 정규직과 비정규직 간, 국민경제의 여러 부문에서 나타나고 있는 양극화는 획기적인 구조개혁을 통해서만 극복될 수 있을 것이다. 1960년대 이후 고도성장기의 대량생산경제를 이끌었던 요소투입형의 '외연적 불균형 성장체제(extensive and uneven growth regime)'는 1997년 경제위기를 고비로 그 생명력을 다했다. 따라서 성장 동력을 강화하기 위해서는 새로운 성장체제를 구축해야 한다. 새로운 성장체제는 지방분권체제 아래 혁신과 통합의 원리가 결합될 때 출현할 수 있다. 우리는 이러한 신성장체제를 '혁신주도 동반성장체제'로 명명하고자 한다. 글로벌화와 지식기반경제 시대에서 저성장과 양극화를 동시에 극복할 수 있는 성장체제는 '혁신주도 동반성장체제'라 할 수 있다. 그러면 이 새로운 성장체제를 구성하는 원리들은 무엇인가?

첫째, 가장 중요한 원리는 두말할 필요 없이 혁신이다. 요소투입형 외연적 성장체제는 대량생산경제에서 효력을 발휘했으나 지식기반경제에서는 더 이상 유효하지 않다. 창의성 있는 지식이 경제성장의 원동력이 되는 지식기반경제에서의 성장 동력은 창조적 파괴를 하는 혁신이다. 과거 20세기 대량생산경제에서는 대량생산과 대량소비가 결합되면 혁신이 없이 요소투입의 증가만으로도 고성장을 달성할 수 있었다. 그런데 21세기 지식기반경제에서는 혁신주도 성장체제가 구축되어야 지속적인 경제성장이 가능하다. 지식기반경제에서는 대량생산경제의 저생산성, 저성장, 저이윤의 한계를 혁신을 통해 돌파할 수 있다. 여기서 혁신은 생산성 획득의 새로운 원천이고 새로운 성장 동력의 토대가 된다.

슘페터(Joseph Schumpeter)와 신슘페터주의자(Neo-Schumpeterian)들이 주장하는 것처럼 혁신은 낡은 패러다임을 창조적으로 파괴하는 과정이고 경제주체들 간의 상호학습을 통해 창발되는 과정이다. 이러한 혁신이 확산되고 지속가능하려면, 혁신은 IT, BT, NT와 같은 신기술의 도입을 말하는 기술 혁신뿐만 아니라 혁신을 촉진하는 새로운 제도를 구축하는 제도 혁신과 혁신 친화적인 새로운 문화를 형성하는 문화 혁신을 포함하는 총체적 혁신이 되어야 한다(김형기, 2005). 이러한 총체적 혁신이야말로 지식기반경제에서 진정한 의미에서 새로운 성장의 원천이 된다.

기술 혁신으로서의 혁신은 기업, 산업, 대학, 정부 수준에서 신기술을 개발하는 연구개발 투자와 신기술에 적합한 인력을 양성하는 인적자원개발 투자를 통해 이루어질 수 있다. 혁신은 첨단산업에서 주로 나타나는 급진적 혁신(radical innovation)과 전통산업에서 주로 나타나는 점진적 혁신(incremental innovation) 두 유형이 있다. 점진적 혁신의 경우 특히 현장 노동자에 대한 교육 훈련 투자와 같은 인적자원 투자가 중요하다. 따라서 대량생산경제에서의 단순노동자를 지식기반경제에서의 지식노동자로 전환하는 인적자원개발 정책은 기술 혁신을 위한 핵심적 정책이 되지 않을 수 없다. 연구개발 투자와 인적자원개발 투자를 병행하는 지식기업에서 지식노동자의 교섭에 기초한 참가에 의해 이루어지는 혁신을 통해 생산성이 향상되는 생산 시스템이 정착될 때 혁신주도발전을 위한 미시적 토대가 구축될 것이다(Kim, 2007). 지식노동자의 작업장 참가와 전략적 의사결정 참가가 이루어지는 '자주관리 지식기업(self-managed knowledge firm)'이 지식기반경제의 혁신을 추동하는 핵심 주체라 할 수 있다.

그런데 그 본성상 개별 경제주체들로부터 창발하는 혁신은 분권-자율-네트워크의 원리가 구현되는 조직에서 나타날 가능성이 높다. 따라서 집권-명령-위계의 원리가 관철되는 조직을 분권-자율-네트워크의 원리가 관철되는 조직으로 바꾸는 제도 혁신 없이는 혁신을 기대하기 어렵다. 기업 조직과 행정 조직을 비롯한 사회 각 분야의 조직이 이러한 새로운 원리에 따라 개혁될 때 기업, 정부, 대학 등 사회 전 분야에 걸쳐 혁신이 확산될 수 있을 것이다.[11]

창조적 파괴 과정과 학습 과정이 결합된 혁신은 그것에 적합한 문화가 있어야 한다. 창조적 파괴를 할 수 있는 비판 정신, 실패의 위험을 감수하고 도전하는 모험 정신, 실패를 관용하는 문화, 새로운 요소를 받아들이고 인정하는 개방성과 다양성, 창의성을 북돋우는 개성과 자유와 자율성, 네트워크 효과가 나타날 수 있고 혁신의 확산을 가능하게 하는 경제주체들 간의 신뢰와 협력의 문화 등 혁신을 촉진하는 문화 혁신이 끊임없는 혁신, 사회 전반의 혁신, 지속가능한 혁신을 위해 요청된다. 요컨대 '자유로운 개인들이 협력하는 사회'가 혁신 친화적인 사회가 될 수 있다.

둘째, 통합의 원리는 혁신주도 동반성장체제를 구성하는 또 다른 중요한 원리이다. 혁신이 새로운 생산성체제를 통해 고성장의 미시적 토대를 구축하는 것이라면, 통합은 양극화를 극복할 수 있는 수요체제 형성을 통해 지속가능한 동반성장을 위한 거시적 순환체계를 수립하는 것이라 할 수 있다. 혁신은 원래 창조적 파괴의 불연속적 과정이고 승자와 패자 간의 격차를 벌리는 양극화의 경향을 낳기 때문에 통합의 원리에 의해 보완되지 않으면, 사회 불안정과 소득불평등의 확대로 대립과 갈등이 증폭되어 혁신이 지속되기 어렵다.

양극화를 극복할 수 있는 통합의 원리는 어떠한 방향으로 설정해야 할 것인가? 그것은 양극화의 원인에 대한 진단에 기초해 설정해야 할 것

11 분권-자율-네트워크는 21세기의 새로운 진보적 조직 원리다. 혁신 개념이 새로운 진보의 원리와 결합될 수 있는 지점이 바로 여기라 하겠다.

이다.

1997년 경제위기 이후 우리나라에서 크게 심화된 양극화에는 중간층의 붕괴, 산업연관의 단절, 사회적 배제 등의 유형이 존재한다. 이런 양극화는 수도권과 지방 간, 대기업과 중소기업 간, 수출 부문과 내수 부문 간, 도시와 농촌 간, 정규직과 비정규직 간 양극화로 나타나고 있다. 양극화 현상을 초래하는 원인은 복합적이다. 우선, 앞에서 논의한 바와 같이 현대 자본주의의 4대 경향, 즉 글로벌화, 지식기반경제, 금융주도 축적체제, 신자유주의가 한국에서 1997년 경제위기 이후 동시에 중첩되어 급격한 양극화를 초래했다.

자본 자유화와 자유무역을 확대하는 글로벌화에 따라 경쟁력이 약한 국내 보호 부문이 급격히 쇠퇴하며 몰락하고, 자본의 글로벌화에 따라 국내 산업연관이 약화되거나 단절되는 현상이 나타났다. 이에 따라 수출 부문과 내수 부문 간에, 글로벌화된 대기업과 국내시장 지향 중소기업 사이에 경제적 양극화가 초래되었다. 신자유주의는 노동시장 유연화를 통해 고용 불안정을 증대하고 노동시장을 양극화시켰다.

1997년 경제위기 이후 출현한 금융주도 축적체제 요소(김형기, 2008c)는 주주 가치 극대화를 위한 단기 수익성 위주의 기업 경영을 하는 기업 지배구조를 성립시킴으로써 노동시장 유연화와 임금 압박을 초래하여 양극화를 심화하는 한 요인으로 작용했다. 금융주도 축적체제 요소는 한국 경제의 변동성을 증폭하여 비정규직과 영세 자영업자를 양산하고 빈곤층을 증가시켰다. 뿐만 아니라 금융자산 소유 불평등에 따른 금융소득의 격차, 금융소득과 노동소득의 격차를 확대해 빈부 격차를 심화했다.

1990년대 중반부터 나타나기 시작한 지식기반경제 요소도 양극화 심화를 부추겼다. 앞에서 지적한 것처럼 지식기반경제에서는 비숙련노동자보다 숙련노동자를 수요하는 숙련 편향적 기술 진보로 인해 숙련-비숙련 노동자 간 고용 가능성과 임금 등 노동 조건의 격차가 확대됨에 따라, 고숙련의 지식노동자와 저숙련의 일반 노동자 사이에 양극화가 심해진다. 아울러 IT를 비롯한 신기술은 핵심적 지식노동자가 아닌 노동자들의 일자리를 줄이는 '일자리 없는 성장'을 초래하는 경향이 있어 노동 계층 내부의 양극화를 심화한다. 수확체증이 작용하는 지식기반경제에서 승자독식의 세계가 나타나서 기업 간 양극화를 초래한다. 기업 간 지적 재산권의 불평등 분포와 노동자 간 지식 격차와 숙련 격차는 소득불평등을 초래하는 요인이다. 1997년 경제위기 이후 한국 경제는 IT 산업이 주도하는 지식기반경제로 이행하기 시작하는데, 이에 따라 이러한 지식기반경제가 초래하는 양극화 요인이 한국 경제의 양극화를 심화하게 된다. 이러한 일반적 요인들 이외에 한국의 경우 부동산 소유의 불평등과 부동산 투기가 양극화를 심화하는 특수한 요인으로 작용했다. 그리고 최종적으로 파국적 경제위기가 양극화를 급격히 진행시켰다.

경제·사회에서 양극화를 극복할 수 있는 길은 기본적으로 통합의 원리에서 찾을 수 있다. 여기서, 통합은 국민경제 여러 부문 간의 강한 산업연관과 교류 관계가 형성되는 경제적 통합, 실업자를 노동시장에 통합하고 사회적 배제를 막으며 계층 간 소득 양극화를 해소하는 사회적 통합, 서로 다른 정치집단 간의 대화와 타협을 통한 공존을 의미하는 정치적 통합, 모든 인간의 자기개발 기회의 보장과 인간과 자연의 공생을 의미하는 지속가능한 인간발전(sustainable human development) 등을 포함한다. 이러한 통합은 중간층의 붕괴를 막고 산업연관을 강화하며 사회적 배제를 막음과 동시에 거시경제적으로는 혁신주도성장이 가져오는 공급 증대에 상응하는 유효 수요를 창출하여 새로운 수요체제를 형성한다.

지식기반경제는, 대량생산과 대량소비가 결합되는 대량생산경제와 달리, 신기술에 기초한 상품 공급 능력의 지속적인 확대에 조응하는 수요 증가 구조를 가지고 있지 않다. 특히 노동시장 양극화에 따라 노동자 대중의 고임금에 기초한 대량소비를 기대하기 어렵게 된다. 따라서 혁신 능력을 향상하기 위해 과학기술체계와 교육 훈련 시스템과 함께, 지식기반경제의 생산성체제에 조응하는 수요체제를 어떻게 구축하느냐가 지식기반경제의 지속적 성장을 좌우하는 핵심 요인이 된다. 대량생산경제에서 내구소비재의 대량소비를 넘어, 교육·문화·정보 서비스 영역에서의 새로운 수요가 중요 부분을 구성하도록 수요체제가 구축되어야 한다. 이러한 수요체제는 수요를 창출할 뿐만 아니라 혁신 능력도 높여 지속적 성장을 위한 거시경제적 순환 구조를 창출할 수 있다.

이런 관점에서 볼 때, 지식기반경제의 분배는 일차적으로 노동자들의 혁신 능력을 높이는 교육·문화·지식·정보 수요 중심의 수요체제를 구축하는 방향으로 이루어져야 한다. 보다 많은 노동자들에 대한 교육 훈련 투자는 사회적 배제를 줄여 노동시장에 재진입하게 만들고 취업 가능성을 높이므로, 고용을 통한 구매력 증가를 가져온다. 요컨대, 노동자들에 대한 교육 훈련 투자를 높이는 분배정책, 핵심적으로 혁신을 위한 분배정책이 실시될 때, 지식기반경제에서 성장과 분배의 선순환이 나타날 수 있다.

이처럼, 지식기반경제에서는 경제주체의 혁신 능력을 높이는 과학기술 투자, 인적자원개발 투자를 통해 혁신주도발전을 추구할 때, 성장과 분배의 선순환이 가능하게 된다. 여기서, 특히 저소득층과 저임금층의 인적자원개발을 위한 정부의 사회투자가 뒷받침되어야 경제사회의 양극화 없이, 혁신주도하의 성장과 분배의 선순환을 통한 지속가능한 성장을 이룰 수 있다는 점이 강조되어야 할 것이다. 사회통합은 혁신의 지속을 위한 조건이기 때문이다.

앞에서 제시한 혁신과 통합의 원리는 상호전제하고 상승작용을 하면서 선순환 관계를 형성한다. 통합은 혁신의 지속을 위한 정치사회적 안정이라는 조건을 제공한다. 그리고 통합이 가져오는 사회적 비용 감소와 상생의 네트워크 효과에 의한 사회적 효율의 증대는 혁신을 촉진한다. 그리고 사회통합과 인간과 자연의 공생을 통해 지속가능한 인간발전이 이루어지면, 인간의 창의성 있는 지식에 기초한 혁신이 지속가능하게 된다. 이런 점에서 통합은 지속가능한 혁신을 위한 조건이 된다. 다른 한편, 혁신에 의해 가능하게 된 고성장과 고복지가 통합의 물적 기초를 제공한다. 요컨대 '지속가능한 혁신을 위한 통합'과 '지속가능한 통합을 위한 혁신'이 결합될 수 있는 것이다.

셋째, 혁신과 통합을 위해서는 분권의 원리가 필요하다. 혁신은 분권을 필요로 한다. 상명 하달의 중앙집권적 조직 혹은 위계적 조직에서는 혁신을 기대하기 어렵다. 혁신은 분권적 조직에서 자율적인 행위주체들로부터 발휘되는 자유로운 개성과 창의성으로부터 창발되는 과정이기 때문이다. 이는 기업 혁신, 정부 혁신, 대학 혁신, 지역 혁신 등 모든 혁신 과정에 해당된다. 개별 주체들의 다양성과 자율성이 큰 조직에서는 분권이 이루어져야 통합이 가능하다.

특히 지역 혁신은 지방분권이 전제되어야 기대할 수 있다. 중앙집권·수도권 집중 체제가 지역 혁신의 걸림돌이 되고 있는 우리나라에서는 중앙정부로부터 지방정부로의 권한 이양, 수도권으로부터 지방으로의 자원 분산, 풀뿌리 민주주의가 이루어지는 주민자치 등을 포함하는 지방분권이 획기적으로 추진되어야 지역 혁신을 기대할 수 있다. 특히 주민자치는 주민 참여라는 민주적 과정을 통해 지역 혁신 과정에 주민의 역량이 집결되는 메커니즘으로서 중요성을 가진다. 지방분권을 통해 지역 혁신 역량이 강화될 때 지역경제가 경쟁력을 획득하고 그것에 기초해 국가경쟁력이 강화될 수 있다. 지역의 기업, 대학, 연구 기관, 정부, NGO

그림 2-1

분권·혁신·통합에 기초한 발전 모델과 신성장체제

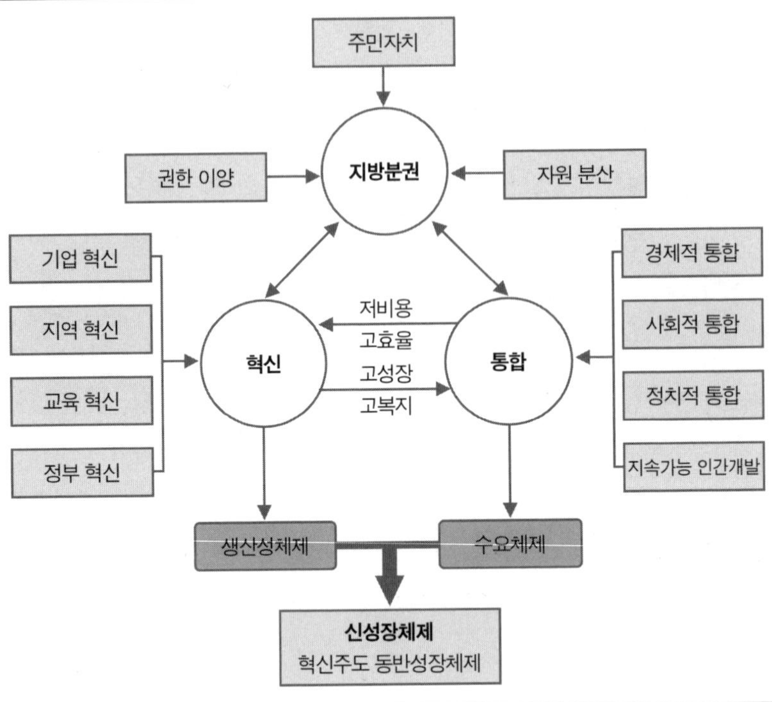

자료: 김형기(2006c: 91).

등 지역의 혁신 주체들이 파트너십 정신에 기초해 네트워크를 형성하여 구축하는 지역 혁신 시스템(Regional Innovation System: RIS)은 지역에서 새로운 성장 잠재력을 창출할 수 있을 것이다. 그런데 지방분권으로 인해 새로이 발생하는 지역 간 이해대립과 경제력 격차를 해소하기 위해서는 통합의 원리가 요청된다.[12] 수도권 주민과 비수도권 주민이 '두 개의 국민'으로 분할되는 현상을 극복하는 '하나의 한국(One Korea)'이라는 통합의 이념은 지방분권에 따른 불균형을 교정하는 데 필수적으로 요청된다.

이상에서 제시한 분권·혁신·통합의 원리에 기초해 그림 2-1과 같은 '혁신주도 동반성장체제(innovation-led shared growth)'가 구축될 수 있다. 이러한 혁신주도 동반성장체제가 제3의 길의 비전인 '자율·연대·생태'의 가치를 지향할 때 경제적으로, 사회적으로, 환경적으로 지속가능한 성장을 실현할 수 있을 것이다. 이와 같이 자율·연대·생태의 기본 가치를 지향하면서 분권·혁신·통합의 정책을 실시할 때, 과거의 개발국가 모델과 현재의 신자유주의를 넘어서는 새로운 한국 모델을 실현할 수 있고, 이를 통해 한국 경제는 제2의 장기 상승 국면에 진입할 수 있을 것이다.

(2) 새로운 성장 동력 창출을 위한 제도 구축

혁신주도 동반성장체제에서 새로운 성장 동력의 원천은 무엇이고, 그 원천으로부터 실제로 성장 동력이 창출될 수 있게 만드는 제도 개혁의 방향은 어떠한가? 지금 우리나라에서 새로운 성장 동력과 국가경쟁력은 지식, 지방, 여성, 중소기업, 부품 소재산업, 서비스업 등 6대 원천에서 찾을 수 있다.

첫째, 지식기반경제에서 성장 동력은 무엇보다 지식이다. 생산 과정에 적용되는 지식인 과학과 기술, 숙련의 수준을 높이는 것이 성장 동력을 창출하는 것이다. 기업은 지식을 창출하는 연구개발과 지식을 습득하는 인적자원개발에 투자함으로써 성장 동력을 창출할 수 있다. 연구개발을 통해 축적된 지식자본(특허권, 저작권, 소프트웨어)과 인적자원개발을 통해 양성된 지식노동(창의성, 노하우, 문제인식 능력과 문제해결 능력)이 결합된 지식기업은 핵심적인 성장 동력이다. 기업 특수적 지식에 대한 기업 자

---

12 재정분과 함께 수직적(중앙정부와 지방정부 간) 및 수평적(지방정부 간) 재정조정제도가 헌법에 보장될 때 지역 간 경제력 격차를 줄일 수 있다.

신의 지식 투자와 일반적 지식에 대한 정부 투자가 강화되어야 한다. 정부 예산을 외부 효과가 높은 연구개발 투자, 직업 훈련과 평생 교육을 포함하는 인적자원개발 투자에 보다 더 많이 배분해야 한다. 건설 투자와 시설 투자에 편향하게 만드는 현재의 재정 구조와 예산편성제도를 지식 투자, 즉 연구개발 투자와 인적자원개발 투자에 집중하게 만드는 방향으로 재정 개혁을 단행해야 한다. 노동자에 대한 인적자원개발 투자를 확대·강화하여 더 많은 노동자를 지식노동자로 만드는 것이 새로운 성장 동력을 창출하고 국가경쟁력을 강화하는 길일 것이다.

둘째, 지방이 새로운 성장 동력이 되도록 만들어야 한다. 지방분권과 지역 혁신을 통해 지방의 경쟁력을 높일 때 새로운 성장 동력이 창출되고 국가경쟁력이 강화될 것이다. 중앙정부로부터 지방정부로의 권한 이양과 수도권에서 지방으로의 자원 분산이 지역 혁신에 실제로 기여해야 지역경쟁력을 높일 수 있다. 그러기 위해서는 글로벌화 시대에 글로벌 경쟁력을 가질 수 있는 경제권 단위로 지역 혁신을 추진해야 한다. 노무현 정부에서 공공기관의 지방이전을 비롯한 자원의 지방 분산과 지역 혁신을 위한 균형발전정책이 13개 광역시도 행정 단위별로 추진된 바 있다. 현행 광역자치단체 행정 단위의 지방 분산과 지역 혁신으로는 경쟁력 있는 지역을 만들기 어려울 것이다. 제4차 국토종합계획 수정계획에서는, 수도권, 강원권, 충청권, 부산울산경남권, 대구경북권, 광주전남권, 전북권과 제주라는 이른바 '7+1' 권역별 발전계획 수립의 틀이 짜여 있다. 이것은 행정 단위를 넘어선 것이지만 아직도 지나치게 세분화되어 있다. 수도경제권, 중부경제권, 영남경제권, 호남경제권과 제주도라는 '4+1' 경제권별 발전계획이 수립되어야 지역 혁신에 성공할 가능성이 높아지고 글로벌 경쟁력을 가진 지역을 만들 수 있다. 지역 혁신 계획과 권한 이양, 행정 구역 개편도 이러한 관점에서 추진되어야 한다. 이미 혁신도시별로 지방이전이 완료된 공공기관이 지역 혁신에 기여하기 위해서는 경제권별 연계를 위한 보완 계획을 세워야 한다. 경제권별 발전 계획의 수립과 실행을 위한 거버넌스로서 가칭 '지역경제발전청(Regional Economic Development Agency)'을 경제권별로 세워야 한다(김형기, 2005).

셋째, 여성의 경제 활동 참가를 높이는 것은 새로운 성장 동력을 만드는 것이다. 성차별로 인해 여성의 잠재력이 사장되는 것을 막기 위해서는 각급 조직에서 여성 참가 비율을 높이는 성주류화(gender mainstreaming) 정책을 펴야 한다. 지식기반경제와 서비스 경제에서는 대량생산경제에 비해 여성의 상대적 생산성이 높을 가능성이 있으므로 여성의 경제 활동 참여는 국민경제의 효율성을 높일 수 있다. 여성, 특히 생산성이 높은 젊은 여성의 경제 활동 참가를 높이기 위해서는 여성을 육아 가사노동으로부터 해방하는 육아정책을 펴는 것이 중요하다. 영유아 보육시설을 크게 늘리고 육아 전문 인력을 양성하면서 중앙정부의 지원 아래 지방정부가 현물급여 형태의 육아 서비스를 제공하는 사회복지 서비스의 대폭적 확충이 요구된다. 영유아 양육 서비스가 탈상품화되지 않으면 여성의 경제 활동 참가가 제한되고 현재와 같은 심각한 저출산 현상을 극복할 수 없다. 아울러 여성에 대한 인적자원개발 투자를 강화할 필요가 있다. 중장기적으로 국가경쟁력을 강화하려면 여성에 대한 지식 투자, 포괄적인 육아 복지 서비스 제공이 필수이다.

넷째, 중소기업은 새로운 성장 동력이 될 수 있다. 다만, 중소기업이 혁신적 지식기업이 될 때 그렇게 될 수 있다. 중소기업이 혁신형 중소기업(Inno-Biz)이 되려면 반드시 지식기업이 되어야 한다. 중소기업의 경우에도 연구개발 투자와 인적자원 수준이 높은 기업이 고성장기업이라는 연구 결과(안상훈, 2005)가 보여주는 것처럼, 무엇보다 중소기업의 지식 투자를 높이는 것이 이 부문에서 새로운 성장 동력을 창출하는 길이다. 중소기업이 지식기업이 되려면 지식 창출의 원천인 대학과 중소기업이 결합하는 산학협력체제를 구축하는 것이 매우 중요하다. 중소기업에서 산업별 연구개발 투자의 외부 효과가 높은 것으로 밝혀졌지만 중소기업은 연구개발을 할 여력이 약하다. 그러므로 산학협력체제를 통해 지역별로 전략산업에 종사하는 중소기업의 연구개발 지원을 강화해야 한다. 아울러 지방정부와 대학, 경영자 단체와 노동조합이 파트너십을 형성하여 중소기업에 대해 산업별 인적자원개발을 추진할 필요가 있다. 이러한 노력과 함께, 대기업과 중소기업 간의 상생협력체제를 구축하여 대기업과 중소기업의 동반성장 메커니즘을 형성해야 한다. 상생협력체제 구축의 요체는 부당한 단가 인하를 방지하고 협력 성과를 공정하게 배분하는 규칙을 확립하는 것이라 할 수 있다. 아울러 '하청으로부터 파트너십으로' 대기업과 중소기업 간 관계를 개혁하는 제도 혁신과 문화 혁신이 함께 추진되어야 한다.

다섯째, 부품 소재 산업의 육성은 새로운 성장 동력 창출과 국가경쟁력 강화에 핵심적 요인이다. 한국 경제의 장기적 성장 동력을 약화하는 최대 요인 중 하나는 아마도 부품 소재산업의 취약성일 것이다. 지식기반경제의 선도산업인 IT 산업의 경우에 핵심 부품의 기술 수준이 낮아 중간재인 부품 소재를 대부분 수입에 의존하고 있는 실정이다(국민경제자문회의, 2006). 현재 IT 산업의 소수 대기업들은 글로벌 아웃소싱에 의존한 가공조립 위주의 성장을 하고 있는데 이러한 성장은 조만간 한계에 부딪힐 것이다. 부품 소재산업의 육성 없이는 이러한 성장은 지속가능하지 않을 것이다. 부품 소재산업의 육성은 수출산업과 내수산업 간, 대기업과 중소기업 간 양극화를 해소할 수 있는 정책이기도 하다. 혁신적 지식기업인 중소기업이 수출산업인 대기업에 고품질의 부품 소재를 공급할 수 있게 되면 그만큼 최종 생산물의 품질이 향상되어 국제 경쟁력이 높아질 수 있고 대기업과 중소기업 간, 수출산업과 내수산업 간의 연계가 강화되어 양자 간의 동반성장이 가능하게 될 것이다. 따라서 지금 한국에서 부품 소재산업 육성정책은 성장 동력의 창출과 양극화 극복 모두에 기여할 것이다.

마지막으로, 지식기반 서비스 산업과 사회 서비스 산업 등 서비스 산업은 새로운 성장 동력 산업이 된다. 정보 통신 서비스, 데이터베이스, 소프트웨어, 연구개발, 금융 보험, 산업 디자인, 컨설팅, 교육, 의료, 문화 산업 등 지식기반 서비스 산업은 그 자체로서 새로운 성장의 원천임과 동시에 지식기반경제에서 고부가 가치 생산을 가능하게 하는 성장 동력이다. 육아, 양로, 보건 복지, 공공 행정 등 사회 서비스 산업도 새로운 성장 동력이다. 이러한 서비스 산업의 발전은 제조업의 경쟁력 제고와 고부가 가치화를 지원하고 삶의 질을 높일 뿐만 아니라 새로운 일자리를 창출함으로써 '일자리 없는 성장'에 대응하여 '일자리를 통한 성장'을 가능하게 한다.

(3) 새로운 복지 모델: 학습복지와 복지 공동체

앞에서 제시한 혁신주도 동반성장체제는 세계화와 지식기반경제 시대에 경제성장과 사회통합을 동시에 실현할 수 있는 새로운 성장체제이다. 혁신주도 동반성장체제는 혁신을 위한 정책과 통합을 위한 정책이 상호보완적으로 결합하여 선순환할 때 성립할 수 있다. 혁신과 통합이 선순환하려면, 혁신이 통합에 기여하고 통합이 혁신에 기여해야 한다. 혁신이 통합에 기여하려면, 혁신의 성과가 고임금, 고복지, 노동 시간 단축(자유 시간 확대)으로 공평하게 분배되어야 한다. 고임금, 고복지, 노동 시간 단축이 노동자의 자기개발 노력과 결합될 때 그것은 지식노동자의 지식재생산에 기여해 지식기반경제에서 성장을 지속시키는 역할을 한다.

한편 통합이 혁신에 기여하려면, 경제적 통합과 사회적 통합을 위한 정책들이 혁신을 촉진하는 방향으로 이루어져야 한다. 예컨대, 대기업과 중소기업 간의 양극화를 극복하기 위한 중소기업 육성정책은 단순히 중소기업 일반에 대한 지원이 되어서는 안 되고 혁신적 중소기업을 육성하는 데 초점이 맞추어져야 한다. 그리고 실업자와 빈민에 대한 복지 지출도 단순히 생계 지원을 위한 현금급여에 머물러서는 안 되고 실업자의 고용 가능성과 빈민의 자활 능력을 높이는 데 집중해야 한다.

이러한 관점에서 볼 때, 지금 한국 경제가 요구하는 새로운 성장체제인 혁신주도 동반성장체제에 조응하는 새로운 복지 모델을 구축할 필요성이 제기된다. 새로운 복지 모델의 핵심 내용은 복지 공동체와 학습복지로 요약할 수 있다. 복지는 시장 경쟁에서 탈락한 사람들, 즉 실업자나 파산자, 시장 경쟁에서 불리한 처지에 있는 사람들, 즉 저숙련 노동자나 저기술 영세자영업자들, 고용 가능성이 없어서 아예 시장 경쟁에 참가할 수 없는 장애인, 노동 무능력자, 노년층 등의 사람들도 공동체 구성원으로서 최소한 인간답게 살 수 있는 조건을 만들어준다는 의미에서 그것은 곧 연대를 추구한다. 주지하듯이 이러한 연대는 제2차 세계대전 후 서구에서 복지국가를 통해 실현되었다. 우리나라도 1987년 노동자 대투쟁 이후 복지국가를 위한 제도들이 도입되기 시작했고 1997년 외환위기를 계기로 정부의 복지 지출이 다소 확대되었다.

그러나 국민기초생활보장제도와 고용보험제도에서 보는 것처럼 우리나라에서 연대[13]는 전후 서구에서와 같이 주로 중앙정부에 의해 현금급여가 이루어지는 복지국가 방식을 통해 실현되고 있다. 그런데 한국은

13 여기서 말하는 연대는 시장 경쟁에서 탈락하거나 불이익을 받는 사람도 인간다운 삶을 살 수 있게 되는 것을 말한다.

지식 투자 수준은 세계 최상위급인데 사회투자 수준은 최하위급이다.[14] 이와 같이 OECD 국가에서 최하위 수준에 머물고 있는 복지 지출의 수준을 높이는 것, 다시 말해 현금급여의 수준을 높이고 포괄 범위를 넓히는 것이 당면과제다. 그러나 현금급여 중심의 복지국가 실현은 선진국의 경험에서 그 고유한 문제점이 드러났다. 중앙정부가 복지 대상자에게 행정 관료 기구를 통해 일률적으로 현금을 지급하는 사회복지 실현 방식은 관료제로 인한 비효율과 복지 수혜자의 의존적 성격을 강화하는 부작용을 초래했다. 이 현금급여 중심 복지국가의 문제점은 복지 지출이 사회적 소비(social consumption)나 사회적 손비(social expenses)의 성격을 강하게 가진 반면 사회투자의 성격은 약했다는 점이다. 따라서 그것은 경제성장에 기여하는 측면이 적었고 과다한 복지 지출은 경제성장을 저해하기도 했다. 여기서는 성장과 복지가 대립 관계에 서고 선순환 구조를 가지지 못했다.

이에 대응하여 앞에서 본 것처럼 선진국들은 케인스주의적 복지국가를 슘페터주의적 노동연계 복지국가로 전환한다. 그 과정에서 그 전환의 신자유주의적 전략으로서 복지 지출을 줄이고 복지 서비스를 재상품화하는 복지국가 개혁이 나타나기도 했다. 이처럼 복지국가를 해체하는 보수적 정책과 달리 지식기반경제에서 성장 동력도 창출하면서 실질적으로 복지 수준을 높일 수 있는 진보적 정책이 스칸디나비아 국가들을 중심으로 실시되었다. 이러한 새로운 복지 모델은 한편으로는 학습복지(learnfare)의 실현, 다른 한편으로는 복지 공동체(welfare community) 실현으로 나타났다.

학습복지는 교육 훈련 시스템을 질적으로 개선하여 노동자들의 학

14 이 책 제5장의 그림 5-2 참조.

습 능력을 높이고 지식기반경제에 통합된 인적자원을 개발하는 고용정책을 통해 복지를 향상하려는 것이다. 그것은 인적자원개발 투자를 통해 노동자들의 학습 능력을 높임으로써 지식기반경제에서 노동자들의 고용가능성과 임금 수준을 높이는 것을 목표로 한다. 이미 지식기반경제로 이행하고 있는 우리나라에서도 실업자와 빈곤층에 대해 단순히 현금급여를 하는 복지를 넘어, 실업자에게 일자리를 제공하는 노동연계복지와 교육 훈련을 통해 인적자원을 개발함으로써 취업 가능성을 높이는 학습복지를 지향하는 새로운 복지 개념으로 나아가야 한다.

노동연계복지와 학습복지를 실현하는 정책 수단은 적극적 노동시장정책(active labor market policy)이다. 적극적 노동시장정책은 실업자에 대한 직업 훈련, 직업 알선, 노동시장 정보 제공, 일자리 창출 등을 통해 고용을 촉진하는 정책이다. 지식기반경제에서는 실업 노동자에 대한 인적자원개발 투자를 하는 적극적 노동시장정책이 더욱 중요성을 가진다. 적극적 노동시장정책은 노동자의 학습 능력을 높여 생산성을 향상하고 인적자원의 활동도를 높인다는 점에서 복지와 성장 간에 선순환 관계를 형성할 수 있다. 지식기반경제로 이행하고 있는 한국 경제에서 적극적 노동시장정책은 교육-고용-복지의 연계를 통해 저성장과 양극화를 극복할 수 있는 혁신주도 동반성장체제를 구축하는 데 기여할 수 있을 것이다.

그런데 우리나라에서 적극적 노동시장정책 프로그램에 대한 정부지출이 GDP에서 차지하는 비율은 2010년에 0.30%로 라인형 모델의 독일과 네덜란드, 노르딕형 모델의 스웨덴과 덴마크에 비해 아주 낮다(표 2-2 참조). 실업수당에 지출하는 소극적 노동시장정책 프로그램을 포함한 노동시장정책 지출 비율은 OECD 국가 중 일본과 함께 최저 수준이다. 이 비율을 크게 높여서 노동연계복지와 학습복지를 크게 향상해야 혁신주도 동반성장체제 확립이 가능할 것이다.

표 2-2

노동시장정책 프로그램 지출 비율

※ 2010년, GDP 대비 %

	한국	일본	미국	영국	독일	스웨덴	네덜란드	덴마크
T	0.61	0.54	0.89	0.67	2.18	1.87	2.56	3.75
A	0.30	0.28	0.14	0.38	0.90	1.11	1.11	2.02
P	0.31	0.26	0.74	0.29	1.28	0.76	1.45	1.73

주: T는 '노동시장정책 프로그램 지출 비율'이고, A는 '적극적 노동시장정책 프로그램 지출 비율'이며, P는 '소극적 노동시장정책 프로그램 지출 비율'임.

자료: OECD Employment Database.

적극적 노동시장정책을 비롯한 노동시장정책에 대한 지출 비율을 획기적으로 높이고 복지 지출을 크게 높여야 노동시장이 유연화되어도 사회통합이 이루어질 수 있다. 노동시장 유연화, 적극적 노동시장정책, 관대한 사회복지라는 3요소가 결합되어 노동시장의 유연성과 안전성이 동시에 실현되는 유연안전성을 추구해야 사회통합 속에서 성장이 지속될 수 있을 것이다. 노동시장의 유연안전성은 노·사·정 간의 사회적 타협을 통해 실현될 수 있을 것이다.

다음으로 연대를 실현하는 방식에서 복지국가 패러다임으로부터 복지 공동체 패러다임으로 나아가야 한다(Lipietz, 1992). 여기서 복지국가는 중앙정부가 실업자에 대한 실업급여와 빈민층에 대한 소득 보조금 지급과 같은 현금급여를 일률적으로 시행하는 것을 말한다. 복지 공동체는 중앙정부가 재정 지원을 하는 가운데 지방정부와 지역 시민사회가 파트너십을 형성하여 복지 수혜 대상자에게 육아, 양로, 교육, 의료 등 현물급여를 제공함으로써 연대를 실현하려는 복지 패러다임을 말한다.

복지 공동체 실현을 위해서는 복지 행정의 지방분권이 전제되어야 한다. 왜냐하면 현물급여 형태의 복지 서비스를 제공하려면 지역 현실에 맞는 복지 시설을 갖추고 복지 전문 인력을 양성하며 복지 프로그램을 만들어야 하는데, 이를 위해서는 주민과 가까이 있는 정부인 지방정부(기초자치단체)가 자율성을 가지고 정책을 기획할 수 있는 권한과 자원이 있어야 하기 때문이다(진노 나오히코, 2000a). 따라서 복지정책 관련 결정권과 복지 예산을 함께 중앙정부로부터 지방정부로 이양하는 분권이 필요하다. 다만 여기서 복지 예산이 다른 예산으로 전용되지 않도록 중앙정부가 가이드라인을 제시할 필요가 있다.

지역 단위에서 복지 공동체가 실현되려면 지역의 산업정책, 고용정책, 교육정책, 복지정책이 서로 제도적 보완성을 가지도록 개별 정책들이 설계되어야 한다. 그러기 위해서는 이들 정책들의 분권화가 필수적이다. 아울러 복지 공동체는 지방정부의 힘만으로는 실현할 수 없다. 공익을 실현하려는 지역 시민사회의 NGO와의 파트너십에 기초한 협치가 필요하다. 육아, 양로, 교육, 의료 등의 사회 서비스를 지방정부가 직접 제공할 수도 있지만, 시민사회의 역량을 활용하기 위해 지방정부와 지역 노사, NGO가 제3섹터를 만들어 서비스를 제공할 수 있다.

최근 세계 주요 국가들에서 비영리의 제3섹터를 넘어 공익성과 수익성을 동시에 추구하는 사회적 기업(social enterprise)들이 다수 출현하고 있는데(Borzaga and Defourney eds., 2001), 이 사회적 기업은 복지 공동체 실현의 주요한 주체가 될 수 있다. 복지 공동체를 실현하려는 사회적 기업에서 일자리가 창출되면, 복지 서비스 제공과 일자리 창출이 동시에 가능하다는 점에서 사회적 기업은 새로운 복지 모델 실현에 큰 중요성을 가진다. 사회적 기업이 성공하려면 이 기업 경영자들이 파트너십과 기업가 정신을 겸비하는 '사회적 기업가 정신(social entrepreneurship)'을 가져야 한다.

3) 대안적 발전 모델을 위한 사회적 대타협

개발국가와 신자유주의를 넘어서는 한국형 제3의 길로서의 대안적 발전 모델은 혁신주도 동반성장체제, 학습복지와 복지 공동체가 결합된 새로운 복지 모델, 노동시장의 유연안전성, 사회적 합의에 의한 경제 운영 등을 핵심 요소로 하는 혁신주도 조정시장경제라 규정할 수 있다. 이러한 대안적 발전 모델이 성립하려면 '노·사·정·민' 간의 사회적 대타협이 이루어져야 한다. 동반성장, 새로운 복지 모델, 노동시장의 유연안전성 등은 특히 노사 간의 타협 없이는 실현 불가능하기 때문이다.

그렇다면 사회적 대타협을 이루기 위한 조건은 무엇인가?

우선, 무엇보다 먼저 노·사·정·민이 제3의 길이라는 대안적 발전 모델에 대한 비전을 공유해야 한다. 즉, '자율·연대·생태'의 가치를 공유하고 '분권·혁신·통합'의 정책을 함께 지지해야 한다. 경제성장과 사회통합을 동시에 추구해야 하며, 공정한 시장경제와 글로벌화가 실현되어야 한다는 점에 국민 다수가 동의해야 한다. 이러한 비전을 공유해야 사회적 대타협에 도달할 수 있고 그것이 안정적으로 지속될 수 있다.

둘째, 노동시장의 유연안전성[15]을 위한 노·사·정 간의 사회적 타협이 필요하다. 노동시장의 유연성은 고용보호입법 지수(EPL Index)를 통해 파악할 수 있는데,[16] 표 2-3에서 보는 것처럼 한국의 노동시장 유연성은

---

15 노동시장 유연안전성은 노동시장의 유연성과 안전성을 결합하는 정책 패러다임이다. 노동시장의 안전성은 실업자에 대해 관대한 실업급여를 지급(높은 소득대체율과 긴 지급 기간)하고 실업자의 재취업을 위한 직업 훈련 실시와 같은 적극적 노동시장정책에 지출하는 정부 지출 비율을 높게 유지하여 실현한다(Wilthagen, 1998).

16 고용보호입법 지수는 고용보호의 엄격성을 나타내는 지표이므로 이 지수가 낮을수록 노동시장은 그만큼 더 유연하다.

표 2-3

고용보호입법 지수(2013년): 정규직 개인 및 집단 해고와 비정규직

	한국	일본	미국	영국	독일	스웨덴	네덜란드	덴마크
정규직	2.37	1.37	0.26	1.10	2.68	2.61	2.82	2.20
비정규직	2.13	0.88	0.25	0.38	1.13	0.81	0.94	1.38

자료: OECD Employment Database.

국제적 기준으로 보았을 때 정규직 개인 및 집단 해고의 경우 중간 수준이다. 라인형 모델 국가인 독일과 네덜란드보다는 노동시장이 더 유연하고 영미형 모델 국가인 미국과 영국보다는 훨씬 더 경직적이다. 그런데 앞에서 본 것처럼 직업 훈련 등 적극적 노동시장정책이나 실업수당 지급 등 소극적 노동시장정책을 포함한 노동시장정책에 대한 지출 수준은 비교적 낮다. 여기서 노동시장의 유연성을 높이려 할 경우 노동시장의 안전성을 동시에 높여야 노동시장의 유연안전성이 실현될 수 있다. 이렇게 노동시장의 유연안전성을 실현하기 위해서는 노·사·정 간의 타협이 필요하다. 즉, 노동시장을 유연화하는 대신 실업급여를 관대하게 지급하고 실업자에 대한 재취업 훈련 실시와 같은 적극적 노동시장정책을 강화하는 데 노·사·정이 합의해야 한다. 사회복지의 확충과 적극적 노동시장정책 강화에 따른 정부 지출 증대를 뒷받침할 증세에 노·사·정이 합의해야 한다.

셋째, '재벌기업 총수의 경영권이 보장되는 이해관계자 자본주의'를 만드는 방향으로 기업지배구조를 개혁해야 한다. 즉, 재벌기업 총수의 경영권을 보장하는 대신, 주주, 노동자, 하청업체, 채권자, 소비자 등 기업 이해관계자들이 전략적 의사결정에 일정한 형태로 참여하는 타협을 하는 것이다. 이와 아울러 기업 수준에서 노와 사가 작업장 참가와 전략적 의사결정 참가를 교환하는 타협을 하는 것이다. 다시 말해, 노동자들

이 생산성 및 품질 향상에 적극 노력하는 대신 사용자들이 노동자 대표가 이사회에 참가하는 것을 허용해야 한다. 작업장 참가가 생산성 및 품질 향상과 노동 생활의 질 향상으로 이어지기 위해서는 노사가 단순한 임금 교섭을 넘어 숙련 향상을 위한 교섭, 즉 숙련 교섭(skill bargaining) 중심의 단체 교섭을 해야 한다.

넷째, 대기업과 중소기업의 관계를 전자가 후자를 수탈하는 종속적인 하청 관계에서 상생하는 대등한 파트너십으로 전환하기 위한 사용자 간의 타협이 필요하다. 수탈적인 단가 인하 관행을 청산하고 대기업과 중소기업 간에 공동 연구개발과 인적자원개발을 위한 협약을 맺는 것이 이 타협의 핵심 내용이 될 것이다. 이러한 대기업과 중소기업의 타협은 새로운 성장 동력의 원천이 될 뿐만 아니라 경제 양극화를 해소할 수 있는 유력한 방안이 될 수 있다.

다섯째, 이러한 사용자 간 타협과 함께 노동자 간 연대를 실현해야 한다. 모기업인 대기업의 노동자와 하청기업인 중소기업의 노동자 간, 정규직과 비정규직 간의 연대가 필요하다. 이 연대는 한편으로는 대기업 노동자의 임금 인상이 중소 하청기업의 단가 인하와 그로 인한 노동자의 임금 인하 및 고용 불안으로 전가되지 않도록 하고, 다른 한편으로는 비정규직을 위해 정규직이 임금을 양보함으로써 이루어질 수 있다. 특히 최대 노동 문제로 부상한 비정규직 문제를 해결하는 데 정규직의 나눔의 연대가 필요하다. 대기업 정규직은 임금 인상을 요구하지 않는 등 임금 자제가 요청된다. 기업별 노조에서 산업별 노조로 전환하면 이러한 연대 실현 가능성이 높아질 것이다.

여섯째, 수도권과 지방 간의 상생 발전을 위해 수도권과 지방이 타협을 해야 한다. 지역 혁신에 기초한 지역경제의 활성화는 새로운 성장 동력의 창출과 수도권과 지방 간의 양극화 해소에 필수적이다. 지역 혁신이 일어나려면 지방에 인적·물적 자원이 획기적으로 확충되어야 하는데 이를 위해서는 수도권 일극 발전체제를 지역다극 발전체제로 전환하는 국가균형발전 정책이 실시되어야 한다. 수도권으로부터 지방으로의 자원 분산 과정을 포함하는 국가균형발전 정책이 성공하려면 수도권과 지방 간의 타협이 필수적이다. '지방 발전에 연계한 수도권 규제의 단계적 완화' 정책은 이러한 타협을 이뤄내는 데 기여할 수 있다.

마지막으로, 이러한 다차원의 사회적 대타협이 실제로 이루어지려면 노·사·정과 시민사회의 일관되고도 지속적인 노력이 필요하다는 점이 강조되어야 한다. 현재 우리나라는 사회적 대타협이 필요하지만, 그것을 실현하기 위한 조건은 성숙되지 못했다. 그렇기 때문에 사회적 대타협은 결코 단번에 이루어질 수 없고 작은 타협들이 오랜 기간 축적되어 마침내 대타협에 이르게 되는 과정을 겪을 수밖에 없을 것이다. 작은 타협이 성사되면 서로 신뢰가 쌓이고 이 신뢰가 바탕이 되어야 대타협이 가능할 것이기 때문이다. 사회적 대타협의 성패는 특히 일관되게 사회적 대타협을 도출하려는 강력한 의지와 능력을 가지면서 국민의 신뢰를 받고 있는 정부의 역할에 크게 달려 있다 하겠다.

5. 맺음말

글로벌화와 지식기반경제 시대에 주요 선진국들은 공통적으로 혁신을 강조하고 고용을 통한 복지 증진을 지향하는 슘페터주의적 노동연계 복지국가로 대응했다. 하지만 슘페터주의적 노동연계 복지국가를 실현하는 방식의 차이에 따라 다양한 발전 모델이 공존했다. 아울러 기존의 사회민주주의와 그것을 비판하면서 등장한 신자유주의를 넘어선 제3의 길을 추구하는 흐름도 나타났다. 이 글에서는 이러한 세계 경제질서 변화와 선진국 발전 모델의 변화 추세를 참고하여 대안적 발전 모델로서의 새로운 한국 모델의 비전과 그 실현을 위한 핵심 정책을 제시했다.

1997년 외환위기 이후 20년간 민주 정부 10년과 보수 정부 10년을 거치면서 한국 경제는 신자유주의적인 주주 자본주의의 길을 걸어왔다. 그 결과 저성장과 양극화라는 양대 문제가 발생했다. 현재 한국 경제에는 양극화가 저성장을 낳고 저성장이 양극화를 낳는 악순환의 고리가 형성되어 있다. 현재와 같은 양극화가 지속되고 심지어 더욱 심화되면 성장 잠재력이 더욱 떨어져서 저성장 상태가 지속될 것이다. 한국 경제가 제2의 장기 성장 궤도에 진입하기 위해서는 이 악순환의 고리를 끊어야 한다. 저성장과 양극화 간의 악순환의 고리를 타파하기 위해서는 지금까지 걸어온 신자유주의를 넘어 새로운 한국 모델로 이행해야 한다. 이러한 대안적 발전 모델로의 이행은 본론에서 제시한 것과 같은 다차원의 사회적 대타협을 통해 점진적으로 이루어질 수 있다.

이 점진적 이행 과정에는 새로운 한국 모델 정립을 위한 상호보완적인 제도들을 구축하는 제도 혁신, 경제주체들의 의식과 태도를 바꾸는 문화 혁신 프로그램이 체계적으로 마련되어야 한다. 새로운 한국 모델로의 점진적 이행이 성공하기 위해서는 무엇보다 이러한 이행을 주도할 주체 세력을 형성해야 한다. 그 주체 세력은 과거 개발독재 모델에서의 성장 연합과는 다른 새로운 '대안적 발전 연합(alternative development coalition)'을 통해 형성될 수 있다. 대안적 발전 연합은 앞에서 제시한 새로운 한국 모델의 비전과 정책 패러다임을 지지하는 각계각층의 개인과 단체로 구성될 것이다. 이러한 연합에 기초해 새로운 한국 모델을 이끄는 새로운 정치 세력이 형성되어야 한다.

이러한 정치 세력이 사회적 다수가 되기 위해서는 작동 불가능하고 지속 불가능한 낡은 진보가 아니라 실사구시적 방법과 현실주의적 관점에 입각하여 점진주의적 접근을 통해 대안적 발전 모델에 도달하려는 입장을 견지하는 지속가능한 새로운 진보를 지향해야 한다. 아울러 기존의 대량생산체제 아래에서 형성된 종속적 노사 관계에 대항하여 투쟁하던 전투적 노동운동을 넘어, 과거 개발독재체제에 저항하던 반독재 시민운동을 넘어, 글로벌화와 지식기반경제에 대응하고 그것에 적합한 새로운 노동운동과 시민운동으로 이행하는 진보적 사회운동으로의 대전환이 요청된다.

제3장

박정희 모델

개발국가의 기적, 위기, 전환

1. 머리말

1970년대는 동아시아 발전 모델의 하나의 변형으로서 한국 모델이 정립된 시기다. 해방 70년을 통해 오늘의 대한민국이 형성되는 데 가장 중요한 시기다. 한국 모델은 박정희 대통령이 기획하고 실행한 경제 모델이라는 점에서 박정희 모델이라 불리기도 한다.

박정희 모델은 국가가 경제 발전을 위해 적극적 역할을 하는 개발국가를 통해 한국 경제가 단기간에 세계사에 유례없는 고도 경제성장을 달성할 수 있도록 했다. 이를 두고 '동아시아의 기적'(World Bank, 1993) 혹은 보다 직접적으로 '한강의 기적'이라 극찬하는 평가도 있다. 하지만 박정희 모델은 빛과 동시에 그림자도 가지고 있었다. 박정희 모델은 개발독재 모델이라고도 불리는데 개발과 독재가 결합된 박정희 모델에 대한 평가는 양면적이다. 개발의 성과를 중시하는 사람과 독재의 폐해를 강조하는 사람의 평가가 크게 상반된다.

오늘날 한국이 선진국의 문턱에 도달한 것은 박정희 모델이 거둔 경제적 성과에 힘입은 바가 크다. 이것은 부정할 수 없는 사실이다. 하지만 다른 한편 오늘날 한국 경제가 안고 있는 주요 문제들의 상당 부분이 박정희 모델이 초래한 것이라는 점 또한 결코 간과할 수 없다. 야누스처럼 두 얼굴을 가진 박정희 모델의 양면을 정당하게 평가하고 그 긍정적 유산은 계승하고 부정적 유산을 청산할 필요가 있다.

1960년대 이후 한국 경제의 성장과 위기는 박정희 모델인 개발국가 모델의 기적과 위기와 다름없다. 박정희 모델은 1979년 박정희 정부가

※ 제3장은 임현진·손열 엮음, 『광복 70주년 대한민국 7대 과제: 21세기 일류국가를 위한 정책 제언』(진인진, 2015)에 실린 필자의 글을 수정·보완한 것임.

끝난 뒤에도 전두환 정부 때까지는 어느 정도 작동했다. 박정희 모델은 1987년 시민항쟁과 노동자 대투쟁을 계기로 위기에 빠졌고, 1997년 외환위기를 계기로 붕괴되었다. 개발국가는 기적을 창출했지만 1987년 이후의 민주화와 1997년 이후의 자유화 과정에서 위기에 빠지고 크게 전환된다. 1987년 이후의 제1 대전환과 1997년 이후의 제 2대전환을 통해 박정희 모델은 역사의 무대에서 사라진다.

1997년 박정희 모델의 해체 이후 지금까지 그것을 넘어서는 새로운 발전 모델이 출현하지 못했다. 이러한 상황에서 박정희 모델의 부정적 유산과 1997년 이후 도입된 신자유주의가 야기한 문제들로 인해 한국 경제에는 구조적 위기가 초래되었다. 낡은 발전 모델은 생명력을 다했는데 새로운 발전 모델은 아직 출현하지 않고 있기 때문에 구조적 위기가 지속되고 있다. 한국 경제의 구조적 위기를 극복하려면 새로운 발전 모델이 필요하다.

이 장은 1970년대에 형성되었던 경제 발전 모델로서의 박정희 모델의 특성을 밝히고, 박정희 모델의 개발국가가 창출한 기적과 그것이 직면했던 위기, 그리고 개발국가의 전환 과정을 분석하고자 한다. 나아가 기존의 한국 모델이었던 박정희 모델을 넘어서는 새로운 한국 모델의 정립 방향을 제시하고자 한다.

2. 박정희 모델: 개발독재의 한국 모델

박정희 모델은 전형적인 개발독재(developmental dictatorship) 모델이었다(Lipietz, 1985). 한국 모델은 국가 형태로 본다면 국가 활동이 경제 발전에 집중되었다는 점에서 개발국가(development state) 모델이었다. 개발국가 모델은 동아시아 발전 모델에 공통적이지만 한국 모델이 전형적인 개발국가 모델로 평가된다(Amsden, 1989).

박정희 모델의 특성은 ① 개발국가, ② 개발독재, ③ 수출주도 성장체제, ④ 재벌지배체제, ⑤ 중앙집권-수도권 일극 발전체제로 요약할 수 있다.

개발국가는 국가주도의 경제개발을 추진하는 국가 유형을 말한다. 개발국가는 외국, 지배 계급, 국민 대중으로부터 강한 자율성을 가지고 경제개발을 추진했다(Lipietz, 1985). 개발국가는 전략산업 육성을 위해 국가가 직접적으로 자원을 통제하고 배분하는 산업정책을 실시했다. 정부는 전략산업 보호를 목적으로 의도적으로 가격 왜곡을 실시했다(Amsden, 1989; Perkins, 2013). 산업정책을 통해 정부가 투자를 조정하고 유치산업을 보호하며 수출을 촉진하고 금융 통제와 외환 통제를 실시했다(Chang, 2006).

중화학 공업화 정책은 전형적인 산업정책이었다. 박정희 정부는 미국과 주류 경제학자들의 반대에도 불구하고 중화학 공업화를 강행했다. 1970년대 초 중심부 포드주의(Fordism)의 생산성 위기와 석유 파동으로 경제위기를 탈출하기 위해 선진국들이 중화학 공업의 생산 과정의 일부를 저임금 국가로 이전하기 시작하여 국제 분업이 산업 내 무역의 형태로 재편되기 시작한다.[1] 박정희 정부는 이러한 국제 분업 구조의 변화 기회를 포착하여 자동차, 철강, 조선, 기계, 화학 등 중화학 공업화를 추진했다. 한국의 중화학 공업화는 낮은 수준의 조립에서 시작하여 높은 수준의 설계로 나아가는 역엔지니어링(reverse engineering) 방식으로 이루어

---

1 대량생산과 대량소비가 결합된 포디즘의 세계적 확산, 즉 글로벌 포디즘(global Fordism)의 가치사슬(value chain)에 한국의 중화학 산업 기업들이 포함되었다.

졌다. 이 과정은 곧 기술추격 과정이었고, 한국은 이러한 추격형 성장으로 고도성장을 달성했다(이근, 2007).

개발독재는 경제개발을 명분으로 국가가 자본을 규율하고 노동을 억압한 독재체제였다. 그것은 높은 자율성을 가진 독재 권력이 정치적 자유와 대중 참여를 억압하면서 국익과 개발의 이름으로 국민 동원과 통합을 도모하는 국가주의적 근대화 체제였다(이병천 엮음, 2003). 노동 억압만이 아니라 자본을 규율했다는 것이 개발독재의 특성이었다.[2] 가격통제, 신용 할당, 인허가 등의 행정 규제, 이자율 규제, 외환 규제, 금융소득에 대한 높은 세율 등의 금융 억압, 노동 3권을 금지한 노동 억압이 개발독재의 주요 정책이었다.

1972년 '10월 유신'으로 시작된 유신체제가 곧 개발독재체제였다. 유신체제 아래 인권과 노동권, 민주주의가 억압되었다. 특히 노동 3권을 사실상 금지함으로써 저임금-장시간 노동을 강요하여 자본 축적에 유리한 노동시장과 노사 관계를 형성했다. 유신체제는 민주공화국의 헌정 질서를 파괴한 위헌적 체제였다. 이러한 유신체제 아래 중화학 공업화가 추진되었다.

박정희 정부는 수출입국(輸出立國)의 기치를 내걸고 수출기업에 대해 재정금융상의 특혜를 부여하여 수출을 촉진했다. 그리하여 대량생산과 대량수출이 결합된 수출주도 성장체제가 구축되었다. 1975년 현대자동차가 컨베이어 시스템을 도입함으로써 한국 경제에서도 대량생산체제가 자리 잡는다. 1976년 포니의 대량생산과 미국 수출은 수출주도 성장체제

---

2 Amsden(1989)은 자본에 대한 국가 규율의 예로서 수출 목표 부과, 금융 통제, 진입 제한적 산업정책, 시장지배 기업에 대한 가격 통제, 자본 도피를 봉쇄하는 엄격한 외환 관리 등을 들었다.

표 3-1

한국의 경제성장 분석: 기업 부문

	1970~1980	1980~1990	1990~2000	2000~2010	1970~2010
성장 기여(%p)	12.5	11.2	6.5	5.0	8.7
총요소투입	6.9	4.7	2.6	1.2	3.8
총요소생산성	5.6	6.5	3.9	3.8	4.9
자원 재배분	1.4	0.3	-0.9	1.0	0.4
규모의 경제	2.7	2.8	1.5	1.1	2.0
기술진보	1.5	3.3	3.3	1.7	2.5
구성비(%)	100.0	100.0	100.0	100.0	100.0
총요소투입	55.5	41.9	40.0	23.3	43.6
총요소생산성	44.5	58.1	60.0	76.7	56.4
자원 재배분	10.8	3.1	-13.5	20.2	5.1
규모의 경제	21.8	25.1	23.0	22.0	23.1
기술진보	11.9	29.9	50.5	34.5	28.2

자료: 김동석 외(2012).

의 형성을 알리는 상징적 사건이었다.

대량생산체제하의 높은 생산성과 저임금-장시간 노동체제는 수출기업의 가격경쟁력을 높여 대량수출을 가능하게 했다. 그래서 '대량생산-고생산성-저임금-대량수출'이라는 거시경제적 순환이 형성되어 지속적인 고도성장이 달성되었다. 표 3-1에서 보는 것처럼 한국은 1970년대 연평균 12.5%, 1980년대 11.2%의 세계적으로 유례없는 고도 경제성장을 달성했다.

수출주도 성장체제에서의 경제성장은 1970년대에는 더 많은 생산요소 투입에 의해 성장하는 외연적 성장 요인이 우세했으나, 1980년대에는 자원 재배분, 규모의 경제, 기술진보를 포함한 총요소생산성 향상에 의한 성장인 내포적 성장 요인이 외연적 성장 요인보다 우세했다(표 3-1 참조). 장시간 노동을 통한 절대적 잉여가치 생산과 높은 노동생산성을 통한 상대적 잉여가치 생산이 결합되어 고율의 잉여가치율이 실현된 것이 고도성장을 가능하게 했다(김형기, 1988).

폴 크루그먼(Paul Krugman)은 한국을 비롯한 아시아의 기적은 기적이 아니라고 주장했다. 왜냐하면 경제성장이 대부분 더 많은 자본과 노동의 투입(외연적 성장)에서 비롯되었고 총요소생산성 요인(내포적 성장)은 미약했기 때문이다. 그는 아시아의 기적은 영감(inspiration)이 아니라 피땀(perspiration)의 결과였다고 평가한다(Krugman, 1997). 하지만 표 3-1의 경제성장 분석 결과를 보면 크루그먼의 주장은 틀렸음을 알 수 있다. 한국의 기적은 피땀뿐만 아니라 영감의 결과이기도 했다.

박정희 모델은 재벌지배체제를 형성했다. 대기업과 수출에 재정금융상의 특혜를 주어 수출 대기업을 강한 시장지배력을 가진 재벌기업으로 육성했다. 국가는 재벌에 특혜를 줌과 동시에 재벌을 규율했다. 즉, 국가는 재벌에 대한 보증인임과 동시에 규제자였다(Woo-Cumings, 2001). 국가는 산업정책을 통해 재벌을 규율했다. 재벌기업에 대해 행정 규제를 하고 투자를 조정했다. 국가와 재벌은 발전 연합을 형성했다. 이 과정에서 정경유착이 발생했다.

재벌기업의 시장 지배로 독점체제가 형성되었다. 표 3-2에서 산업 내에서 상위 5사의 매출액 비중을 나타내는 시장집중률(CR5)을 보면 1960년대 후반에서 1970년대 초반에 걸쳐 독점이 급격히 형성되었음을 알 수 있다. 이 자료는 한국 경제에서 1970년대에 독점 자본주의가 확립되었음을 보여준다(김형기, 1988). 재벌지배체제는 재벌주도 성장체제를 형성했다. 재벌의 성장이 한국 경제의 성장으로 연결되었다. '재벌에 좋

표 3-2

상위 5사 시장집중률(CR5)

단위: %

연도	음료품	기계	제1차 금속	석유석탄 제품
1960년	25.4	30.5	31.5	5.4
1963년	36.3	30.9	20.8	13.5
1966년	47.2	50.3	43.5	52.6
1968년	72.6	45.0	68.4	72.6
1973년	81.9	70.1	74.3	77.1
1978년	76.5	69.6	62.0	73.8
1983년	62.9	61.2	69.1	90.5

자료: 김형기(1988).

은 것이 한국 경제에도 좋은 것'으로 되었다.

하지만 다른 한편 재벌기업에 의한 경제력 집중이 한국 경제의 주요한 문제로 대두되는 시기가 바로 1970년대였다. 1970년대 이후 오늘날까지 유지·강화되고 있는 재벌지배체제는 박정희 모델이 초래한 부정적 유산이었다.

재벌기업에 의한 경제력 집중이 강화되는 과정에서 중소기업은 재벌 대기업의 하청기업으로 재벌지배체제에 점점 편입되었다. 제조업의 중소기업 중 수급 업체 비율은 1969년 11.6%에서 1974년 18.2%, 1979년 25.7%, 1984년 41.7%, 1991년 73.6%로 급증한다. 수급 의존도 80% 이상 중소기업 비율도 1966년 53.0%, 1975년 57.4%, 1984년 78.3%, 1991년 81.1%로 급증한다.

재벌 대기업은 하청 관계를 통해 중소기업이 창출한 잉여를 흡수하여 자신들의 경제력을 더욱 증대했다. 하청 중소기업의 납품 단가를 부당하게 인하하는 불공정거래 관행은 오늘날까지 지속되고 있다. 단가 인하를 통한 잉여 흡수로 인해 재벌 대기업은 크게 성장한 반면, 하청 중소기업은 잉여 유출로 인해 위축되었다. 재벌 대기업과 하청 중소기업 간의 약탈적 산업 생태계가 형성되었다. 이 또한 박정희 모델의 부정적 유산으로 남아 있다.

중앙집권-수도권 일극 발전체제는 박정희 모델의 또 다른 주요 특징이다. 중앙집권체제는 조선시대 이후 오랜 기간 유지되었는데 강력한 중앙집권체제는 박정희 모델의 개발독재체제 혹은 유신체제가 성립하면서 형성되었다. 강력한 중앙집권체제는 지방자치단체의 자율성과 상상력을 억압하여 지역 발전의 잠재력을 훼손했다. 이로 인해 지역경제는 내생적 발전의 에너지를 상실하고 중앙정부 의존적이고 재벌 대기업 의존적인 종속적 경제로 전락했다.

개발독재적 중앙집권체제는 수도권 일극 발전체제를 형성했다. 그레고리 헨더슨(Gregory Henderson)은 한국의 강력한 중앙집권체제에서 작동하는 소용돌이 정치가 서울집중을 초래했다고 분석한 바 있다(Henderson, 1968). 중앙집권체제 아래 권한과 자원을 독점한 중앙정부가 서울에 있기 때문에 서울로 자원이 집중된 것이다.

수도권 집중의 가장 중요한 지표인 인구 집중을 보면 1970년 28.3%, 1980년 35.5%, 1990년 42.8%, 2000년 46.3%, 2013년 49.6%로 수도권 인구 비중이 높아졌다. 공공기관의 대부분이 수도권에 집중되어 있다가 노무현 정부 때 국가균형발전 정책의 일환으로 지방으로 이전하기로 확정되었다. 그 정책으로 이후 150개 공공기관이 지방으로 이전했고 혁신도시가 건설되었다. 하지만 2013년 현재 전체 산업의 사업체의 47.2%, 일자리의 50.8%가 여전히 수도권에 집중되어 있다.

수도권 일극 발전체제는 블랙홀로 작용하여 비수도권의 인구와 돈을 빨아들여 비수도권을 황폐화했다. 대한민국을 수도권과 비수도권으로 양극화시키고 두 개의 국민으로 분할시켰다.

박정희 모델이 개발과 독재라는 야누스적 두 얼굴을 가진 만큼 그것에 대한 평가도 상반된다. 압축 성장[3]을 달성하여 '한강의 기적', '동아시아 기적'을 창출했다는 긍정적 평가(World Bank, 1993; Stiglitz and Yusuf eds., 2001)가 있는가 하면, 정치와 경제, 문화 등 사회 전반에 폐해를 초래했기 때문에 양적 성장을 달성했지만 결코 경제 발전이 아니었다는 부정적 평가(이정우, 2003)도 있다. '강제된 성장(forced growth)'인 압축 성장으로 성장이 강요된 결과 비효율과 불공평을 수반했다는 평가도 있다(Scitovsky, 1986).

개발독재는 필요악이었다는 평가(Lipietz, 1985)가 있는가 하면, 박정희 모델은 많은 일자리를 창출하고 극빈을 없앤 공로가 있으나 그것은 훨씬 인간적이고 민주적인 방법으로도 달성할 수 있었던 것을 극단적 방법을 통해 달성한 것일 뿐이라는 평가(이정우, 2003)도 있다. 다른 한편, 개발독재를 한 군부 정권은 정치적 혼란과 경제적 정체를 극복할 수 없는 약체 자유주의 정부에 대한 보수적 대안으로 등장했다는 평가(이병천 엮음, 2003)도 있다.

박정희 정권의 '개발 있는 독재'는 이승만 정권의 '개발 없는 독재', 장면 정권의 '개발 없는 민주주의'와 구분되었다. 개발독재는 국가가 민간의 부를 수탈하는 약탈국가가 아니라 국가주도의 국부 창출이 이루어진 개발국가를 출현시켰다. '개발 있는 민주주의'는 역사적 대안으로 실

3 "압축 성장은 원초적으로 국내시장만 가지고는 지지할 수 없는 대량생산체제를 구축하는, 일종의 외연적 성장이며, 본질적으로 수출의존적일 수밖에 없는 발전과정이라 할 수 있다"(조순, 1991).

현되지 못했다. 개발독재가 역사적 현실이었고 민주적 개발은 역사적 상상일 뿐이다. 당시 민주 세력이 개발독재와 다른 길을 만들지 못했다.[4]

박정희 모델은 빛과 그림자를 가지고 있었다. 따라서 박정희 모델의 공과를 정당하게 평가할 필요가 있다. 박정희 모델의 개발국가는 압축적 고도성장을 달성하여 한국 자본주의를 후진 자본주의에서 중진 자본주의로 도약시켰다(나카무라 사토루, 1991; 안병직, 1997). 박정희 모델의 합리적 핵심은 산업정책과 금융 통제였다. 민주화와 자유화 과정에서 산업정책과 금융 통제를 폐기한 결과 과잉 투자와 단기 외채의 급증으로 1997년 외환위기가 초래되었다(Chang, 2006). 개발독재의 청산 과정에서 산업정책과 금융 통제가 함께 폐기된 것은 역사적 오류였다. 반면, 박정희 모델의 부정적 유산, 즉 재벌지배체제, 중앙집권-수도권 일극 발전체제, 성장시장주의, 상명하복의 권위주의, 획일적 군사 문화는 오늘날 저성장과 양극화를 초래한 역사적 요인이 되었고 새로운 발전 모델의 출현을 가로막고 있는 장애 요인으로 작용하고 있다.

오늘날 금융자유화를 핵심으로 하는 신자유주의 정책의 폐해가 심각한 한국 경제 상황에서 박정희 모델의 긍정적 유산인 산업정책과 금융통제를 합리적으로 계승할 필요가 있다. 다른 한편 재벌지배체제, 수도권 일극 발전체제, 성장지상주의와 같은 부정적 유산을 청산할 필요가 있다.

---

4 싫든 좋든 이것이 냉엄한 역사적 현실이었다. 당시 민주적 개발을 실현하지 못한 민주 세력의 역사적 한계를 지적해야 한다. 군사 쿠데타가 없었더라면 민주적 개발이 가능했을 것이라는 역사적 상상은 무의미하다. 하지만 이러한 인식이 결코 박정희의 군사 쿠데타와 개발독재를 합리화할 수 있는 논거가 될 수 없음은 두말할 필요도 없다.

3. 박정희 모델을 넘어 새로운 발전 모델로

박정희 모델은 제1 대전환인 1987년 시민항쟁과 노동자 대투쟁 그리고 제2 대전환인 1997년 외환위기를 계기로 해체된다. 1997년 이후 지금까지 민주 정부와 보수 정부가 번갈아 집권하는 정권 교체가 있었지만 박정희 모델을 넘어서는 새로운 발전 모델이 정립되지 못했다.

박정희 정부 붕괴 이후 나타난 짧은 '서울의 봄'과 '5·18 광주민주항쟁'을 진압하고 등장한 전두환 정부는 군부독재체제를 재구축하면서도 시장 자율의 확대를 시도했다. 전두환 정부는 신자유주의적 기술 관료를 등용하여 정부주도경제에서 민간주도경제로의 이행을 추진했다(전창환, 2004). 시중은행을 민영화하는 금융 자유화를 추진했다.[5] 1983년까지 5대 시중은행과 모든 금융기관을 민영화했다. 비은행금융기관의 대부분이 재벌 통제하에 들어갔다.

1987년 시민항쟁과 노동자 대투쟁으로 정치민주화와 노사 관계 민주화가 진전됨에 따라 개발독재체제가 붕괴된다. 1987년은 한국 경제의 제1 대전환의 분기점이었다. 1987년 이후 등장한 노태우 정부에서는 민주화와 개발독재 유산이 충돌하는 가운데 민주화는 점차 진전되고 개발독재는 약화되었다. 이 과정에서 한국 자본주의 역사에서 전례 없는 새로운 현상이 나타났다.

1987년에서 1997년까지 10년간은 민주화가 진전되고 노동 계급의 교섭력이 강화됨에 따라 임금이 크게 상승하여 그림 3-1에서 보는 것처럼 소득분배가 개선되고 고성장이 지속되었다. 1987년 이후부터 1997년

---

5 전두환 정부는 은행을 민영화했지만 은행에게 자율경영권을 주지 않았다. 민영화된 은행에 대한 관치가 이루어진 것이다.

그림 3-1

경제성장과 소득분배 추이(1982~2009)

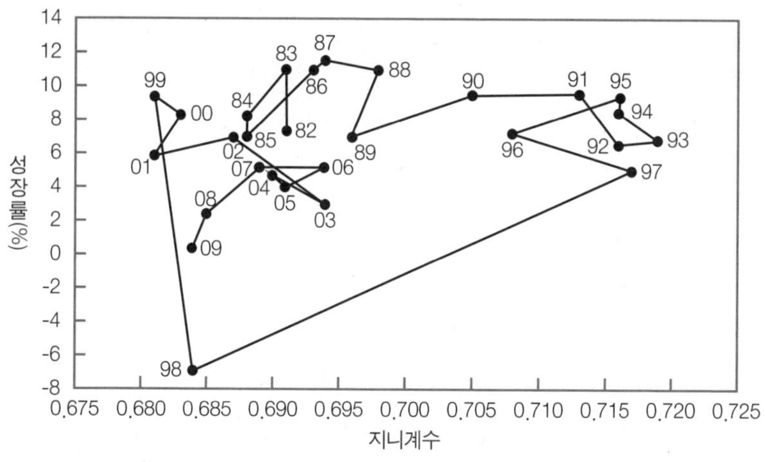

자료: 기획재정부, 통계청.

표 3-3

실질임금 상승률과 노동생산성 증가율: 제조업

단위: %

기간	실질임금 상승률	노동생산성 증가율
1980~1986년	4.2	7.4
1987~1996년	9.1	6.9
1997~2006년	4.1	8.9

자료: 한국노동연구원, 「KLI 노동 통계」(1997).

이전까지 10년간은 표 3-3에서 보는 것처럼 실질임금 상승률이 노동생산성 증가율을 크게 상회했다. 그 결과 '대량생산-고생산성-고임금-대량소비'라는 거시경제적 회로가 형성되었다. 종래의 수출주도성장에 더하여 새로이 임금주도성장 요소가 출현했다. 이는 선진국에서 1945년에서 1974년 사이에 나타났던 전형적인 포드주의에 가까운 발전 모델이 한국에서도 출현했다는 것을 말해준다. '고생산성-고임금-고성장-준완전고용'이 실현되었다. 따라서 이 시기는 '한국 자본주의의 황금기'에 해당한다고 말할 수 있다(Kim, 2012b).

김영삼 정부에서는 한편에서 문민화가 진전되고 개발독재 유산을 청산하는 작업이 이루어지고, 다른 한편에서 자유시장 시스템이 도입되고 규제 완화가 추진되었다. 1993년에 '외환 및 자본 거래 자유화' 조치가 이루어졌다. 1994년에는 경제기획원이 재무부에 흡수되고 재무부는 신자유주의적 정책을 추진했다. 김영삼 정부는 전략적 계획과 산업정책을 포기했다. 금융기관에 대한 규제가 완화되었다. 이러한 자유화정책으로 인해 과잉 투자가 이루어지고 대기업의 단기 해외 차입이 급증했는데, 이는 1997년 외환위기를 초래한 직접적 원인이 되었다(Chang, 2006).

1997년 외환위기 이후 강요된 IMF 구조조정 프로그램에 의해 개발국가 모델이 해체되었다. 1997년은 한국 경제의 제2 대전환의 분기점이었다. 김대중 정부에서는 '민주주의와 시장경제의 병행 발전'이라는 국정기조가 설정되었다. 근로연계복지인 '생산적 복지'가 추진되고 영국 신노동당(New Labor)의 이념을 제공한 앤서니 기든스(Anthony Giddens)가 주창한 '제3의 길' 담론이 등장했다. 노무현 정부에서는 동반성장, 지방분권, 지역균형발전 정책들이 추진되고 '사회투자론' 담론이 출현했다. 김대중, 노무현 두 민주 정부에서 민주화가 진전되면서 자유화도 확대되는 이중성이 나타났다. 그 결과 민주주의와 신자유주의 간의 갈등이 종종 표출되었다. 노무현 정부에서의 한미 FTA 체결은 그 갈등을 크게 증폭했다.

이명박 정부에서는 민영화, 규제 완화, 부자 감세 등 신자유주의 정책을 추진했다. 미국 쇠고기 수입에 반대하는 촛불시위가 크게 확산되자 신자유주의 정책 추진을 일정 부분 중단하고 이른바 '중도실용 노선'을 추구했다. 새로운 성장 담론으로 녹색성장론을 제기했다. 박근혜 정부는 한편에서는 '창조경제' 패러다임을 추구하면서, 다른 한편에서는 규제 완화와 같은 신자유주의 정책을 추진했다. 박근혜 대통령이 대선 후보 시절 공약한 경제민주주의와 복지국가는 국정 의제에서 사라져버렸다.

1997년 이후 한국 경제는 경제성장이 둔화되고 소득분배가 크게 악화된다. 그림 3-1에서 보는 것처럼 1997년 이후 지니 계수가 급격히 증가하고 경제성장률은 크게 떨어진다. 10년간의 '한국 자본주의의 황금기'가 종언을 고했음을 알 수 있다. 또한 표 3-3에서 보는 것처럼 1997년 이후에는 실질임금 상승률이 노동생산성 증가율을 크게 하회한다.

박정희 모델 붕괴 이후 20년 가까이 지난 지금까지 아직 그것을 넘어서는 새로운 대안적 발전 모델이 정립되지 못하고 있다. 5년 단위의 정부 교체 과정에서 새로운 패러다임이 제기되었다가 실현되지 못하고 폐기되는 과정이 반복되었다. 김대중 정부의 생산적 복지론, 노무현 정부의 동반성장론과 이명박 정부의 녹색성장론은 새로운 발전 모델의 요소가 될 만한 것들이었지만 정권이 교체되자 모두 사실상 폐기되어버렸다.

2015년 현재 한국 경제는 개발독재의 유산과 신자유주의 정책의 후유증으로 인해 중대한 구조적 문제들, 즉 저성장, 양극화, 일자리 없는 성장, 청년 실업, 빈약한 사회투자라는 5대 문제에 직면했다.

첫째, 성장 잠재력이 하락하여 저성장이 나타나고 있다. 1997년 이후 도입된 주주 자본주의의 영향으로 기업 경영에서 주주 가치를 극대화하기 위해 단기 수익성을 추구하는 단기주의가 지배하게 되었다. 이에 대기업들이 장기 투자를 기피하고 인적자원개발에 대한 투자를 소홀히 하여 저투자와 성장 잠재력 하락이 동시에 나타났다. 대기업은 거대한

표 3-4

고용탄력성 추이

기간	전 산업	제조업
1981~1985년	0.263	0.398
1986~1990년	0.412	0.629
1991~1995년	0.308	−0.223
1996~2000년	0.449	−0.300
2001~2005년	0.316	−0.211
2006~2010년	0.009	−0.133

자료: 통계청, 「경제 활동 인구조사」; 한국은행, 「국민소득계정」.

사내유보가 쌓여도 투자하지 않고, 중소기업은 투자할 여력이 없어 투자하지 못한다. 아울러 그동안의 추격형 성장과 수출주도성장이 한계에 달하여 성장 동력이 소진했다. 양극화와 소득분배의 악화로 중산층과 빈민의 구매력이 부족하여 내수도 부진하다. 이 모든 요인들이 저성장을 초래했다.

둘째, 박정희 모델의 재벌지배체제 및 중앙집권-수도권 일극 발전체제와 신자유주의의 규제 완화, 노동시장 유연화 및 부자 감세정책으로 인해서 양극화가 더욱 심화되었다. 재벌지배체제는 대기업과 중소기업 간, 중앙집권-수도권 일극 발전체제는 수도권과 비수도권 간, 신자유주의 정책은 정규직과 비정규직 간 및 부자와 빈자 간 양극화를 심화했다. 그 결과 소득과 부의 불평등이 심화되었다.

셋째, 일자리 없는 성장으로 고용 문제가 악화되고 있다. 제조업의 고용탄력성(경제성장률 1%당 고용 증가율)은 1981~1985년 0.398이었으나 2006~2010년에는 −0.133으로 크게 하락했다(표 3-4 참조). 전 산업의 경우 0.263에서 0.009로 감소했다. 경제가 성장하는데도 일자리가 늘어나지 않고 오히려 감소하는 현상이 나타나고 있다. 일자리 없는 성장은 한편에서 대기업들이 자본 집약적 생산체제를 가지고 있기 때문이고, 다른 한편에서 기업들이 생산 시설을 중국 등 해외에 이전하고 있기 때문이다.

넷째, 청년 실업 문제가 심각하다. 2015년 4월 현재 전체 실업률은 3.9%인데 15~19세 실업률은 9.0%, 20~29세 실업률은 10.3%로 매우 높다. 청년 실업이 장기화하고 있는 것이 더욱 큰 문제다. 2007년 미취업 청년이 2012년에도 미취업인 비율이 38.8%로 나타났다. 또한 15~34세 유휴 청년층(일하지도 않고 공부하지도 않고 직업 훈련도 받지 않고 있는 청년: NEET) 비율이 1996년 3.3%에서 2013년 10.3%로 크게 증가했다. 높은 청년 실업률은 그 자체로도 심각한 문제이지만 미래 성장 잠재력을 잠식해 국민경제의 지속가능한 성장을 어렵게 할 것이다.

다섯째, 빈약한 사회투자는 또 다른 심각한 문제다. 연구개발 투자는 세계 최상위 수준인데 사회투자(GDP 대비 공적 사회 지출 비율)는 OECD 국가 중에서 최하위 수준이다. 높은 지식 투자와 낮은 사회투자가 한국의 상황이다. 소득불평등이 증대하고 있음에도 사회투자가 빈약하여 사회통합이 되지 않고 따라서 지속가능한 발전을 기대하기 어렵다.

기존의 한국 모델이었던 박정희 모델과 신자유주의를 넘어서는 새로운 한국 모델은 이러한 한국 경제의 5대 문제점을 해결할 수 있는 지속가능한 발전 모델이어야 한다. 새로운 한국 모델을 실현하기 위한 주요 정책 의제는 다음과 같다.

① 중앙집권국가를 지방분권국가로 개혁하기 위한 지방분권 개헌을 추진, 입법권, 행정권, 재정권을 가진 지역 정부를 수립해야 한다.
② 수도권 일극 발전체제를 지역다극 발전체제로 전환하기 위해 초광역경제권별로 지역별 성장 축(growth pole)을 형성해야 한다. 지역

다극 발전체제를 구축하기 위해서도 지방분권 개헌은 필수적이다.

③ 자유시장경제를 넘어 평등과 연대가 실현되는 공생적 시장경제(symbiotic market economy)를 지향해야 한다. 비정규직 노동자, 중소기업과 영세 자영업자 등 경제적 약자의 교섭력을 높이는 제도 개혁이 추진되어야 공생적 시장경제가 실현될 수 있다(김형기, 2013).

④ 주주 가치의 극대화를 추구하는 주주 자본주의를 넘어 주주와 노동자를 포함한 이해관계자들의 공동 이익을 추구하는 이해관계자 자본주의를 지향해야 한다. 이해관계자 자본주의 원리에 따라 기업 지배구조가 개혁되어야 한다. 사외 이사제도도 이런 원리에 따라 개혁되어야 한다.

⑤ 대기업과 중소기업 간 관계를 약탈적 하청 관계로부터 상생의 파트너십으로 전환하기 위해 중소기업의 집단 거래를 허용하는 방향으로 '공정거래법' 제19조를 개정해야 한다.[6]

⑥ 디지털 융합에 기초한 신제조업을 육성하는 신산업정책을 실시하고 국제 단기 자본에 대한 통제를 강화해야 한다.

⑦ 혁신주도성장과 소득주도성장을 결합하는 새로운 성장체제를 정립해야 한다. 아울러 대기업 주도 성장에서 중소기업 주도 성장으로, 수도권 중심 성장에서 지역 중심 성장으로 나아가야 한다,

⑧ 노동시장의 유연화, 관대한 실업급여, 높은 적극적 노동시장정책 지출을 결합하여 노동시장의 유연안전성을 실현해야 한다.[7]

---

6 '독점규제 및 공정거래에 관한 법률' 제19조는 부당한 공동 행위를 금지하고 있다. 대기업의 부당한 납품 단가 인하를 막기 위해서는 중소기업이 협동조합을 통해 집단 거래를 할 수 있도록 허용해야 한다. 독일의 경우 중소기업의 집단 거래를 카르텔 금지의 예외로 허용하고 있다.

7 덴마크 황금 삼각형.

⑨ 증세를 통해 육아, 양로, 교육, 의료 등에서 보편적 복지를 실현하는 '고부담·고복지' 체제를 확립해야 한다.

4. 맺음말

박정희 모델은 한국 경제에 기적을 창출했지만 동시에 위기를 초래했다. 박정희 모델은 한국을 후진국에서 중진국으로 도약하게 만들었지만 중진국에서 선진국으로 진입하는 데 큰 걸림돌이 되고 있는 부정적 유산을 남겼다. 재벌지배체제, 중앙집권-수도권 일극 발전체제, 성장지상주의, 획일적 군사 문화 등 박정희 모델의 부정적 유산은 대한민국의 경제적·사회적·생태적 지속가능성을 가로막는 역사적 요인이 되고 있다.

특히 재벌지배체제와 중앙집권-수도권 일극 발전체제는 오늘날 한국 경제의 양대 문제인 저성장과 양극화를 초래한 가장 중대한 역사적 요인이다. 재벌지배체제는 대기업과 중소기업 간의 양극화를, 중앙집권-수도권 일극 발전체제는 수도권과 비수도권 간의 양극화를 초래했다. 재벌지배체제와 중앙집권-수도권 일극 발전체제는 중소기업과 비수도권의 성장을 억압하여 저성장과 고용 없는 성장을 초래했다.

박정희 모델은 1960년대~1970년대에는 작동 가능한 발전 모델이었지만 1980년대~1990년대 민주화-자유화 시대에는 지속 불가능한 발전 모델이었다. 박정희 모델은 1987년 시민항쟁과 노동자 대투쟁 이후 진전된 민주화와 1997년 외환위기 이후 진전된 자유화에 따라 해체되었다. 박정희 모델 해체 후 도입된 신자유주의 정책 패러다임에 의해 박정희 모델의 긍정적 유산인 산업정책과 금융 통제가 폐지되고 자본 자유화, 민영화, 노동시장 규제 완화, 부자 감세정책이 추진되었다. 신자유주의는 한국 경제의 양극화, 저성장, 불안정성을 초래한 또 다른 중요한 요인이었다.

저성장과 양극화를 극복하고 대한민국이 지속가능한 발전을 하기 위해서는 박정희 모델과 신자유주의를 모두 넘어서는 새로운 한국 모델을 정립해야 한다(김형기, 2006c). 위에서 새로운 한국 모델 실현을 위한 9대 정책 의제를 제시했다. 지방분권국가, 지역다극 발전체제, 공생적 시장경제, 이해관계자 자본주의, 대기업과 중소기업 간 파트너십, 신산업 정책, 국제 단기 자본 통제, 혁신주도성장과 소득주도성장의 결합, 노동시장 유연안전성, 고부담·고복지 체제 등이 새로운 한국 모델의 주요 구성요소가 되어야 한다.

이러한 새로운 한국 모델을 정립하기 위해서는 사회적 합의가 필수적이다. 새로운 한국 모델을 구성하는 요소들 중 지방분권국가 실현, 이해관계자 자본주의 실현, 노동시장 유연안전성 실현, 고부담·고복지 체제 구축은 보수와 진보 간, 노·사·정·민 간 사회적 합의가 있어야 비로소 실현될 수 있기 때문이다. 따라서 새로운 한국 모델을 위한 사회적 합의 도출이 지금 가장 중요한 국가 의제가 되어야 한다.

제4장

새로운 경제질서

공생적 시장경제

1. 한국 경제의 3대 문제와 과제

현재 한국 경제에는 지속가능한 발전을 가로막는 3대 문제가 존재한다. 그것은 양극화와 격변성, 위험성이다.

양극화(polarization)는 부유층과 빈곤층 간, 대기업과 중소기업 간, 수도권과 비수도권 간의 격차가 확대되는 현상을 말한다. 경제력 집중과 소득분배의 불평등 심화가 양극화를 초래한다. 이러한 양극화는 1997년 외환위기 이후 급격히 심화되었다. 외환위기를 극복한 이후에도 양극화는 완화되지 않고 고착되었고 최근에 와서는 더욱 심화된 양상을 보인다. 양극화 추세는 세계적 현상이기는 하지만 이명박 정부의 신자유주의 정책, 즉 규제 완화, 부자 감세, 민영화 정책이 양극화를 심화했다. 부익부 빈익빈, 재벌의 경제력 집중 심화, 수도권 집중 심화라는 3중의 양극화로 인해 한국 사회도 미국 사회처럼 '1 : 99 사회'로 되어가고 있다.

격변성(volatility)은 경기 변동상에서 호황과 불황의 진폭이 매우 커서 거시경제가 아주 불안정한 상태를 말한다. 급격한 경기 후퇴와 급속한 경제 회복이 빈번히 교차하는 것이 격변성이다. 1997년 외환위기와 2008년 세계 경제위기 때 한국 경제의 격변성이 여지없이 드러났다. 한국 경제의 격변성의 주된 원인은 매우 높은 대외 의존도와 사회복지제도와 같은 반경기적인(counter-cyclical) 자동안정장치(built-in stabilizer)가 미약하기 때문이다. 높은 대외 의존도 때문에 세계 경제에 불황이 닥치면 한국 경제의 불황은 더욱 심해진다. 한국은 사회복지제도가 빈약하기 때문에 경기 후퇴 시 실업자와 빈곤층에 대한 복지 지출을 늘려 자동적으로 경기

※ 제4장은 김기정 외, 『21세기 한국의 미래 구상: 도전과 선택』(한국미래발전연구원, 2013)에 실린 필자의 글을 수정·보완한 것임.

후퇴의 폭을 줄일 수 있는 가능성이 그만큼 적다. 이러한 격변성 때문에 저소득층과 빈곤층 등 취약 계층의 경제적 고통이 가중되고 있다.

위험성(risk)이란 자유시장경제를 지향하여 규제가 철폐되고 무한 경쟁이 이루어지고 있기 때문에 경제위기 발생 가능성이 높고 경제주체들이 파산하거나 실업자가 될 확률이 높은 상태를 말한다. 제도와 문화로부터 탈착된 경제(disembedded economy)는 위험하다. 금융시장과 노동시장에 대한 규제 완화가 경제적 위험성을 높이는 주된 요인이다. 금융파생상품에 대한 규제를 완화하고 거대 은행 등장을 촉진하는 '자본시장통합법', 해고의 자유를 확대하고 고용보호가 취약한 '노동법'이 금융 위험과 고용 위험을 초래하고 있다. 사회보장제도가 취약하기 때문에 실업과 빈곤으로 인한 비인간화가 초래될 사회적 위험성이 높다. 글로벌 경제의 격랑으로부터 무방비의 위험 경제와 실업과 빈곤으로부터 무방비의 위험 사회가 사람들을 불안하게 만든다. 이러한 위험성 때문에 경제 불안, 고용 불안, 생활 불안이 초래되고 있다.

이처럼 양극화가 심하고 격변성이 크고 위험성이 높은 지속 불가능한 경제를 동반성장(shared growth)과 안정성(stability), 안전성(security)이 실현되는 지속가능한 경제로 전환하는 것이 한국 경제의 주요 당면 과제다. 이러한 과제를 해결하기 위해서는 새로운 경제질서를 수립해야 한다.

이 글은 '공생적 시장경제'[1]가 새로운 경제질서로서 한국 경제에 실

---

1 공생적 시장경제(symbiotic market economy) 개념은 필자가 2006년에 출판한 『한국경제 제3의 길』이라는 책의 제3장 「한국사회의 지속가능한 진보를 위한 대안적 발전 모델」에서 처음으로 제시한 개념이다. 거기서 공생적 시장경제는 사회경제적 양극화를 초래하여 지속 불가능한 자유시장경제와 인간과 인간 사이의 연대에 국한된 기존의 사회적 시장경제를 넘어서는 새로운 대안적 시장경제로서, 혁신주도 동반성장체제에 기초해 성립하는 대안적 발전 모델이 실현되는 시장경제로 개념화했다. 이 글에서는 이러

현되어야 함을 주장할 것이다. 또한 공생적 시장경제가 한국 사회의 새로운 진보의 핵심 구성요소임을 보일 것이다. 그리고 공생적 시장경제를 실현하기 위한 경제정책 기조를 제시할 것이다.

2. 공생적 시장경제

1) 공생적 시장경제: 새로운 경제질서

자본주의 시장경제는 부익부 빈익빈의 양극화와 주기적인 공황으로 인한 불안정성 때문에 경제주체들이 서로 공생하는 안정적인 경제질서가 수립되지 못한다. 원래 시장경제에는 '자유, 평등, 호혜'의 측면과 '억압, 불평등, 수탈'의 측면이라는 서로 다른 양면이 공존한다. 또한 시장경제에는 하이에크가 말하는 자생적 질서(spontaneous order)가 형성되는 측면이 있는가 하면, 자생적 무질서가 초래되는 측면이 있다(김형기, 2001: 192~193).

생산수단 소유자인 자본가와 비소유자인 노동자로 경제주체가 분할되어 있는 자본주의 시장경제에서는 소유자인 자본가는 비소유자인 노동자에 대해 권력을 행사할 수 있기 때문에 억압과 불평등과 수탈의 측면이 나타나는 경향이 있다. 자본가의 권력이 일방적으로 작용하는 시장경제에서는 공생이 실현되지 않는다. 시장에서 경제주체들이 행사하는 권력의 격차가 나타날 때, 다시 말해 권력의 비대칭성(asymmetrical power)이 존재할 때, 한 경제주체가 다른 경제주체를 억압하고 수탈하며 그 결

한 공생적 시장경제 논의를 좀 더 체계적으로 제시하고자 한다.

과 불평등이 나타날 수 있다.

반대로 시장에 참가하는 경제주체들의 권력이 대등할 때, 다시 말해 권력대칭(symmetrical power)이 존재할 때, 자유와 평등과 호혜의 측면만이 존재하여 시장경제에는 경제주체들 간의 공생이 실현된다. 자본주의에서 노동자들이 노동조합을 통해 단결하여 개별 교섭이 아니라 단체 교섭을 하면 노동시장에서는 자유와 평등, 호혜의 과정이 실현될 수 있다. 자본가의 지배력에 대항하는 노동조합의 단체 교섭력이 강할수록 자유와 평등, 호혜의 측면이 강화되어 공생이 실현될 가능성이 크다.

공생적 시장경제는 시장에 참가하는 경제주체들의 권력이 대등한 상태에서 서로 협력하여 자유, 평등, 호혜가 실현되는 시장경제를 말한다. 시장에서 권력이 없거나 아주 약한 노동자, 농민, 자영업자, 중소기업 등의 경제적 약자들은 개별거래 혹은 개별 교섭의 불리함을 극복하기 위해 스스로를 조직화하여 집단거래 혹은 단체 교섭을 할 수 있다. 이처럼 경제적 약자들은 단결과 연대를 통해 일정한 권력을 가지고 거래할 수 있다. 노동조합과 협동조합은 공생적 시장경제를 실현하는 데 필수적인 사회경제 조직이다.

국가는 경제적 강자와 경제적 약자 간의 힘의 불균형을 시정하여 공생을 실현할 목적으로 법률과 정책을 통해 시장에 개입할 수 있다. 경제력 집중을 막기 위한 '반독점법' 내지 '공정거래법', 단결권, 단체 교섭권, 단체 행동권 등 노동 3권의 인정, 해고 제한과 같은 고용보호제도 등은 시장에 대한 정부의 규제를 통해 기업 간 및 노사 간 공생 실현을 촉진할 수 있다. 따라서 공생적 시장경제는 자유시장경제에서는 실현되기 어렵고 조정시장경제에서 실현될 가능성이 높다.

이처럼 경제체계 내에서의 인간과 인간 사이의 공생만이 아니라 경제체계와 생태체계 간의 공생, 즉 인간과 자연 사이의 공생이 실현되는 시장경제가 공생적 시장경제이다. 따라서 공생적 시장경제를 위해서는 경제 활동이 생태주의 원리에 따라 이루어지는 녹색경제(green economy)가 실현되어야 한다.

공생적 시장경제에서는 거시경제의 안정성이 필수적이다. 경제의 격변성이 높으면 취약 계층이 몰락하거나 빈곤화할 가능성이 높아 공생적 시장경제가 실현되기 어렵기 때문이다. 또한 경제위기가 발생하면 경제주체들 간의 이해 대립과 갈등이 심화할 가능성이 높아 공생이 실현되기 어렵기 때문이다. 따라서 경제의 격변성을 줄이고 경제위기 발생을 막는 거시경제의 안정화를 위한 국가의 개입은 공생적 시장경제 실현에 필수적이다.

2) 공생적 시장경제의 원리와 조정 방식

공생적 시장경제는 창조경제, 협력경제, 청정경제[2]라는 세 가지 경제 원리로 구성된다. 다시 말해 창조경제와 협력경제, 청정경제의 원리가 동시에 실현되는 경제가 공생적 시장경제이다. 이 세 가지 경제 원리가 실현될 때 공생적 시장경제는 21세기의 지속가능한 선진경제 패러다임이 될 수 있다.

(1) 창조경제

창조경제(creative economy)는 창의성에 기초해 성장하는 경제이다. 경제주체들이 창의성을 가지고 경제 활동을 할 때 고부가 가치가 생산될

---

2 창조경제, 협력경제, 청정경제에 대한 아래의 서술은 김형기(2010)에 제시된 부분을 수정·보완한 것임을 밝혀둔다.

수 있고 따라서 경제성장이 지속될 수 있다. 사람들의 창의성을 높이는 교육과 문화의 창달과 조직의 창출이 창조경제를 실현하는 길이다. 모방에 기초해 캐치업(catch-up)을 하는 경제의 성장은 조만간 한계에 도달한다. 유한한 자원에 기초해 성장하는 대량생산경제도 자원의 제한으로 성장의 한계에 도달한다. 무한한 창의성에 기초해 성장하는 창조경제는 그 성장이 지속가능하다. 창의성이 혁신을 낳기 때문에 창조경제에서는 지속적인 혁신이 일어나 성장이 지속된다.

학생과 노동자와 시민 개개인의 상상력을 높이는 교육이 창의성의 원천이다. 즉, 문학적 상상력과 예술적 감수성과 철학적 성찰이 어우러진 교육이 창의성의 원천이다. 따라서 인문학적 소양을 함양하는 교육이 창조경제의 토대가 된다. 이러한 인문학적 소양이 생산 현장에서 기술과 결합될 때 신제품을 개발하는 혁신이 일어나고 고부가 가치 제품을 생산할 수 있다. 기술과 예술의 결합을 통해 아이폰이라는 획기적 신제품을 개발한 애플의 스티브 잡스의 성공 사례는 창조경제의 원동력이 무엇인지를 잘 보여준다. 새로운 것의 창조는 서로 다른 흐름의 융합을 통해 나타날 수 있기 때문에 학문 융합 교육은 창조경제 실현을 촉진한다. 대학에서 인문학을 기반으로 하는 교양 교육과 학문 융합 교육을 체계적으로 실시하는 것이 창조경제 실현에 필수다.

개인의 자율성이 창의성의 또 다른 원천이다. 타율적 개인, 주어진 기존 질서에 굴종하고 순응하는 개인은 결코 창의성을 발휘할 수 없다. 창조경제는 자율의 가치가 사람들의 지배적 가치관, 즉 사회 패러다임으로 자리 잡을 때 실현될 가능성이 높다. 개인의 자율이 최대한 보장되는 자유로운 정치사회 질서 수립과 기업 조직의 분권화를 통한 창조적 조직의 창출은 창조경제를 실현하는 기본적 조건이다. 따라서 권위주의적 정치질서와 사회질서를 민주적 정치사회 질서로 개혁하고 위계적 기업 조직을 네트워크형 기업 조직으로 전환할 것이 요청된다. 기업 조직, 학교 조직, 행정 조직 등 각종 조직의 분권화와 자치의 확대는 창조경제 실현을 촉진한다.

기업 조직과 지역 사회의 개방성과 다양성이 창조경제를 실현하는 사회문화적 조건이다. 창조자본론과 창조경제론을 제기한 리처드 플로리다(Florida, 2002)가 주장한 것처럼, 창조경제를 실현하기 위해서는 어떤 조직이나 지역 사회가 폐쇄적이고 동질적이며 획일적이어서는 안 되고 개방적이고 이질적이며 다양한 가치를 지향하고 서로 다른 생활양식을 가진 사람들로 구성되어야 한다. 이민 혹은 이방인에 대한 개방성을 나타내는 도가니 지수, 동성애자에 대한 관용의 정도를 나타내는 게이 지수, 작가·화가·음악가·배우와 같은 자유로운 영혼과 유목적 성향을 가진 인사의 비중을 나타내는 보헤미안 지수 등 지역의 다양성을 나타내는 지수들을 높이는 것이 지역경제를 창조경제로 만드는 길이다.

보편적 복지가 실현되는 사회보장제도의 구축은 모든 국민들이 안정된 생활 속에서 자유롭게 새로운 것을 탐구하고 학습하는 삶의 여유를 제공함과 동시에 실패를 두려워하지 않고 새로운 시도를 하는 모험 성향을 높임으로써 경제주체들의 창의성을 높여 창조경제 실현에 기여한다. 실리콘 밸리의 혁신 문화인 '모험을 장려하고 실패를 격려하는 문화(OK to Venture, OK to Failure)'가 지역문화로 자리 잡으면 창조경제가 실현될 가능성이 높다.

창조경제는 공생적 시장경제에서 지속적 성장의 동력을 창출한다. 그리고 창조경제가 공생적 시장경제의 구성요소가 되기 위해서는 보다 많은 경제주체들이 창의성을 가지고 창조경제의 네트워크에 포함되어야 한다. 이를 위해서는 창의성 교육을 받을 기회와 문화를 향유할 기회가 균등해야 한다. 또한 창조경제를 주도하는 계급, 즉 '창조계급(creative class)'(Florida, 2002)이 자신의 창의성으로부터 획득한 이익을 노동 계급과 서비스 계급과 공유하는 노블레스 오블리주를 실천해야 한다.

(2) 협력경제

협력경제(cooperative economy)는 경제주체들 간의 협력을 통해 동반성장과 사회통합이 이루어지는 경제이다. 신뢰에 기초한 협력은 사회적 비용을 줄이고 생산성을 높이는 효과가 있다. 미래에 수익의 흐름을 낳는 자산을 자본으로 정의하는 관점에 의하면, 이러한 신뢰와 협력은 생산성을 높여 미래에 수익의 흐름을 낳을 수 있으므로 자본이라 할 수 있다. 신뢰와 협력이 이루어지는 공동체적 사회관계를 사회 자본(social capital)으로 정의하기도 한다. 이러한 자본 개념을 따르지 않더라도 경제주체들 간의 신뢰와 협력은 생산성을 높일 수 있으므로 경제성장에 기여한다는 점을 인정할 수 있을 것이다.

노사 협력, 기업 간 협력, 산학 협력, 민관 협력, 도농 협력 등은 기업, 지역경제, 국민경제의 생산성을 높인다. 노사 간의 윈윈(win-win) 교섭과 사회적 대화와 사회적 합의, 대기업과 중소기업 간의 경영 및 기술 협력, 대학과 기업 간의 지식정보 교류와 기술 협력, 정부와 시민사회 간의 거버넌스 구축, 도농 간의 상생 시스템 구축 등은 협력경제를 실현하는 데 필요한 제도적 및 문화적 조건들이다.

특히 사용자와 노동조합 간에 노동자들의 숙련을 향상하는 숙련 교섭을 함으로써 노동자의 숙련 향상 및 임금 상승, 기업의 생산성 향상과 이윤 증가를 만들어내는 상생의 윈윈 교섭을 이루는 것, 대기업과 중소기업의 관계를 하청에서 파트너십으로 바꾸고 대기업과 중소기업 간 기술적 보완 관계를 형성하는 것은 협력경제 실현의 양대 조건이다. 도시와 농촌의 순환과 공생을 통해 지속가능한 내생적 지역 발전을 추구하는 것 또한 협력경제 실현에 필요하다. 지역에서 생산된 농산물을 지역에서 소비하는 로컬 푸드 시스템 구축은 도농 간의 협력과 상생을 위해 필수적으로 요청된다.

이기적 동기에 따라 행동하는 경제인들 간의 원자적 경쟁에 기초해 경제가 운영되는 자유시장경제에서는 협력경제가 실현되기 어렵다. 시장에 대한 규제 철폐와 자유기업주의를 주창하는 신자유주의, 주가수익의 극대화와 같은 주주의 단기적 이익 실현을 우선시하여 노사 협력을 저해하는 금융주도경제(finance-led economy)와 주주 자본주의(shareholder capitalism)에서는 협력경제가 실현될 수 없다.

노동자, 주주, 경영자 등 기업 구성원의 공동 결정에 기초해 서로 전략적으로 협력하는 이해관계자 자본주의(stakeholder capitalism), 1인 1표의 원리에 기초한 협동조합이나 공공성과 수익성을 동시에 추구하는 사회적 기업으로 구성된 사회적 경제(social economy)라는 새로운 경제 패러다임이 강화되어야 협력경제가 실현될 가능성이 높다. 사회적 대화가 활발히 이루어지고 사회적 타협이 잘 이루어지는 나라에서 협력경제가 실현될 가능성이 높다. 특히 노·사·정 간의 사회적 합의 관행이 잘 구축된 나라에서 협력경제가 실현될 가능성이 높다. 기업의 사회적 책임(CSR)과 노조의 사회적 책임이 완수되는 시장경제에서는 협력경제가 실현될 가능성이 크다.

협력경제는 국민경제 각 부문, 각 경제주체의 생산성을 함께 높이기 때문에 양극화를 완화하여 동반성장과 사회통합을 실현하는 데 기여한다. 경쟁보다는 협력을 촉진하는 인센티브 시스템의 설계, 협력을 고무하는 파트너십과 공동체 정신의 강화는 협력경제를 실현하는 데 요구되는 제도적 및 문화적 요소들이다. 협력경제는 '연대'라는 가치가 사회 패러다임으로서 자리 잡을 때 실현될 가능성이 높다. 연대는 시장 경쟁에서 탈락한 사람이나 불리한 처지에 있는 사람도 인간다운 생활을 보장하여 더불어 사는 공동체가 실현되는 것을 말한다. 공동체를 통한 연대가 실현될 때 사람들은 서로 협력하고 그 결과 공생이 실현된다. 협력경제는 동반성장과 사회통합을 실현한다는 점에서 공생적 시장경제를 구성하는 핵심 원리가 된다.

(3) 청정경제

청정경제(clean economy)는 생태계를 보호하고 기후변화를 막음으로써 인간과 자연이 공생할 수 있는 경제이다. 따라서 청정경제는 생태계를 보호하는 녹색경제임과 동시에 기후변화를 막는 청정에너지(clean energy) 경제이다. 20세기 경제가 대량생산경제였다면 청정경제 혹은 녹색경제는 21세기 대안적 경제이다. 지구온난화를 막기 위한 이산화탄소 감축 계획이 전 세계적 의제로 대두된 상태에서 청정경제는 저탄소경제(low-carbon economy)가 되어야 한다. 청정경제는 하나뿐인 지구를 구하는 데 절대적으로 요청되는 경제이다. 청정경제는 선진경제뿐 아니라 개발도상경제, 신흥시장경제, 전환도상경제 등 지구촌의 모든 경제에서 실현되어야 할 경제이다. 청정경제는 녹색기술과 녹색제도, 녹색문화를 통해 유지된다. 석유와 석탄과 같은 화석에너지로부터 풍력이나 태양광 혹은 바이오매스와 같은 재생에너지로의 에너지 전환을 통해 탄소 의존성을 줄이고 에너지 효율성을 높이는 녹색기술(green technology)은 청정경제의 토대가 된다. 녹색기술로 개발된 태양에너지와 수소에너지에 기초한 태양경제와 수소경제의 실현이라는 장기적 전망 아래 에너지 전환 계획을 수립하고 일관되게 실행하는 것이 무엇보다 중요하다(리프킨, 2003).

청정경제를 실현하기 위해서는 생산 시스템의 탈물질화와 탈독성화가 강도 높게 추진되어야 한다. 생산과 소비에서 증가하는 엔트로피를 줄이는 관류 혁신(throughput innovation)을 위한 제도를 구축해야 한다(조영탁, 2009). 생산 공정에서 탄소 배출을 줄이는 저탄소 공정 혁신과 소비 과정에서 탄소 배출을 줄일 수 있는 저탄소 제품 혁신이 필요하다.

고탄소경제에서 저탄소경제로의 이행을 촉진하기 위한 시스템과 제도를 구축해야 청정경제 실현을 촉진할 수 있다. 탄소세(carbon tax) 도입과 같은 생태적 조세 개혁(eco-tax reform)을 추진하고 온실가스 배출의 총량을 규제할 수 있는 캡 앤드 트레이드형(cap-and-trade) 배출권거래제도를 실시해야 한다. 전력공급 시스템을 고탄소의 '집권적 일방향형 네트워크'로부터 저탄소의 '분산적 쌍방향형 네트워크'[3]로 전환해야 한다(모로토미·아사오카, 2011). 풍력, 태양에너지, 소수력, 지역, 바이오매스 등 재생에너지를 이용하여 소규모 지역 단위로 전력을 자급하는 지역 에너지 시스템(local energy system)을 구축하는 것은 청정경제 실현에 필수적으로 요청된다. 농업을 생태적 농업으로, 지역 내 자원순환형 농업으로 혁신할 필요가 있다. '요람에서 요람까지(cradle to cradle)'라는 원칙에 따라 생태적 효율성을 높이고 궁극적으로 폐기물을 발생시키지 않는 지속가능한 생산 방식과 건축 방식을 도입하는 혁신이 필요하다(McDonough and Braungart, 2002).

청정경제는 '생태'라는 가치가 사회 패러다임으로 자리 잡을 때 실현될 가능성이 높다. 생태는 경제 시스템과 사회 시스템이 생태 시스템과 균형을 취하여 인간과 자연의 공생을 실현하려는 사고방식이다. 생태는

---

3 전력 수요지와 멀리 떨어진 대규모 송전망으로 대량소비 지역에 보내고 전력수급을 중앙지령소에서 컨트롤하는 것이 집권적 일방향형 네트워크이고, 스마트 그리드를 이용하여 재생가능에너지에 의한 소규모 발전소가 전력 수요지 근처에서 분산하여 입지하여 전력을 공급하고 쌍방향으로 전력 수급을 조정하는 것이 분산적 쌍방향형 네트워크이다(모로토미 도오루· 아사오카 미에, 2011: 150~153).

성장지상주의, 개발우선주의, 인간중심주의에 반대하는 관점이다. 인간이 제2의 자연이고 모든 생명체는 하나의 전체를 이룬다는 생명 사상이 생태의 관점에 깔려 있다. 다수의 사람들이 일체의 성장과 개발에 반대하는 생태근본주의적 태도가 아닌, 인간의 실생활상의 성장 및 개발 욕구를 어느 정도 긍정하면서 인간과 자연의 공생을 지향하는 삶을 살려는 생태주의적 태도를 다수의 사람들이 가질 때, 비로소 청정경제가 실현될 수 있다.

이와 같이 창조경제, 협력경제, 청정경제 등 공생적 시장경제의 세 가지 경제 원리가 구현되려면 높은 수준의 지식 투자와 사회투자, 녹색 투자가 수반되어야 한다. 지식 투자는 창조경제를, 사회투자는 협력경제를, 녹색 투자는 청정경제를 실현하는 데 각각 기여할 것이다. 그리고 '자율, 연대, 생태'라는 3대 진보적 가치가 사회 패러다임으로 자리를 잡아야 한다. 시장만능주의, 경쟁제일주의, 성장지상주의와 같은 가치관이 극복되어야 한다.

(4) 공생적 시장경제의 조정 방식

위에서 제시한 세 가지 경제 원리를 가지는 공생적 시장경제는 현실의 국민경제에서 사적 경제, 공공경제, 사회적 경제라는 세 경제 부문으로 중층적으로 구성된다(김형기, 2006c: 92). 사적 경제(private economy)는 수익성의 원리가 관철되고, 공공경제(public economy)는 공공성의 원리가 실현되며, 사회적 경제(social economy)는 공공성과 수익성이 동시에 추구된다. 창조경제의 원리는 사적 경제 부문에서, 협력경제는 사회적 경제 부문에서, 청정경제는 공공경제 부문에서 실현될 가능성이 상대적으로 크다. 따라서 공생적 시장경제를 새로운 경제질서로서 수립하려면 3대 경제 부문이 역할 분담을 하여 상호보완 관계를 형성해야 한다. 사적 경제 부문이 창조경제를, 사회적 경제 부문이 협력경제를, 공공경제 부문이 청정경제를 각각 주도하는 역할 분담과 보완 관계 형성이 요구된다.

사적 경제 부문을 확장하고 공공경제 부문을 축소하려는 것, 다시 말해 '큰 시장 작은 정부'를 지향하는 것이 보수적인 신자유주의의 입장이었다. 반면, 공공경제 부문을 확장하고 사적 경제 부문을 축소하려는 것, 다시 말해 '큰 정부 작은 시장'을 지향하는 것이 진보적인 사회민주주의의 입장이었다. 이와 같이 사적 경제와 공공경제라는 두 경제 부문 간의 상대적 비중을 중심으로 국민경제를 논의하려는 것이 기존의 보수와 진보의 패러다임이었다. 새로운 진보주의는 사적 경제의 축소가 곧 공공경제의 확장으로만 귀결되는 것이 아니라 제3섹터인 사회적 경제의 확장으로도 연결되고, 공공경제의 축소가 곧 사적 경제의 확장으로 연결되는 것이 아니라 사회적 경제의 확장으로 연결되도록 하는 것을 지향한다. 공생적 시장경제는 확장된 사회적 경제 부문을 가지고 있는 시장경제이다.

공생적 시장경제를 3대 경제 부문을 통해 실현하는 데 있어 경제 조정은 어떻게 이루어져야 할 것인가? 경제 조정기구에는 시장, 국가, 공동체 등의 유형이 있다.[4] 시장은 이기심을 가진 경제주체들 간의 경쟁을 통해 수평적 조정이 이루어지는 조정기구이다. 국가는 의무감을 가진 권력을 통해 강제적으로 자원을 배분하는 수직적 조정이 이루어지는 조정기구이다. 공동체는 의무감을 가진 경제주체들 간의 수평적 조정이 이루어지는 조정기구이다(Hollings and Boyer eds., 1997). 공생적 시장경제에서는 시장과 공동체와 국가라는 세 가지 유형의 조정기구가 적절한 균형을 취하면서 결합되어야 한다.

---

4 여기에 또 하나의 조정기구인 위계(hierarchy), 즉 기업을 추가할 수 있다. 위계는 이기심을 가진 경제주체 간의 상명 하달을 통한 수직적 조정이 이루어지는 조정기구이다.

사적 경제는 주로 시장을 통해 조정되고, 사회적 경제는 주로 공동체를 통해 조정되며, 공공경제는 국가기구를 통해 조정된다. 시장기구는 사회적 경제와 공공경제 영역에도 작동할 수 있다. 사회적 경제에서 활동하는 사회적 기업은 정부의 지원에 기초해 공공성을 추구하면서도 시장 경쟁을 통해 수익성을 추구하기 때문에 시장기구가 상당 부분 작동한다. 공생적 시장경제에서는 사기업과 공기업, 사회적 기업이 시장적 조정과 국가적 조정, 공동체적 조정이 교차하는 가운데 공존한다.

사적 경제에 대한 정부 개입에 반대하고 공공경제 영역에도 시장기구에 의한 조정을 강화하려는 것이 신자유주의이다. 공공 부문의 민영화와 상업화, 기업화는 공공성을 약화하여 공공경제를 위축시킬 것이다. 반면 공공경제 부문에 대한 시장기구의 작동에 반대하고 사적 경제에 대한 국가 규제를 강화하려는 것이 기존 진보주의의 입장이었다. 진보와 보수의 기존 대립 프레임은 '시장 대 국가(market vs. state)'였다. 이러한 대립 프레임에 공동체라는 조정기구를 포함시켜 '시장 대 국가 대 공동체(market vs. state vs. community)'라는 대립 프레임을 설정할 필요가 있다.

공생적 시장경제는 조정기구로서 시장에 대한 대안으로 국가만을 생각하는 것이 아니라 공동체도 중요하게 고려한다. 공동체적 조정은 시장실패와 정부실패를 보완하는 역할을 할 수 있다. 공생적 시장경제는 시장만능주의와 국가전능주의를 넘어 공동체에 의한 조정을 강화하고자 한다. 공공경제에도 제한된 범위 내에서 시장기구가 작동할 필요가 있음을 인정하며 사적 경제에도 공동체적 조정이 필요함을 강조한다. 또한 공생적 시장경제는 공기업의 민영화에 반대하지만 공기업이 생산하는 재화 및 서비스가 사적 기업이 생산하는 재화 및 서비스와 시장에서 경쟁하기 때문에 공기업의 경제적 지속가능성을 위해 효율성과 경쟁력을 고려해야 한다. 그뿐 아니라 공생적 시장경제는 교육, 의료, 육아, 양로

그림 4-1

공생적 시장경제

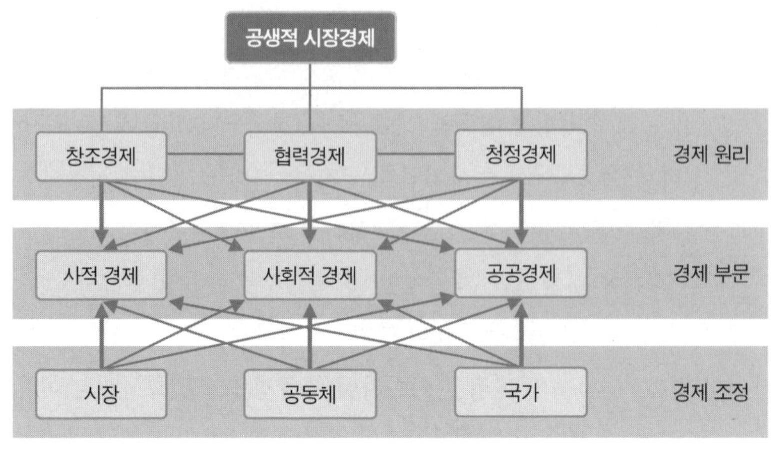

등 사회 서비스를 생산하는 공공경제에서 공공성 실현을 위해 수요자적 입장을 고려하는 경쟁 원리를 도입할 필요가 있다. 사적 경제 내부에서도 사적 기업이 예컨대, 공동 결정제도(Mitbestimmung)를 도입해 노사 공동체를 형성하는 것이 기업 발전에 필요하다. 원래 위계적 조정을 하는 사적 기업에 공동체적 조정 방식을 도입하는 것이 생산성 향상과 경쟁력 강화에 도움이 될 수 있기 때문이다.

이러한 공생적 시장경제의 원리와 조정 방식을 요약하여 나타낸 것이 그림 4-1이다. 공생적 시장경제는 '창조경제, 협력경제, 청정경제'라는 세 가지 경제 원리로 구성되고, '사적 경제, 사회적 경제, 공공경제'라는 세 부문으로 구성되며, '시장적 조정, 공동체적 조정, 국가적 조정'이라는 세 가지 조정 방식이 중층적으로 작동한다. 이와 같이 세 가지 경제 원리가 세 경제 부문에서 세 가지 조정 방식을 통해 작동하는 것이 공생적 시장경제다. 이러한 공생적 시장경제는 경제적·사회적·환경적으로 지속가능한 경제가 될 수 있다.

3. 공생적 시장경제를 위한 경제정책 기조

양극화와 격변성, 위험성이라는 한국 경제의 3대 문제를 해결하기 위해서는 공생적 시장경제가 실현되어야 한다. 위에서 제시한 공생적 시장경제가 한국에서 실현되기 위해서는 어떠한 경제정책 기조를 설정해야 할 것인가?

현재 한국에서 공생적 시장경제를 실현하기 위해서는 노사 간, 대기업과 중소기업 간, 지식노동과 단순노동 간, 정규직과 비정규직 간, 수도권과 지방 간, 도시와 농촌 간, 남성과 여성 간, 인간과 자연 간 공생이 실현되는 경제질서를 수립해야 한다. 재벌의 경제력 집중과 수도권 집중을 해소하고 비정규직 차별을 타파하는 정책은 한국 경제를 공생적 시장경제로 만드는 데 결정적으로 중요한 정책들이다.

이러한 공생적 시장경제가 실현되기 위해서는 한국 경제가 지향해온 신자유주의, 금융주도경제, 하향식 경제학이라는 보수적인 경제정책 기조를 새로운 진보적 경제정책 패러다임으로 전환해야 한다.

1) 신자유주의를 넘어 신진보주의로

신자유주의는 시장의 완전성을 신봉하여 모든 것을 시장에 맡기자는 시장근본주의, 사유재산권과 영리 추구 활동의 자유를 주창하는 자유기업주의, 생산성과 효율성을 유일한 평가 기준으로 삼는 성장지상주의라는 이데올로기로 구성된다. 이러한 이데올로기에 기초해 규제 철폐, 감세, 민영화정책을 추구한다. 노동시장과 금융시장에 대한 규제 철폐(deregulation), 즉 노동시장의 유연화와 금융의 자유화와 글로벌화, 부자 감세, 국영기업의 민영화(privatization), 육아·양로·의료·교육 등 사회 서비스의 공급을 시장에 맡기는 재상품화가 신자유주의의 핵심 정책들이다(김형기, 2001: 485~488).

신자유주의 정책은 한국 경제의 양극화 심화, 격변성과 위험성 증폭, 공공성 약화를 초래했다. 이러한 신자유주의 정책 기조가 폐기되어야 공생적 시장경제가 실현될 수 있다. 무분별한 규제 철폐가 아니라 재규제(reregulation)를 실시하고, 부자 감세가 아니라 부자 증세를 하며, 공기업의 민영화가 아니라 사회화(socialization)를 추진하고, 사회 서비스의 재상품화가 아니라 탈상품화(decommodification)를 실시하는 신진보주의적 경제정책 기조를 설정해야 공생적 시장경제를 실현할 수 있다.

한국 경제에서 재규제 대상은 재벌, 금융시장, 노동시장, 부동산, 수도권, 환경 등 6대 영역이다. 이명박 정부는 선진화와 경쟁력 강화의 이름으로 재벌 규제, 금융시장 규제, 노동시장 규제, 수도권 규제, 환경 규제를 대폭 완화했다. 공생적 시장경제를 위해서는 6대 영역에 대한 재규제[5]를 실시해야 한다.

재벌이 은행산업에 진출하는 것을 막는 금산 분리 실시, 재벌 계열사 간 순환출자 금지, 출자총액제한제도 도입 등 재벌의 경제적 집중을 완화하는 재규제정책을 실시해야 한다. 상업은행과 투자은행의 분리, 금융파생상품에 대한 규제 강화, 국제 투기 자본 유출입에 대한 규제 등 금

---

5 물론 이때 재규제정책은 불필요한 규제는 없애고 필요한 규제는 강화하는 규제 개혁이어야 한다.

융시장 재규제를 실시해야 한다. 부당노동 행위와 비정규직 차별에 대한 규제를 강화하고 근로 기준을 강화하는 재규제를 실시해야 한다. 토지공개념의 강화와 종부세 인상 등 부동산 규제 강화, 공장 총량제 유지와 같은 수도권 집중을 막는 수도권 재규제가 필요하다. 자동차 배기가스 등 오염 물질 배출 기준을 대폭 강화하고 이산화탄소 배출을 막는 탄소세 도입 등과 같은 환경 재규제를 실시해야 한다.

공생적 시장경제를 위해서 증세는 불가피하다. 보편적 복지의 실현과 양극화 해소를 위해 취약 부문과 취약 계층에 대한 사회투자를 확대하는 데 필요한 재원, 공공경제와 사회적 경제를 확대하는 데 소요되는 재원을 증세를 통해 충당하지 않을 수 없다. 증세는 종부세 및 상속세 증세와 같은 부자 증세, '고복지·고부담'을 전제로 한 중산층 이상에 대한 소득세 증세, 저탄소 경제 실현을 위한 탄소세 도입을 통해 이루어져야 한다.

공기업의 민영화 대신 사회화가 이루어져야 한다. 국가기간산업이면서 사회간접자본인 전기, 수도, 가스, 철도, 도로, 공항, 항만 등을 민영화해서는 안 된다. 이들 부문의 공기업이 공공성과 효율성을 높일 수 있도록 시민사회가 통제를 강화해야 한다. 그러기 위해서는 공기업의 지배구조를 정부, 노동조합, 시민사회가 공동으로 결정하는 시스템으로 바꾸어 사회화하는 방향으로 개혁해야 한다.

교육, 의료, 육아, 양로 등 사회 서비스의 공급을 시장에 맡기는 재상품화가 아니라 국가가 무료 내지는 염가로 공급하는 탈상품화를 추진해야 한다. 이때 중앙정부의 재정 지원 아래 지방정부가 지역 NGO와 파트너십을 형성하여 이들 사회 서비스를 공급하는 복지 공동체 방식의 탈상품화를 추진해야 한다. 교육 부문에서는 고등교육의 공공성 실현을 위해 국립대학의 비중을 높이고 국립대학에 대한 투자를 강화하며 '국립대학 등록금 제로'를 실시해야 한다. 의료 부문에서는 건강보험 민영화와 병원의 영리법인화를 추진해서는 안 되며 현행 건강보험제도를 유지해야 한다. 무상 공공 보육을 확대해야 한다. 아울러 사회 서비스 산업에서 활동하는 사회적 기업에 대한 정부 지원을 확대 강화하는 정책을 펴야 한다.

2) 금융주도경제를 넘어 지식주도경제로

2008년 세계 경제위기는 금융주도경제가 양극화와 금융위기를 초래한 주된 요인 중 하나임을 보여주었다. 금융주도경제는 금융의 자유화에 따라 등장했다. 금융의 자유화는 단기 자본의 국제간 이동 규제 철폐, 상업은행과 투자은행 간의 분리 철폐와 같은 금융시장에 대한 규제 철폐를 말한다. 금융의 자유화는 금융 불안정성을 크게 증대했다. 상업은행과 투자은행의 결합, 금융파생상품의 개발과 같은 금융 혁신은 파국적 금융위기를 조장하는 요인이 되었다.

금융주도경제는 금융 자본이 지배하는 가운데 주가수익 극대화가 기업 행동의 준칙이 되며 금융소득에 기초한 소비가 경제성장을 좌우하는 경제를 말한다. 금융주도경제에서 기업은 주가수익의 극대화를 위해 단기 수익성과 단기 유연성을 추구한다. 또한 기업 가치를 높여 주가를 올리기 위해 상시적인 구조조정과 인수합병을 한다. 이를 위해 기업은 고용을 신축적으로 조정하는 노동시장의 유연화를 추구하므로 고용이 불안하고 노사 관계가 불안정해진다(김형기, 2001: 505~510). 금융주도경제에서는 노동소득은 정체되는 반면에 금융소득은 증가하여 소득불평등이 심화되는 경향이 있다. 따라서 금융주도경제에서는 공생적 시장경제가 실현될 수 없다.

이명박 정부의 MB 노믹스는 신자유주의와 함께 금융주도경제를 지향했다. 금융 빅뱅을 통해 대형은행(mega bank)의 등장을 촉진하고, 파생금융상품에 대한 규제를 완화하는 자본시장통합법을 시행했으며, 재벌기업이 은행을 소유할 수 있는 길을 연 '금융지주회사법'을 제정했다. '자본시장통합법'과 '금융지주회사법'은 한국 경제를 금융주도경제로 전환하는 제도적 기초를 마련했다. 이에 기초해 금융의 자유화와 글로벌화가 진전되고 있다. 그 결과 한국 경제의 격변성과 위험성이 크게 증대하고 있다. 또한 재벌의 산업 자본이 은행 자본과 결합하여 금융 자본으로 전화함으로써 재벌을 중심으로 한 금융 과두(financial oligarchy) 지배체제의 등장을 예고하고 있다. 이에 따라 양극화는 더욱 심화될 전망이다.

2008년 미국의 금융위기를 계기로, 금융주도경제에서는 금융 자본이 산업 자본에 헌신하는 것이 아니라 산업 자본을 지배하고 수탈하여 실물경제 혹은 제조업을 위축시키고 거대한 금융 거품과 파국적 금융위기를 조장함이 드러났다. 또한 금융주도경제는 금융 게임의 결과 부익부 빈익빈의 양극화를 초래하며 금융 자본이 금융 소비자인 가계를 수탈하고 파괴함이 입증되었다.

공생적 시장경제를 위해서는 이러한 금융주도경제를 지양해야 한다. 공생적 시장경제를 구성하는 창조경제와 협력경제의 원리가 관철되려면 금융주도경제를 극복해야 한다. 은행이 산업 자본에 자금을 대부하는 고유한 역할을 하면서 헌신하는 인내 자본(patient capital)을 안정적으로 공급하는 창구가 되도록 해야 한다. 창의적 지식이 경제성장의 원천이 되는 지식주도경제(knowledge-led economy)로 나아가야 한다. 앞에서 제시한 창조경제의 원리가 관철될 때 지식주도경제로 나아갈 수 있을 것이다. 한국 경제는 현재 지향하고 있는 금융주도경제를 넘어서 지식주도경제로 나아가야 한다.

지식주도경제는 지식주도 축적체제에 기초해 성장하는 경제이다.

지식주도 축적체제는 자본 축적과 경제성장에서 지식이 결정적인 중요성을 가지는 축적체제이다(김형기, 2001: 589). 이 축적체제의 거시경제적 회로는 '고품질 생산, 고부가 가치, 고임금, 다품종 소량소비'로 특징지어진다. 노동자에 대한 기업의 인적자원 투자와 노동자의 자기개발을 통해 형성된 지식이 고품질 생산을 가능하게 한다. 고부가 가치를 생산하는 높은 생산성이 고이윤과 고임금과 노동 시간 단축을 가능하게 한다. 노동 시간 단축을 통한 자유 시간 확대는 고임금과 함께 노동자가 지식을 함양하는 자기개발을 가능하게 한다. 이러한 거시경제적 회로가 형성되어 경제성장이 이루어지는 것이 지식주도 축적체제다. 앞에서 제시한 창조경제의 원리가 관철될 때 지식주도 축적체제는 경제적으로 지속가능하다.

그런데 이러한 지식주도경제도 경제주체 간, 노동자 간, 기업 간, 지역 간 지식 격차가 발생함에 따라 양극화가 심화할 수 있다. 지식 격차에 따른 양극화를 해소하기 위해서는 연대지식정책(solidaristic knowledge policy)을 실시해야 한다. 연대지식정책은 개별 경제주체 간 혹은 노동자 간 지식 격차를 줄이는 정책이다(Kim, 2007). 저임금 노동자에 대한 인적자원개발 투자와 자본의 지식 집약도[6]가 낮은 기업에 대한 연구개발 투자를 강화하여 노동자 간 및 기업 간 지식 격차를 줄이는 것이 연대지식정책의 핵심이다.

사후적 불평등을 줄이는 연대임금정책(solidaristic wage policy)과 달리 연대지식정책은 사전적 불평등을 줄이는 정책이다. 동일노동 동일임금(equal pay for equal work)을 지향하는 연대임금정책은 노동자 간 숙련 격

6 자본의 지식 집약도는 기업의 총자본 중에서 지식자본(특허권이나 소프트웨어)이 차지하는 비중을 말한다.

차와 지식 격차가 크고 그것이 임금 격차의 주요인으로 되고 있는 지식기반경제에서는 불평등을 줄이는 정책으로서는 무력하다. 만약 연대임금정책이 차등노동에 대해 동일임금을 지급하려고 한다면 이는 불합리하다. 연대임금정책은 차등노동 차등임금(unequal pay for unequal work)의 문제를 해결하지 못한다. 지식기반경제에서 존재하는 차등노동의 문제를 해결해야 한다. 노동의 질의 격차, 다시 말해 노동자의 숙련 수준 혹은 지식수준 격차 요컨대 교육 격차를 해소하려는 것이 연대지식정책이다(Kim, 2011).

사후적으로 발생한 임금 격차를 줄이려는 소득기반 평등주의(income-based egalitarianism)에 기초를 둔 연대임금정책과는 달리, 연대지식정책은 사전적으로 존재하는 지식 격차를 줄이려는 자산기반 평등주의(asset-based egalitarianism)(Bowles and Gintis, 1998)에 기초를 둔다. 교육불평등이 심각하고 교육 격차가 소득불평등을 결정하는 중요 요인인 한국에서 양극화를 해소하기 위해서는 연대지식정책이 강력하게 추진되어야 한다. 연대지식정책을 실시하는 데는 무엇보다 먼저 개인 간 교육 격차를 줄이는 교육정책을 실시해야 한다. 다음으로 노동조합은 주어진 지식수준에서 더 높은 임금을 획득하려는 임금 교섭만이 아니라 노동자들의 지식수준을 균등하게 높이는 단체 교섭, 즉 지식 교섭(knowledge bargaining)을 해야 한다. 지식 교섭은 노동자들의 임금 상승과 생산성 향상을 동시에 실현할 수 있으므로 노사 간 윈윈 교섭(win-win bargaining)이 될 수 있다.

연대지식정책은 모든 노동자를 지식노동자로 만드는 것이 목표다. 이 목표를 실현하는 데 또 하나 중요한 것은 '과학·기술·숙련' 연계 시스템을 구축하는 것이다. 이를 위해서는 한편에서는 '과학 → 기술 → 숙련' 경로를 설치해 대학에서 창출된 과학적 지식이 산업에서 기술로 전화하고 생산 현장에서 이 기술이 숙련형성을 촉진할 수 있도록 연구개발정책을 수립해야 한다. 다른 한편에서는 '숙련 → 기술 → 과학' 경로를 설치하여 현장 노동자들의 경험적 지식인 숙련이 이론적 지식인 기술로 업그레이드되고 마침내 과학이라는 학문의 수준까지 도달하게 만드는 인적자원개발 정책을 실시해야 한다.

3) 하향식 경제학을 넘어 상향식 경제학으로

다음으로, 하향식 경제학(top-down economics)이 아니라 상향식 경제학(bottom-up economics)을 추구해야 한다. 하향식 경제학은 대기업과 부자 등 상층(top)에 혜택을 주는 감세와 규제 완화정책을 실시하면 이들이 투자와 소비를 확대해 경제성장이 이루어져서 그 혜택이 중소기업과 노동자를 비롯한 하층에게도 돌아간다는 논리를 가지고 있다. 이는 상층이 획득한 이익이 하층에게 떨어지는 적하효과(trickle-down effect)를 통해 경제성장과 사회통합을 이룬다는 정책 패러다임이다. 미국의 부시 정부가 지향했던 하향식 경제학은 적하효과를 낳지 못하고 부익부 빈익빈으로 인한 중산층의 붕괴로 '1 : 99 사회'의 양극화와 2008년의 파국적 금융위기를 초래하고 말았다(라이시, 2012).

이명박 정부는 종부세, 상속세, 법인세 인하와 같은 부자 감세, 금융시장, 부동산시장, 수도권에 대한 규제 완화를 통해 경제성장을 달성하려고 했다는 점에서 이러한 하향식 경제학을 지향했다. 한국에서 하향식 경제학은 재벌과 수도권 중시 경제정책으로 나타나고 있다. 하향식 경제학은 미국이 경험한 것처럼 양극화를 심화했고 결국 성장 잠재력을 하락시켜 양극화 침체를 초래할 것이다. 양극화 침체가 아니라 동반성장이 이루어지려면, 하향식 경제학이 아니라 상향식 경제학을 지향해야 한다.

미국 오바마 정부가 추구해온 상향식 경제학은 노동자, 중소기업, 자영업 등 경제의 기층(基層, bottom)에 대한 투자를 강화하여 그들의 생산성을 높여서 경제성장을 달성하고 사회통합을 실현하려는 경제정책 패러다임이다(Talbott, 2008). 상향식 경제학은 중산층을 재건하여 사회통합에 기여하고 지속가능한 성장을 실현할 수 있다.

대기업과 중소기업 간, 수도권과 비수도권 간, 부자와 빈자 간 양극화가 심각한 수준에 달한 한국 경제가 지속가능한 성장을 하려면 상향식 경제학을 지향해야 한다. 노동자들에 대한 교육 훈련 투자, 중소기업에 대한 지원, 비수도권에 대한 재정 투자를 획기적으로 강화해야 한다. 현재 생산성과 경쟁력이 낮은 기층 부문에 대한 투자를 강화하면 새로운 성장 동력도 창출되고 사회통합도 실현될 수 있다. 노동자와 중소기업과 지방에 대한 투자를 중시하는 상향식 경제학에 기초한 정책이 실시되어야 동반성장이 이루어져 공생적 시장경제를 실현할 수 있다.

상향식 경제학의 경제정책이 실효를 거두려면 기층의 경제주체들이 시장에서 당하는 불공정 거래와 차별을 막는 효과적인 정책이 필요하다. 그 기본 방향은 시장에서의 기층의 권력 혹은 교섭력을 높이는 것이다. 대기업에 납품하는 중소기업들이 협동조합이나 협회를 통해 집단거래를 할 수 있도록 '공정거래법'을 개정하는 것, 노동 3권을 강화함으로써 노동조합의 단체 교섭력을 높이는 것, 수도권 프리미엄을 없애기 위해 비수도권 프리미엄 제도를 도입하는 것 등은 시장에서의 권력 비대칭성을 줄여서 공정거래 실현과 차별 방지에 기여할 것이다.

한국에서 상향식 경제학에 기초한 경제정책을 실시하는 데 있어서 특별한 중요성을 가지는 것은 지역균형발전을 추구하는 것이다. 세계적으로 유례를 찾기 어려울 정도로 수도권 집중이 심화되고 지역경제가 위축되고 있는 한국에서 지역경제의 회생을 위해서는 강력한 지방분권(decentralization)정책이 실시되어야 한다. 중앙정부의 권한을 지방정부에

넘기는 권한 이양과 수도권에 집중된 자원을 비수도권 지역으로 분산하는 자원 분산이 획기적으로 이루어져야 한다. 국가 사무를 자치단체 사무로 이양하는 행정 분권과 국세를 지방세로 전환하는 재정분권을 실시함과 동시에 수도권과 비수도권의 경제력 격차를 고려하여 공동세 제도를 도입하여 지방 재정을 조정해야 한다. 현행 행정 단위를 넘어서는 초광역경제권을 형성하고 그 내부에서 지역 혁신 시스템을 구축하여 지역혁신을 추진해야 한다. 이러한 지방분권정책을 일관되고도 강력하게 추진하기 위해서는 헌법 개정을 통해 중앙집권국가인 대한민국을 지방분권국가로 재창조해야 한다.

4) 노동시장 유연안전성과 참가적 노사 관계

공생적 시장경제를 위해서는 노동시장의 유연안전성이 실현될 필요가 있다. 신자유주의가 지향하는 노동시장의 유연성(flexibility), 즉 임금과 고용의 유연성은 고용주들에게 유리하고 노동자들에게 불리한 정책이다. 고용주들에게 노동시장 유연성은 노동력의 자유로운 사용을 의미하지만, 노동자들에게는 곧 노동시장 불안정성, 즉 고용 불안과 생활 불안이기 때문이다. 노동시장의 경직성(rigidity)은 고용주들에게 불리하고 노동자들에게 유리한 정책이다. 노동자들에게 노동시장 경직성은 고용안정과 생활 안정을 의미하지만, 고용주 입장에서는 해고와 임금 인하가 어려워 노동력의 자유로운 사용에 제약이 있기 때문이다.

따라서 노사가 공생을 하기 위해서는 노동시장이 유연하면서도 안전한 유연안전성을 추구할 필요가 있다. 노동시장의 유연안전성은 유연한 노동시장, 관대한 사회복지, 적극적 노동시장정책이라는 3요소의 결합, 즉 이른바 '황금 삼각형(golden triangle)'을 통해 노동시장의 유연성과 안전성이 동시에 실현되는 것을 말한다. 다시 말해 해고가 용이한 낮은 고용보호(employment protection)와 관대한 실업급여를 통한 높은 실업보호(unemployment protection)와 실업자의 재취업을 위한 직업 훈련을 실시하는 적극적 노동시장정책이 결합된 것이 노동시장의 유연안전성이다(Wilthagen and Tros, 2004).

우리나라 노동시장은 국제적 기준으로 보았을 때 전체적으로 유연한 편이다. 정규직과 비정규직으로 노동시장이 분단되어 있는 한국에서 노동시장 유연성은 비정규직의 증가로 나타난다. 강력한 노조가 존재하는 대기업의 정규직 노동시장은 경직적이지만, 중소기업 노동시장과 비정규직 노동시장은 매우 유연하다. 비정규직의 4대 보험 가입률이 정규직에 비해 현격한 차이가 나는 데서 알 수 있는 것처럼 우리나라는 비정규직에 대한 사회보호 수준이 매우 낮다. 그리고 해고되었을 때 실업급여를 통해 사회보장이 이루어지는 실업보호 수준이 낮기 때문에 해고에 대한 노동자의 저항이 강하며 이것이 소모적인 노사분규로 이어지고 있다.[7] 따라서 덴마크에서 전형적으로 나타나고 있는 노동시장 유연안전성을 한국 노동시장의 대안적 모델로 추구할 필요가 있다.

한편, 점진적 혁신이 일어나는 산업에서는 노동시장이 경직적인 것, 즉 안정적인 것이 기업 발전에 도움이 되고, 급진적 혁신이 일어나는 산업에서는 노동시장이 유연한 것이 기업의 성장에 도움이 된다. 즉, 점진적 혁신과 노동시장 경직성, 급진적 혁신과 노동시장 유연성 사이에는 각각 상호보완 관계가 존재한다. 따라서 국민경제 수준에서는 노동시장이 유연하고 산업에 따라 단체협약을 통해 노동시장을 안정적이게 만드

7 한진중공업 해고 노동자 김진숙 씨의 저항과 희망버스 사건은 낮은 실업보호 상태에서의 해고가 초래한 극단적인 사례다.

는 한편, 높은 실업보호를 실시하며 적극적 노동시장정책을 실시하는 것이 바람직하다.

한국에서 노동시장의 유연안전성이 실현되려면 다음과 같은 조건들이 충족되어야 한다. 우선, 실업급여 수준을 현행 실직 전 평균임금 50% 수준에서 70% 수준으로 높이고 실업급여 지급 기간을 현행 3~8개월에서 최소 6개월, 최장 1년 이상으로 연장해야 한다. 그리고 GDP 대비 적극적 노동시장정책 지출 비율을 현재의 0.4% 수준에서 적어도 OECD 평균 수준인 0.6%까지 높여야 한다. 이와 같이 보다 관대한 실업급여와 보다 높은 적극적 노동시장정책 비율을 가능하게 할 정부 지출의 증가를 위해서는 증세가 불가피하다. 증세는 노동시장의 유연화를 통해 직간접으로 이익을 얻을 수 있는 부유층과 대기업에 대한 과세 증대로 이루어질 수밖에 없다. 따라서 노동시장 유연안전성을 실현하기 위해서는 노·사·정 간의 사회적 합의가 이루어져야 한다. 이 사회적 합의의 핵심은 관대한 사회복지와 높은 적극적 노동시장정책 지출 비율을 위한 재원을 확보하는 방법으로 증세 방안을 합의하는 것이다.

앞에서 서술한 것처럼 공생적 시장경제를 실현하기 위해서는 주주 자본주의를 이해관계자 자본주의로 전환해야 한다. 주주 자본주의는 기업지배구조에서 주주만이 의사결정권을 가지고 주주의 이익이 우선적으로 실현되는 자본주의다. 한국 자본주의는 지금까지 주주 자본주의였다. 이제 주주만이 아니라 노동자와 경영자도 기업 의사결정에 함께 참가하고 주주, 노동자, 경영자의 공동 이익(mutual gain)을 실현하는 이해관계자 자본주의를 지향해야 한다.

이해관계자 자본주의를 위해서는 노동자의 경영 참가를 통해 참가적 노사 관계를 수립해야 한다. 참가적 노사 관계는 높은 수준의 전략적 의사결정 참가와 낮은 수준의 작업장 참가를 통해 이루어져야 한다. 전략적 의사결정 참가는 노조 대표가 경영 전략을 결정하는 이사회에 참가하는 것을 말하며, 작업장 참가는 노동자들이 생산성 및 품질 향상에 적극적으로 동참하는 것을 말한다. 현재 노동조합은 전략적 의사결정 참가를 요구하지만 작업장 참가에 대해서는 소극적이다. 반면 경영자들은 노동자들에게 작업장 참가를 요구하면서도 전략적 의사결정 참가에는 반대하고 있다. 이러한 교착 상태에서 참가적 노사 관계가 정립되지 못하고 대립적 노사 관계가 지속되고 있다. 노사 공생을 위해서는 노사 간의 전략적 의사결정 참가와 작업장 참가를 교환하는 합의가 이루어져야 한다. 이를 통해 전략적 의사결정 참가와 작업장 참가가 동시에 이루어지는 참가적 노사 관계가 수립될 수 있다.

이러한 참가적 노사 관계가 정립되면, 노동시장의 유연성은 사용자들이 일방적으로 추진하는 자유주의적 유연성(liberal flexibility)이 아니라 노사 간 교섭을 통해 추진하는 협상된 유연성(negotiated flexibility) 형태로 실현될 수 있다. 노동시장 유연성 실현의 목표가 기업의 생산성 및 품질 향상이라고 한다면, 사용자가 일방적으로 추진하는 자유주의적 유연성보다는 노사가 합의하여 추진하는 협상된 유연성이 그 목표 실현에 잘 부응할 것이다. 왜냐하면 자유주의적 유연성은 노사 간 불신과 대립을 초래하는 반면 협상된 유연성은 노사 간 신뢰와 협력을 유지할 수 있기 때문이다.

참가적 노사 관계를 통해 생산성과 품질을 높이기 위해서는 기업특수숙련(firm-specific skill)을 형성하는 현장 훈련(OJT)을 실시해야 한다. 기업특수숙련은 노사 간 공동 자산이기 때문에 노사 공생에 기여할 수 있다. 아울러 기업 내 노동자들이 정규직과 비정규직으로 분할되어 있는 상황에서는 정규직과 비정규직의 공동 참가가 이루어져야 한다. 이를 위해서는 노동자 참가에서 비정규직의 대표성을 보장하는 것이 필수적이다. 기업의 울타리를 넘어서는 지역과 산업 수준, 나아가 전국 수준에서 노사합의를 하는 참가적 노사 관계를 구축해야 한다.

5) 경제 안전망과 사회 안전망

공생적 시장경제가 실현되기 위해서는 사전적 위험에 대비하는 경제 안전망과 사후적 위험에 대비하는 사회 안전망을 설치해야 한다.

경제 안전망(economic safety net)은 세계 경제의 변화에 따른 국민경제의 격변성으로 인한 충격을 사전에 막을 수 있도록 금융 안전망(financial safety net)과 고용 안전망(employment safety net)을 설치하는 것이다. 금융 안전망은 금융시장의 안전성을, 고용 안전망은 노동시장의 안전성을 사전적으로 도모하려는 것이다. 다시 말해 금융 안전망은 금융 불안정과 금융위기를 막고 고용 안전망은 고용 불안과 일자리 위기를 막기 위한 장치다. 금융 안전망과 고용 안전망은 경제 안전망의 양대 기둥이다.

금융 안전망은 금융시장의 격변성을 줄이고 금융이 산업 자본에 헌신하도록 제도를 구축하는 것이다. 금융 거래의 단기화와 투기화를 조장하여 금융위기를 초래하는 자본시장 중심의 금융 시스템이 아니라 산업 자본에 투자 자금을 안정적으로 공급하고 배분하는 은행 중심 금융 시스템을 구축해야 한다. 아울러 자본시장의 위험 행동을 규제하기 위해 금융거래세를 도입하고 금융 거래에서 발생한 이득에 대해서 적절한 자본이득세를 부과해야 한다(조복현, 2010). 그뿐 아니라 금융 불안정의 주된 요인이 되고 있는 금융파생상품을 규제해야 한다. 특히 국제 투기 자본의 유출입을 규제하기 위해 토빈세(Tobin tax)와 같은 국제 금융거래세를 도입하는 글로벌 협력이 필요하다(유종일, 2010). 금융 안전망은 글로벌 수준과 국민국가 수준에서 중층적으로 설치해야 한다.

고용 안전망은 노동시장의 불안정성과 위험으로 인해 발생하는 고용 불안과 실업을 줄이기 위한 제도를 구축하는 것이다. 해고를 제한하는 '고용보호법(employment protection law)'을 제정하고 적극적 노동시장정책을 실시하는 것이 고용 안전망의 양대 축이다. 적극적 노동시장정책으로는 일자리 창출을 위한 직업 훈련 실시, 노동자의 구직 활동을 지원하는 노동시장 정보 시스템 구축 등이 있다. 비정규직 비중이 높고 비정규직에 대한 고용보호가 매우 취약한 한국의 경우, 비정규직에 대한 고용보호의 강화는 고용 안전망의 중심 요소가 된다. 비정규직을 정규직으로 전환하여 고용 안전 수준을 높임과 동시에 비정규직에 대한 임금 차별, 고용 차별, 복지 차별 등 3대 차별을 해소하는 방향으로 비정규직법을 개정할 필요가 있다. 적극적 노동시장에 대한 지출 비율을 획기적으로 높이는 것이 중요하다.

'일자리 없는 성장(jobless growth)'이 아니라 고용 집약적 성장(employment-intensive growth)이 가능하도록 거시경제정책을 실시해야 한다(ILO, 1996). 각종 정부정책과 국책사업 그리고 대기업의 기업 구조조정이 고용에 미치는 영향을 평가하여 공시하는 것을 의무화하는 고용영향평가제를 도입할 필요가 있다. 생산성 이득(productivity gain)이 일자리 창출로 연결되도록 노사 간 단체 교섭을 하는 관행을 만드는 것 또한 중요하다. 노동 시간 단축을 통한 일자리 나누기(job sharing)를 촉진하는 법과 단체협약을 시행하는 것은 고용 안전망 구축에 크게 기여할 것이다.

사회 안전망은 시장 경쟁에서 탈락하거나 불리한 지위에 있는 경제 주체들에게도 인간다운 삶을 누릴 수 있는 최저 수준을 보장하는 제도적 장치를 말한다. 이러한 사회 안전망은 복지국가와 복지 공동체라는 양대 축으로 구성된다. 복지국가(welfare state)는 중앙정부에 의해 실업급여와 같은 현금급여가 일률적으로 이루어지는 것을 말한다. 복지국가는 고용보험제도와 국민기초생활보장제도와 같이 중앙정부가 일률적 기준에 따라 실업자와 빈곤층과 같은 복지 수혜 대상자에게 현금을 지급하는 복지 패러다임이다. 복지 공동체는 중앙정부의 재정 지원 아래에서 지방정부와 지역 시민사회가 파트너십을 형성해 복지 수혜 대상자에게 육아, 양로, 교육, 의료 등 현물급여를 제공하는 복지 패러다임이다(Lipietz, 1992: 김형기, 2006c).

중앙집권적 복지국가와는 달리 복지 공동체는 복지정책 관련 결정권과 복지 예산을 함께 중앙정부로부터 지방정부로 이양하는 지방분권이 전제되어야 한다. 현물급여 형태의 복지를 제공하려면 지역 현실에 맞는 복지 시설을 갖추고 복지 전문 인력을 양성하며 지역 현실에 적합한 복지 프로그램을 만들어야 하는데, 이를 위해서는 지방정부가 자율성을 가지고 복지정책을 기획할 수 있는 권한과 자원을 가져야 하기 때문이다.

한국에서는 아직 복지국가가 낮은 수준에 머물고 있기 때문에 복지국가를 강화해야 한다. 고용보험제도의 경우 실업급여의 소득대체율을 높이고 실업급여 지급기간을 연장해야 한다. 취업하는 저소득층에게 음의 소득세(negative income tax) 형태의 근로장려금을 지급하는 근로장려세제(EITC)를 강화해야 한다. 요컨대 현금급여의 수준을 높이고 수혜 대상자의 범위를 넓혀야 한다. 하지만 지역 주민들이 실질적인 복지를 향유하기 위해서는 지역에서 지방정부와 지역 NGO가 파트너십을 형성하여 제공하는 육아, 양로, 교육, 의료 등 사회 서비스를 현물급여 형태로 충분히 받아야 한다. 즉, 한편에서 복지국가를 강화하면서 다른 한편에서 복지 공동체를 형성해나가야 비로소 사회 안전망이 견고하게 짜일 수 있다(김형기, 2011).

4. 공생적 시장경제를 위한 사회적 합의를 향하여

2008년 세계 경제위기와 이후 지금까지 지속되고 있는 대침체(Great Recession)는 자유시장경제의 지속 불가능성에 대한 다수 사람들의 인식을 일치하게 만들었다. 2012년 세계경제포럼, 즉 다보스포럼에서는 심지어 자본주의의 지속가능성에 대한 의문조차 제기되었다.

2012년 총선과 대선을 맞이하고 있는 한국에서는 진보적 야당은 물론이고 보수적 여당조차 재벌체제를 비판하고 경제민주화를 주장하고 있고 복지국가의 필요성을 역설하고 있는 실정이다. 자유시장경제를 넘어서는 대안적 경제질서가 필요하다는 공론은 이미 한국에서도 지배적 담론이 되었다.

이 글에서 제시한 공생적 시장경제가 자유시장경제에 대한 하나의 유력한 대안이 되려면, 공생적 시장경제가 당면한 한국 경제의 3대 문제를 해결할 수 있는 새로운 경제질서라는 인식이 공유되어야 한다. 다시 말해 공생적 시장경제라는 비전을 공유하는 사람들이 다수(majority)가 되어 공생적 시장경제가 시대정신이 되어야 한다.

공생적 시장경제가 실현되려면 관련 제도들이 도입되고 시스템이 구축되어야 하는데, 이를 위해서는 사회적 합의가 도출되어야 한다. 먼저 노·사·정 세 주체가 공생적 시장경제 비전을 공유해야 한다. 그것을 토대로 서로 대립하고 갈등할 수 있는 요소들에 대한 사회적 합의를 도출해야 한다. 양극화를 해소하기 위한 동반성장, 격변성과 위험을 줄이기 위한 규제와 안전망의 설치 등에 대한 인식의 일치가 필요하다. 특히 노동시장의 유연안전성을 위한 사회적 합의, 전략적 의사결정 참가 작업장 참가를 상호 교환하는 노사합의, 사회보장 지출 증가와 적극적 노동시장정책 지출 증가에 필요한 증세에 대한 사회적 합의가 이루어져야 한다.

요컨대, '모두를 위한 시장경제(market economy for all)'를 지향하는 공생적 시장경제를 작동시키는 제도적 패키지 설계와 그것을 뒷받침할 재원 조달에 대한 사회적 합의가 요청된다. 이러한 사회적 합의를 주도할 수 있는 정치 세력이 올해 2012년의 총선과 대선을 통해 집권할 때 2013년 체제는 공생적 시장경제라는 새로운 경제질서의 토대 위에 구축될 수 있을 것이다.

공생적 시장경제를 위해서는 이러한 국내 주체들 간의 국민적 합의에 더하여 동아시아 국가 간, 특히 동북아 한·중·일 3국 간, 나아가 글로벌 경제 수준에서 공생적 국제 경제질서를 수립해야 한다. 특히 '동아시아 공동체' 혹은 동북아 경제 공동체의 형성은 한국에서 공생적 시장경제를 실현하는 데 필수적이다. 글로벌 수준에서는 금융위기를 막을 수 있는 금융 안전망 구축을 위한 합의를 G20 정상회의를 통해 도출하는 것이 절실히 요구된다.

제5장

한국 경제 제3의 길

개발국가와 신자유주의를 넘어

1. 머리말

한국 경제가 직면한 양대 문제는 저성장과 양극화라 할 수 있다. 현재의 저성장과 양극화는 단순한 경기적 현상이 아니라 1997년 경제위기 이후 기존의 발전 모델인 주변부 포드주의, 개발독재 혹은 개발국가가 해체되고 신자유주의라는 새로운 발전 모델이 등장함에 따라 발생하고 있는 구조적 현상이라 할 수 있다. 그렇다고 한다면 한국 경제의 가장 중요한 장기 의제는 저성장과 양극화를 해결할 대안적 발전 모델을 구축하는 것일 것이다. 그 핵심은 경제성장과 사회통합을 동시에 실현할 수 있는 새로운 성장체제와 복지체제를 확립하는 것이다.

이 글에서 우리는 1997년 이전의 개발국가 모델과 1997년 외환위기 이후의 신자유주의를 넘어서는 대안적 발전 모델을 '한국 경제의 제3의 길'로 부르고자 한다. 그렇다면 왜 제3의 길인가? 원래 '제3의 길(The Third Way)'은 1990년대에 영국, 독일, 프랑스 등 유럽의 사민당이나 노동당에서 기존의 사회민주주의(제1의 길)와 신자유주의(제2의 길)를 넘어서는 새로운 진보적 대안으로 제시되었다. 제3의 길의 핵심은 글로벌화와 지식기반경제에 대응한 사회민주주의의 갱신 노선이라 할 수 있다. 그렇다고 한다면 제3의 길의 합리적 핵심은 현재 한국에서도 타당하다고 할 수 있다. 1987년의 노동자 대투쟁과 시민항쟁 이후 전개된 민주화와 1997년 경제위기 이후 진전된 글로벌화라는 환경에서 국가주도의 개발독재 모델인 과거의 개발국가(제1의 길) 모델로의 회귀는 불가능하다. 또한 높은 불안정성과 심각한 양극화를 초래하고 있는 1997년 이후의 신자유주

※ 제5장은 김형기·김윤태 엮음, 『새로운 진보의 길: 대한민국을 위한 대안』(한울, 2009)에 실린 필자의 글을 수정·보완한 것임.

의(제2의 길) 모델은 지속 불가능하다. 따라서 한국에서 지속가능한 발전을 위해서는 개발국가와 신자유주의를 넘어서는 '제3의 길'인 대안적 발전 모델이 요청되고 있다. 이 글에서는 이러한 대안적 발전 모델의 정치경제적 측면을 '한국 경제의 제3의 길'로 규정하고 이를 실현하기 위한 정책 방향을 제시하고자 한다.

2. 한국 경제의 두 가지 대전환

1962년에 시작된 경제개발 5개년 계획을 계기로 본격적인 경제성장 국면에 돌입한 한국 경제는 지금까지 두 차례의 대전환(great transformation)을 경험했다. 제1 대전환은 1987년 민주항쟁과 노동자 대투쟁 이후 이루어졌다. 제2 대전환은 1997~1998년 경제위기 이후 이루어졌다.

1) 제1 대전환: 1987년 이후

제1 대전환은 정치체제 측면에서 독재체제에서 민주주의체제로, 경제체제 측면에서 규제시장경제에서 자유시장경제로, 노사 관계 측면에서 전제적 노사 관계에서 대립적 노사 관계로, 그리고 전체적으로 발전 모델 측면에서 주변부 포드주의(Peripheral Fordism)에서 포드주의로 이행하는 과정이었다. 1962년 이후 1987년 이전에는 군사독재와 유신독재라는 정치적 독재 아래 강력한 행정적 규제가 실시됨으로써 한국의 시장경제는 국가의 전면적 개입 아래 작동하는 규제시장경제의 성격을 가지게 되었다. 이 과정에서 재벌이 정부의 특혜적 지원을 받아 형성되었다. 노사 관계는 병영적·가부장적·온정주의적 통제가 결합된 전제적(despotic)

노사 관계였다. 노동 3권을 사실상 금지함으로써 노동운동이 억압되었다. 1987년 이전의 발전 모델은 대량생산과 대량수출이 결합되고 고생산성과 저임금이 결합된 축적체제, 개발독재와 시장전제주의가 결합된 조절 양식으로 특징지어지는 '주변부 포드주의'로 규정할 수 있다(김형기, 2006c). 주변부 포드주의의 거시경제적 회로는 '대량생산, 고생산성, 저임금, 대량수출'로 요약할 수 있다. 축적체제 면에서 좀 더 구체적으로 본다면 주변부 포드주의의 거시경제적 회로는 핵심 자본재, 기술, 구상 기능의 해외 의존을 의미하는 기술적 종속, 외채에 의존한 자금 조달을 의미하는 금융적 종속, 수출 의존, 고투자와 대량수출, 대규모 설비 투자에 기초한 중저가품의 대량생산이 이루어지는 대량생산체제, 구상과 실행이 분리되고 위계적 노동 통제가 가해지는 탈숙련된 단순 반복노동이 이루어지는 테일러주의적 노동 과정, 저임금이 유지되고 해고가 자유로운 유연한 노동시장, 단능 숙련을 갖춘 노동력의 대량창출과 노동 계급의 저소비(underconsumption)로 특징지어지는 노동력 재생산, 병영적·가부장적·온정주의적 통제가 결합된 전제적 노사 관계 등이 그 구성요소였다.

이러한 축적체제에 상응한 조절 양식은 개발독재와 시장전제였다. 개발독재는 경제개발계획에 기초한 투자 조정과 신용 할당, 기업 활동에 대한 광범한 행정 규제를 내용으로 하는 국가주의적 경제 통제, 국가안보와 경제성장을 명분으로 한 노동 억압을 의미한다. 시장전제는 노동력의 초과 공급이 지속되는 노동시장 상황에서 노조 활동에 대한 탄압이 이루어지고 노조 조직률이 낮으며 사회보장제도가 결여되어 노동자들의 교섭력이 낮았기 때문에 노동자들에게 가해진 실업의 규율 효과를 말한다. 이러한 개발독재와 시장전제가 결합되어 주변부 포드주의 축적체제를 작동시키는 조절 양식이 자리 잡게 되었다. 이러한 조절 양식이 작동하는 시장경제는 곧 규제시장경제라 할 수 있다.

그래서 결국 1987년 이전의 한국의 발전 모델은 독재체제, 규제시장경제, 전제적 노사 관계 등의 토대 위에서 구축된 주변부 포드주의로 그 성격을 규정할 수 있다. 1987년 6월의 시민항쟁과 7, 8월의 노동자 대투쟁은 이러한 발전 모델을 해체하고 재구성하는 대전환의 계기가 되었다.

먼저, 6월 시민항쟁으로 독재체제가 해체되고 민주화가 진전되기 시작한다. 이어서 7, 8월 노동자 대투쟁으로 전제적 노사 관계가 민주화되고 대립적(adversary) 노사 관계로 전환된다. 발전 모델 측면에서 보면 주변부 포드주의가 위기에 처해 있다가 점차 본래의 포드주의로 근접하는 전환이 나타난다. 이러한 제1 대전환 과정에서 나타난 주요 변화들을 보기로 하자.

가장 현저한 변화는 1987년 노동자 대투쟁 이후 급격한 임금 상승으로 저임금체제가 해체되고 고임금 현상이 출현했다는 것이다. 고임금은 한편에서는 가격 경쟁력을 떨어뜨려 '대량생산·대량수출'이라는 회로에 장애를 초래했지만, 다른 한편으로는 대량소비를 출현하게 하여 '대량생산·대량소비'라는 회로가 생기도록 했다. 고임금으로 '대량생산·대량소비'라는 회로가 생겼다는 것은 한국 경제의 발전 모델에서 매우 중요한 변화가 나타났음을 말해준다. 그것은 한국이 1987년을 계기로 주변부 포드주의에서 본래의 포드주의로 이행하기 시작했음을 의미한다.

한편, 1987년 이후 대량생산체제에서의 단순 반복노동에 대한 노동자들의 불만이 커지고 노사분규가 늘어남에 따라 생산성이 둔화되기 시작한다. 이에 따라 1987년 이전의 고생산성·저임금의 결합이 생산성 둔화와 임금 상승으로 깨어짐으로써 이른바 고비용·저효율 구조가 형성되어 주변부 포드주의에 위기 요인이 생기게 되었다. 이는 1987년 이후 한국 경제가 그동안의 장기 상승 국면에서 서서히 장기 하강 국면으로 반전하는 계기를 만들었다.

다음으로 노동시장에서 중요한 변화가 나타나기 시작했다. 노동시장의 경직화와 기업별 분단화가 나타나기 시작한다. 1987년 이후 노동조합의 교섭력 증대와 내부노동시장의 형성으로 임금 및 고용의 경직화 현상, 즉 노동시장 경직화 현상이 나타난다. 다시 말해, 기업 경영 상황 변화에 따라 임금과 고용을 신축적으로 조정하기 어렵게 되었다. 특히 노조가 강한 대기업에서는 구조화된 내부노동시장이 형성되고 정리해고가 어렵게 되어 노동시장은 상당히 경직되었다. 물론 이를 노동자 입장에서 보면 고용이 안정화된다는 것을 의미한다. 다른 한편 노조가 강한 독점적 대기업(재벌기업과 금융기관 및 공기업)과 노조가 없거나 약한 중소기업 간의 임금과 기업복지의 격차가 확대되며, 대기업에서 내부노동시장이 존재하고, 중소기업에서 대기업으로의 노동 이동이 거의 완전히 차단되어 있는 노동시장의 기업별 분단화 현상이 출현한다.

조절 양식 측면에서는 정치 민주화와 노사 관계 민주화로 개발독재와 시장전제라는 조절 양식이 해체된다. 개발독재가 해체됨에 따라 정부의 투자 조정, 신용 할당 기능이 약화되고 행정 규제와 완화되기 시작한다. 이에 따라 정부주도경제에서 민간주도경제로, 규제시장경제에서 자유시장경제로 경제 운영 방식의 변화가 나타나기 시작한다. 아울러 노동3권이 대부분 보장됨에 따라 단체 교섭제도가 노동시장의 주요 변수로 등장한다. 최저임금제, 국민연금제, 고용보험제 등 사회보장제도도 초보적인 수준이나마 도입되기 시작한다. 이에 따라 시장전제의 효력, 다시 말해 실업 규율 효과도 떨어진다. 단체 교섭을 통한 임금 및 고용의 조정이라는 제도적 조절이 출현한다. 그런데 개발독재적 조절이 약화되고 자유시장경제로 이행하게 되자 투자와 금융 면에서 재벌의 지배력이 강화된다. 아울러 1986년 이후 진전되기 시작하여 이후 더욱 강화된 개방화로 세계시장에서의 경쟁이라는 시장적 조절이 강화된다.

이러한 제1 대전환은 1997년 외환위기가 발생할 때까지 계속된다. 제1 대전환은 기존의 주변부 포드주의 모델 혹은 개발국가 모델을 일정하게 해체하고 재편하는 과정에서 전체 경제 시스템의 효율성 저하와 조절 양식의 혼란이라는 위기요인을 배태시켰다.

2) 제2 대전환: 1997년 이후

1997~1998년의 외환위기는 한국 경제의 기존 발전 모델을 결정적으로 해체했고 한국 경제의 모습을 그 이전 시기에 비해 유례가 없을 정도로 크게 바꾸어놓았다. 따라서 1997~1998년의 경제위기는 실로 대전환의 계기였다 할 수 있다. 1997~1998년 경제위기 이후의 한국 경제의 대전환은 개발국가에서 신자유주의로, 대량생산경제에서 지식기반경제로, 포드주의에서 혼성체제(hybrid regime)로 이행하는 과정이었다. 여기서 혼성체제란 포드주의적 축적체제에다 금융주도 축적체제적 요소와 지식기반경제적 요소가 혼합된 것을 말한다. 이 혼성체제는 신자유주의적 성격이 강했다. 이러한 대전환은 주로 IMF 구조조정 프로그램을 통해 추동되었다.

특히 IMF 구조조정 프로그램인 고금리정책과 긴축정책은 1987년 이후 본래의 포드주의로 완성되어가던 주변부 포드주의적 축적체제에 큰 타격을 주었다. 원래 대량생산과 대량소비의 결합에 기초한 포드주의적 축적체제는 케인스주의적 팽창정책을 통해 총수요를 관리함으로써 유지되는데, 통화주의적인 긴축정책은 이러한 기반을 침식시켰다. 그리고 고금리정책은 고부채 모델(high-debt model)인 주변부 포드주의의 금융위기와 외채위기를 격화시키고 이것이 대기업과 금융기관뿐만 아니라 노동자, 중소기업, 자영업 등에 큰 파괴적 효과를 미쳤다. 이후 정부의 공적 자금 투입으로 대기업과 대규모 금융기관은 대부분 회생했으나, 서민 금융기관, 중소기업, 노동자, 자영업에 미친 경제위기의 파괴적 영향은 회복되지 않았다.

1997~1998년 경제위기 이후 금융주도 축적체제적 요소가 도입되면서 기업지배구조에서 주주 자본주의 요소가 출현했다. 그래서 한국 경제의 기업지배구조는 기존 재벌체제에 주주 자본주의적 요소가 결합된 것으로 전환되었다. 경직적 노동시장은 유연한 노동시장으로 전환되었다.

구제금융을 대가로 사실상 강요된 IMF 구조조정이 초래한 경제적 결과는 첫째, 금융 부문에서는 금융의 시장화·자유화·독점화, 둘째, 기업 부문에서는 고부채·과잉 투자의 해소와 주주 자본주의 지향, 셋째, 노동 부문에서는 노동시장의 유연화와 양극화, 넷째, 공공 부문에서는 슬림화와 민영화 등으로 요약할 수 있다(김형기·김애경, 2005).

부실 금융기관의 퇴출, 인수, 합병에 따라 금융기관의 대형화가 진전되었고 금융 부문의 독점화가 강화되었다. 그리고 은행들이 단기 수익성 기준으로 자산을 운용함에 따라 은행·기업 간 관계에서 관계 지향적 대출 관계가 상당히 약화되었다(김현창, 2002). 이와 함께 주식시장과 금융시장이 급성장하고 금융시장의 증권화가 진전되며, 기업의 직접 금융 비중이 급증하고 파생금융상품시장이 크게 발전함에 따라 금융의 시장화가 급속히 진행된다. 그래서 이른바 관치금융 시스템에서 시장금융 시스템으로의 전환이 이루어진다. 이와 함께 금융시장이 완전히 개방되고 외국인 투자 한도가 폐지되는 등 금융의 자유화가 이루어진다.

노동시장 유연화는 원활한 기업 구조조정을 위해 자본 측이 요청했다. 정리해고제의 도입으로 노동시장의 유연화가 본격적으로 시작된다. 노동시장 유연화는 정리해고와 비정규직의 증가라는 형태로 나타났다. 1997~1998년 외환위기의 한복판에서는 정리해고 형태의 노동시장 유연

표 5-1

1997~1998년 위기 이후 주요 기업 채용 패턴의 변화

단위: %

	1996년	1997년	1998년	1999년	2000년	2001년	2002년
신규 학졸 채용 (A)	7.5	5.6	3.8	4.1	4.1	2.5	1.9
경력 노동자 채용 (B)	4.6	4.2	4.7	11.2	14.4	9.3	8.5
회사 내부 (C)	3.6	3.0	4.5	10.5	4.6	3.2	6.7
기타 (D)	2.6	2.1	1.9	3.7	3.5	2.3	2.8
입직률(총계) (E)	18.3	14.9	14.9	29.5	26.7	17.4	19.9
(A / E) × 100	41.0	37.6	25.5	13.9	15.4	14.4	9.5
(B / E) × 100	25.1	28.2	31.5	38.9	53.9	64.6	42.7

자료: 김태기·전병유(2003).

화가 중심이었지만, 외환위기 이후에는 비정규직 증가라는 형태로 노동시장 유연화가 이루어진다. 1998년 이후 한국의 노동시장 유연화의 가장 뚜렷한 현상은 비정규직 증가라 할 수 있다. 이와 함께 대기업에서 존재했던 내부노동시장이 붕괴된다. 표 5-1에서 보는 것처럼 1997년 이후 경력자 채용 비율이 대폭 증가하고 신규 학졸 채용 비율은 대폭 감소한다. 내부노동시장의 해체는 기업 내 노사 관계가 단기적 성격을 가지게 되고 보다 불안정하게 되는 것을 의미한다. 아울러 이미 1987년 이후 심화된 대기업과 중소기업 간 노동시장 분단화에 더하여 새로이 대기업 노동시장의 유연화가 진전되고 정규직과 노동조건 면에서 큰 차별을 받는 비정규직이 크게 늘어남으로써 노동시장 양극화 현상이 갈수록 두드러진다. 이처럼 노동시장의 유연화에 따른 비정규직 증가와 내부노동시장의 해체, 그리고 그 결과 초래된 노동시장 양극화 현상은 제2 대전환 과정에서 발전 모델의 변화에 영향을 미친 매우 중요한 과정이라 할 수 있다.

표 5-2

설비 투자함수 추정: 금융위기 이전과 이후

	1987년 1/4분기~ 1997년 2/4분기	1997년 3/4분기~ 2004년 4/4분기
α (상수)	−5.62***	−8.84**
β_1 (실질민간소비)	1.18***	2.14***
β_2 (실질수출)	0.24*	−0.46**
β_3 (실질이자율)	2.72***	−0.65
β_4 (실질유효환율)	−0.15	−2.71
β_5 (IT 산업 비중)	0.40*	0.66*
β_6 (경상이윤율)	−0.23	0.30*
β_7 (실질 FDI)	−0.05**	0.03
IMF 더미		−0.11**
Adj-R^2	0.99	0.98

자료: 삼성경제연구소(2006).

IMF 구조조정의 결과 금융 시스템, 투자 패턴, 그리고 기업 경영에 큰 변화가 초래되었다. 우선, 금융 시스템 측면에서 본다면 자본시장이 완전 개방되고 외국인 투자자의 주식 소유 비율이 급증했으며, 금융시장의 증권화가 본격적으로 진행되고 시장지향 금융 시스템이 도입되었다. 투자 패턴 측면에서는 수출과 설비 투자가 양의 관계에서 음의 관계로 바뀌고 설비 투자가 단기 수익성과 양의 상관관계를 가지게 된다(표 5-2 참조). 기업 경영 면에서는 주주 가치 증가가 기업 경영의 주요 목표가 되고 단기 수익성을 추구하는 위험 기피적 경영을 하는 경향이 강해진다. 그리고 주가가 소비와 양의 상관관계(표 5-3 참조)를 가지는 새로운 현상이 나타난다. 이러한 변화들은 1997년 이후 한국 경제에서 주주 자본주의 요소와 금융주도 축적체제 요소가 출현했음을 보여준다.

표 5-3

소비함수 추정: 금융위기 이전과 이후

	1987년 1/4분기~ 1997년 2/4분기	1997년 3/4분기~ 2005년 4/4분기
α (상수)	7.56***(24.43)	10.39***(40.73)
β_1 (실질임금)	1.32***(8.13)	−0.01**(-2.17)
β_2 (주가지수)	−0.13***(-3.29)	0.06***(3.70)
β_3 (실질이자율)	−0.03(-0.04)	−0.70***(-4.19)
β_4 (인플레율)	−1.29(-0.67)	−1.52***(-4.34)
β_5 (실업률)	−5.75*(-1.92)	−2.61***(-9.49)
β_6 (주택가격 지수)	−0.35*(-1.72)	−0.24**(-3.22)
β_7 (실질가계부채)		0.23**(6.19)
Adj-R^2	0.98	0.99

자료: 삼성경제연구소(2006).

3. 한국 경제의 취약성과 불공평성

1987년 이후의 제1 대전환과 1997년 이후의 제2 대전환 과정을 거치면서 한국 경제는 지속적으로 성장하고 경제 규모가 크게 증가하지만 취약성과 불공평성이 높아진다.

우선, 성장 잠재력이 떨어지고 경제성장이 둔화되었다. 잠재성장률은 1981~1990년에 7.8%였으나 1991~2000년에 6.3%, 2000~2005년에는 5.1%로 떨어진다. 경제성장률은 1975~1986년 7.7%, 1987~1997년 7.7%였다가 1998~2005년 5.8%, 2000~2005년 4.5%로 둔화된다. GDP 대비 투자 비율인 투자율은 1996년 39.0%에서 2005년 30.2%로 감소한다. 그리고 투자 증가율은 2001~2005년에 평균 3.1%로 낮은 투자 증가세를 보이고 있다. 이러한 저투자의 원인은 여러 가지이겠지만 1997년 이후 도입된 주주 자본주의 요소가 그 요인 중 하나라 할 수 있다. 즉, 금융 자본의 단기주의가 장기 투자를 억제하고, 주주 가치를 증가시키기 위한 고배당이 투자를 저해하며, 경영권 방어를 위한 자사주 매입이 투자 확대를 가로막고 있는 것이다.

다음으로, 경제 부문 간, 계층 간 양극화가 심화되었다. 우선 내수 의 연계가 약화되었다. 이는 내수와 연계가 약한 IT 중심 수출 때문이다. 수출의 IT 부문 의존도는 2005년 42.8%나 되었다. 그리고 내수의 경제성장 기여도는 1970~1986년 6.7%포인트, 1987~1996년 8.9%포인트, 1997~2005년 1.5%포인트로 급감했다. 글로벌 아웃소싱의 증가로 수출에 주력하는 대기업과 내수 중심의 중소기업 간의 산업연관이 약화되고 있다. 정규직과 비정규직 간의 임금 및 노동 조건의 격차가 크며 수도권과 지방 간의 격차가 현격하다. 특히 1997~1998년 외환위기 이후 소득불평등이 크게 증대했다. 그 결과 그림 5-1의 양극화 지수(Polarization Index) 추이가 보여주는 것처럼 1997년 경제위기 이후 양극화가 급격하게 심화되었다. 파국적 외환위기라는 특수성 속에서 신자유주의, 금융주도 축적체제, 지식기반경제, 부동산 가격 상승 등이 양극화를 초래한 주된 요인이었다 할 수 있다.

이러한 저성장과 양극화라는 양대 문제와 함께, '일자리 없는 성장' 현상이 나타나고 있다. 고용유발계수(산출량 10억 원당 고용자수)가 최종 수요의 경우 1990년 26.8인에서 2000년 12.4인으로 감소하고 수출의 경우 1990년 46.3인에서 2000년 15.7인으로 크게 감소했다. 주로 중소기업이 담당하고 있는 부품 소재산업이 취약하여 대기업과 중소기업이 동반성장을 하지 못하고 있다. 이는 주로 대기업과 중소기업 간에 단가 인하와 같은 수탈적 하청 관계가 유지되고 있고 중소기업의 연구개발 투자와 인

그림 5-1

양극화 지수: 국제 비교

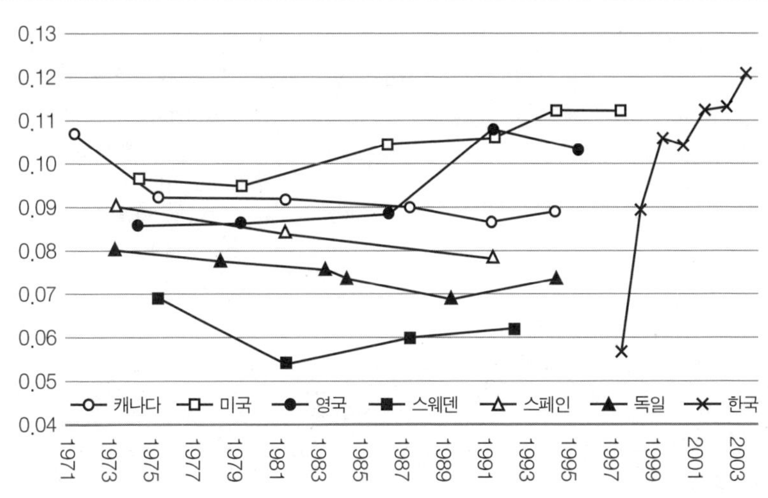

자료: 전병유 외(2007).

적자원개발 투자가 부족하기 때문이다.

한편, 작업장 경쟁력이 낮다. 이는 주로 현장 노동자에 대한 인적자원개발 투자가 부족하고 대립적 노사 관계가 유지되고 있기 때문이다. 이러한 낮은 작업장 경쟁력이 자동차 산업이나 기계 공업과 같은 전통 산업의 경쟁력을 낮추는 주요한 요인이 되고 있다.

뿐만 아니라 소득불평등을 낮추고 사회복지 수준을 높이는 데 기여하는 사회투자(social investment)가 아주 부족하다. 그림 5-2가 보여주는 것처럼 한국은 OECD 국가 중에서 지식 투자 수준은 최상위 그룹에 속하지만 사회 지출 수준은 최하위 그룹에 속한다. 이처럼 '높은 지식 투자와 낮은 사회투자'는 현재 한국의 발전 모델의 성격을 잘 나타내준다. 그리고 노동시장 유연성은 높은데 노동시장정책 지출 수준은 낮다(그림 5-3 참

그림 5-2

지식 투자와 사회 지출: 주요 OECD 국가들(2001)

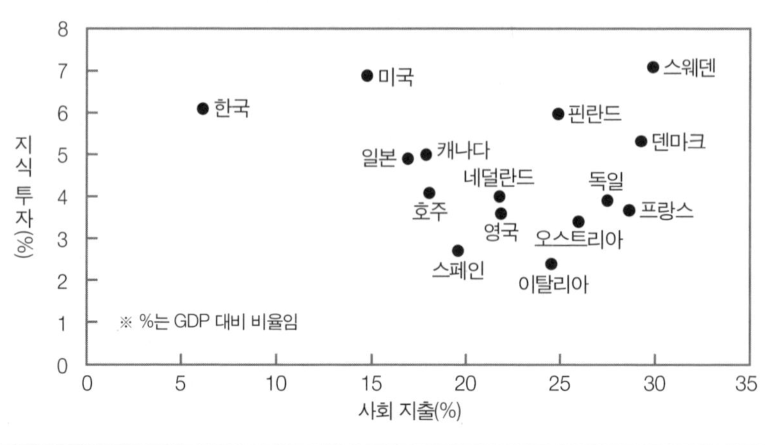

자료: OECD(2006).

그림 5-3

노동시장 유연성과 노동시장정책 지출(2001)

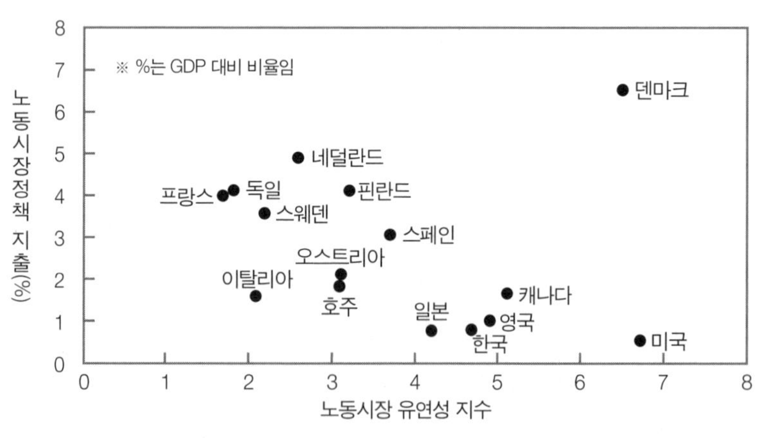

자료: OECD(2006). 노동시장 유연성 지수는 Lawson and Bierhanzl(2004)의 표 1에 기초함.

조). 노동시장의 유연성이 높으면 높은 직업 훈련과 적극적 노동시장정책에 대한 정부 지출 수준이 높아야 노동시장의 안전성을 높일 수 있는데, 한국의 경우 비교적 높은 노동시장 유연성과 낮은 노동시장정책 지출 수준이 결합되어 있기 때문에 노동시장 불안전성이 매우 높다. 노동시장의 유연성(flexibility)과 불안전성(insecurity)이 결합된 것이 한국 노동시장의 특징이고 이는 현재 한국의 발전 모델의 주요한 성격 중 하나를 보여준다고 할 수 있다.

4. '한국 경제 제3의 길'을 위한 정책 방향

1) '제3의 길'과 '한국형 제3의 길'

1987년 이래 지난 20년 동안 두 개의 대전환 과정에서 발생한 문제들을 해결하려면 한국 경제는 1997년 이전의 개발국가 모델과 1997년 이후의 신자유주의를 모두 넘어서는 '제3의 길'로 나아가야 한다. 그렇다면 1990년대에 선진 자본주의에서 제기된 '제3의 길'의 합리적 핵심과 그 정책 기조는 무엇인가? 그것에 비추어보았을 때 현 단계 한국에서 '제3의 길'이 왜 필요한지 논의하기로 하자.

'제3의 길'론의 대표적 주창자인 기든스에 의하면, "제3의 길은 구좌파(Old Left)의 해법이 쓸모없게 되고 우파(Right)의 해법이 반동적으로 된 글로벌화된 환경에서 사회민주주의의 갱신을 의미한다"(Giddens, 1998). "제3의 길은 구좌파 '수평주의자(Levellers)'와 신우파 '탈규제주의자(De-regulators)'의 사회경제정책에 대한 접근을 모두 기각한다"(Bonoli and Powell, 2004). 이런 점에서 "제3의 길은 좌파와 우파 사이에 있는 것이 아니라 좌파와 우파를 넘어서 있다"(Giddens, 1998).

이러한 비전을 가진 제3의 길 정책 노선은 글로벌화와 지식기반경제에 대응한 사회민주주의의 갱신을 목표로 기존 좌파의 사회민주주의와 현재 우파의 신자유주의를 넘어서는 정책 방향을 추구하는 것이다. 이러한 정책 방향에서 제3의 길은 기존 사회민주주의의 복지국가(welfare state)를 노동연계 복지국가(workfare state)로 개혁하는 프로그램을 제시한다. 이는 노동자들에게 인적자원 투자를 해서 고용 가능성을 높임으로써 일을 통한 복지를 추구하는 슘페터주의적 노동연계복지 체제(Jessop, 2002)를 사회민주주의와 결합하려는 시도라 할 수 있다. 이러한 정책 방향은 지식기반경제에서 혁신과 사회통합을 결합하여 지속가능한 성장을 하려는 유럽연합(EU)의 리스본 전략(Lisbon Strategy)과 맥을 같이한다.

제3의 길에서의 슘페터주의적 노동연계 복지국가는 곧 사회투자국가(social investment state)라 할 수 있다. 사회투자국가는 평등성을 높이기 위해 소득재분배보다는 기회의 재분배에 주력한다. 그것은 노동자에 대한 인적자원개발 투자와 금융자산 형성을 강조하는 자산기반 평등주의를 지향한다. 이것은 소득기반 평등주의를 추구한 기존의 사회민주주의와는 대조적이다. 실업자에게 구매력을 제공하는 케인스주의적 수요 측 의제 실천을 강조하는 기존의 복지국가와 달리 사회투자국가는 노동자 혹은 실업자에게 평생 교육 훈련 기회를 제공하는 공급 측 의제 실천에 주력한다.

제3의 길은 노동시장정책에서 노동시장의 유연안전성 정책을 지향한다. 이것은 낮은 고용보호와 높은 실업보호, 적극적 노동시장정책을 결합한 것으로 노동시장의 유연성과 안전성을 동시에 실현하려는 것이다(Wilthagen, 1998). 노동시장이 경직적인 사회민주주의도 아니고 노동시장이 유연한 신자유주의도 아니라는 점에서 노동시장의 유연안전성은

'제3의 길'이라 할 수 있다. 덴마크와 네덜란드에서 실시하여 성과를 얻고 있는 노동시장의 유연안전성 정책은 노동자에게 높은 수준의 사회투자 혹은 인적자원개발 투자를 하는 적극적 노동시장정책이 전제되어야 소기의 성과를 낼 수 있다.

요컨대, 제3의 길은 글로벌화와 지식기반경제 시대에서 노동자들의 교육 훈련에 대한 투자를 위한 공급 측 정책에 주력하는 사회민주주의 갱신 프로젝트이다. 제3의 길의 합리적 핵심을 이와 같이 파악했을 때, 앞에서 논의한 한국 경제의 취약성과 불공평성을 극복하기 위한 해법으로서 제3의 길이 필요하다고 할 수 있다. 앞에서 본 것처럼 한국 경제의 양대 문제인 저성장과 양극화는 개발국가의 해체와 신자유주의로의 재편과 밀접히 관련되어 있다. 글로벌화와 지식기반경제 시대에 이러한 문제를 해결하고 지속가능한 성장을 하려면 한국도 유럽 사회민주주의 국가들이 추구하고 있는 제3의 길의 합리적 핵심을 벤치마킹할 필요가 있다. 다만 한국의 경우 사회민주주의의 경험이 없다는 점이 다른 조건이라 할 수 있다. 따라서 유럽의 경우 사회민주주의와 신자유주의를 넘어서는 것이 제3의 길이지만, 한국의 경우 개발국가와 신자유주의를 넘어서는 것이 제3의 길이 된다.

한국형 제3의 길은 글로벌화와 지식기반경제 시대에서 '지속가능한 진보'(김형기, 2006c)의 길로서 개발국가와 신자유주의 모두를 넘는 대안적 발전 모델을 추구하는 것이다. 이러한 '한국형 제3의 길'을 구상하는 토대가 되는 핵심적 명제는 다음과 같다. 즉, '개발국가는 더 이상 작동 불가능하다', '신자유주의는 지속불가능하다', '기존 사회민주주의는 실행 불가능하다', '유연성은 혁신을 위해 필수적이다'. 그리고 한국형 제3의 길을 모색하는 데는 이미 한국이 1997년 이후 10년간 비록 일관되지는 않았지만 신자유주의의 길을 걸어왔기 때문에 경로 의존성(path dependency)의 제약이 가해진다는 점을 간과해서는 안 될 것이다. 사회민주주의의 전통이 없이 신자유주의적 글로벌화에 노출되었다는 초기 조건을 무시한 제3의 길은 실패할 것이다. 그렇지만 경로 의존성의 제약 속에서도 '한국형 제3의 길'이라는 경로 창조(path creation)의 선택을 할 수 있다. 나아가 한국형 제3의 길을 통해 한국에서 신자유주의를 넘어서는 대안적 발전 모델 실현을 기대할 수 있다.

다른 한편 산업 육성을 위한 국가의 시장개입과 전략적 대외 개방이라는 개발국가의 합리적 핵심은 슘페터주의적 노동연계 복지국가의 혁신정책과 인적자원개발 정책 속에 계승되고, '공정한 글로벌화'(ILO, 2004), '인간의 얼굴을 한 글로벌화'(Stiglitz, 2002)라는 '글로벌화의 제3의 길' 속에 녹아들어 갈 필요가 있다. 신자유주의가 강조하는 효율성과 경쟁력, 시장의 역동성에 대해서는 그 자체를 부정하는 수평주의나 평균주의, 반시장주의로 나아가서는 안 된다. 효율성과 경쟁력을 획득하는 신자유주의적 방식을 비판하면서 시장의 역동성을 충분히 인정하고 경쟁력과 효율성 획득의 진보적 방식을 도입하는 방향으로 나아가야 한다.

2) 한국 경제 제3의 길을 위한 제도 구축의 방향

이제 한국 경제가 제3의 길로 나아가기 위해 필요한 제도 구축의 방향을 간략히 제시하고자 한다.

(1) 신성장체제: 혁신주도 동반성장체제

과거 개발국가의 성장체제를 넘어서는 새로운 성장체제가 구축되어야 한다. 여기서 신성장체제란 혁신주도성장과 동반성장이 결합된 성장체제를 말한다(김형기, 2006b). 과거 대량생산경제에서는 요소투입형 성장과 달리 지식기반경제에서는 혁신주도성장이라는 새로운 패러다임이 나타난다. 혁신주도성장을 위해서는 기업 혁신뿐만 아니라 지역 혁신이 이루어져야 한다. 동반성장은 대기업과 중소기업 간, 지역 간 균형성장, 사회적 배제와 양극화 없는 성장을 말한다. 양극화가 심각해진 한국에서 이러한 동반성장체제가 구축되어야 사회통합 속에서 혁신이 이루어지는 지속가능한 성장을 할 수 있다. 신성장체제는 새로운 생산성체제와 새로운 수요체제를 포함한다. 과거의 설비 투자 중심 생산성체제와 달리 연구개발·인적자원개발 집약적 생산성체제(Kim, 2007)가 구축되어야 하며, 기존의 중저가품의 소품종 대량소비와 달리 고가의 하이테크 제품, 정보재, 교육 문화 서비스에 대한 다변화된 소비가 새로운 수요체제를 구성해야 한다. 이러한 생산체제와 수요체제의 결합을 통해 혁신주도 동반성장을 하는 것이 신성장체제이다.

이러한 신성장체제는 1987년 이후 장기 하강 추세를 보이고 있는 한국 경제를 제2 장기 상승 추세로 반전시키고 혁신과 사회통합을 통해 지속가능한 성장을 실현하게 할 것이다. 이러한 신성장체제는 한국 경제 제3의 길 실현에 가장 기본이 되는 필요조건이라 할 수 있다.

(2) 새로운 복지체제: 복지 공동체와 학습복지의 결합

한국에서는 아직 서구와 같은 복지국가가 실현되지 않았다. 따라서 복지국가를 구현하는 것은 주요한 국가적 의제이다. 그러나 과거 글로벌화가 되기 이전의 대량생산경제에서 중앙정부가 주도하여 실업 보험과 같이 현금급여 중심의 사회복지를 제공하는 복지국가를 답습하는 것은 글로벌화와 지식기반경제 시대에 부적합하다. 따라서 보편적 복지를 실현한다는 기본 방향에 서면서도 과거 서구의 복지국가의 한계를 넘어가는 새로운 복지체제를 모색해야 한다. 그 기본 방향은 복지 공동체와 학습복지를 결합하는 것이다.

복지 공동체는 중앙정부가 재정 지원을 하는 가운데 지방정부와 지역시민사회가 파트너십을 형성하여 복지 수혜 대상자에게 육아, 양로, 교육, 의료 등 사회 서비스를 현물 급부 형태로 제공하는 것을 말한다. 복지 공동체 실현을 위해서는 주민과 가까이 있는 정부인 지방정부가 자율성을 가지고 정책을 기획할 수 있는 권한과 능력이 있어야 하기 때문에 복지정책의 지방분권이 필요하다(진노 나오히코, 2000a). 복지 공동체 실현의 주체로서 공익성과 수익성을 동시에 추구하는 사회적 기업을 육성하는 것이 중요하다.

학습복지는 실업자나 저임금 노동자에게 교육 훈련을 제공하는 인적자원개발 투자를 함으로써 '좋은 일자리(decent job)'에 취업할 수 있는 가능성을 높임으로써 일자리를 통한 복지 증진을 도모하는 것을 말한다. 지식기반경제에서는 노동자들에게 직무와 관련된 수준 높은 학습 기회가 제공되어야 일자리를 구하고 일을 통한 복지를 누릴 수 있기 때문에 실업급여 지급과 같은 소극적 노동시장정책을 넘어 적극적 노동시장정책을 통해 노동자들의 취업 기회를 확대하는 학습복지를 제공하는 것이 중요하다. 이러한 학습복지는 노동자들의 생산성을 높일 수 있으므로 복지와 성장 간의 선순환 관계 형성을 가능하게 한다.

(3) 연대지식정책

대량생산경제에서는 연대임금정책을 통해 노동자들 내부의 소득불평등을 줄이는 정책이 스웨덴의 노총(LO) 등에 의해 추진되었다. 그런데 지식기반경제에서는 노동자들 내부에 지식 격차가 확대되는 경향이 있기 때문에 결과의 평등을 추구하는 연대임금정책은 그 유효성이 약화된다. 지식기반경제에서의 연대의 새로운 형태는 기회의 평등을 추구하는 연대

지식정책이 되어야 한다. 연대지식정책은 노동자에 대한 더 많은 인적자원개발 투자를 통해 더 많은 지식노동자를 창출하고 노동자들 내부의 지식 격차를 줄이는 것을 목표로 한다. 이를 위해서는 우선 지식기반경제의 지식 형성에서 새롭게 주목되고 있는 암묵적 지식(tacit knowledge)이 공유될 수 있는 지식 네트워크를 확장하는 것이 중요하다. 그래서 보다 더 많은 노동자들 혹은 경제주체들이 이 지식 네트워크에 포함될 수 있도록 해야 한다(Progressive Policy Institute, 1999). 다음으로 현장 노동자들의 지식향상이 가능하도록 '과학·기술·숙련' 연계 시스템을 구축해야 한다. 즉, '과학 → 기술 → 숙련'으로 이어지는 지식 전달 벨트와 '숙련 → 기술 → 과학'에 이르는 지식 향상 사다리가 설치되어야 한다(김형기, 2003). 아울러 노사 간 단체 교섭에서 과거 대량생산경제에서의 임금 교섭에 머물지 않고, 숙련 교섭 나아가 지식 교섭을 하는 새로운 단체 교섭체제를 정착시켜야 한다. 노동자들의 지식수준을 높이는 것을 단체 교섭의 주요 의제로 설정하는 지식 교섭은 지식기반경제에서 노사가 상생하는 윈윈 교섭이 될 수 있다.

(4) 노동시장의 유연안전성

앞에서 서술한 것처럼 한국의 노동시장은 1987년 이후 대기업을 중심으로 일정한 경직성을 가지다가 1997년 외환위기 이후 정리해고제의 도입을 계기로 노동시장이 유연화된다. 앞에서 자료를 통해 본 것처럼 현재 한국의 노동시장 유연성은 OECD 국가 내에서 높은 편이지만 노동시장정책 지출 수준은 낮은 편이어서 노동시장은 매우 불안정하다. 여기서 노동시장을 안정화하는 두 가지 해법을 생각해볼 수 있다. 하나는 정리해고를 엄격히 제한하여 높은 고용보호를 통해 안전성을 높이는 방법이고, 다른 하나는 적극적 노동시장정책 지출 비율을 증대해 높은 실업

보호를 통해 안전성을 높이는 방법이다. 기술이 급변하고 자본의 유동성이 크게 높아진 지식기반경제와 글로벌화 시대에 전자의 방법은 효과적인 대안이 될 수 없고 후자의 방법이 현실적 대안이 될 수 있다.

이 후자의 방법이 바로 덴마크와 네덜란드 등에서 실시된 노동시장의 유연안전성이다. 한국의 경우 지난 10년간 노동시장은 충분히 유연화되었다고 볼 수 있으므로 이제 노동시장의 안전성을 높이는 것이 과제다. 이를 위해서는 실업보호 수준을 높이고 적극적 노동시장정책을 강화해야 한다. 그런데 한국의 경우 노동시장 유연화가 정규직의 실업보다는 비정규직의 창출로 나타나는 특수성이 있으므로 비정규직에 대한 임금 차별과 복지 차별을 해소하는 것이 노동시장의 안전성을 높이는 주요 정책이 되어야 할 것이다.

(5) 새로운 기업지배구조와 기업 간 관계

앞에서 본 것처럼 1997~1998년 경제위기 이후 한국의 대기업들은 대체로 기존의 재벌체제에 주주 자본주의 요소가 결합된 기업지배구조를 가지게 된다. 이러한 기업지배구조는 경제민주주의를 요구하는 노동자의 입장에서나 적대적 인수합병(M&A)에 대응하여 경영권을 강화하려는 재벌기업의 입장에서나 또한 기업경쟁력을 높인다는 국민경제적 입장에서나 바람직한 구조라 할 수 없다. 여기서 기업경쟁력의 유지·강화하기 어렵고 현실적으로 사회적 힘 관계에 비추어볼 때 재벌체제를 해체하기 어렵다는 점을 고려하면, 1997년 이전의 재벌체제 그대로도 아니고 1997년 이후의 '재벌체제+주주 자본주의'도 아닌 제3의 기업지배구조로서 '재벌체제+이해관계자 자본주의'를 현실적인 진보적 대안으로 생각할 수 있다. 즉, 총수의 경영권이 보장되는 재벌기업에서 주주, 노동자, 채권자, 협력 업체 등 기업 이해관계자들이 전략적 의사결정에 참가하는 기업지배구조를 구축하려는 것이 제3의 길이다.

한편 지식노동자의 비중이 높은 지식기업에서는 사용자와 지식노동자가 노사공동 결정을 하는 것이 바람직하다. '재벌체제+이해관계자 자본주의'나 지식기업의 노사공동 결정을 통해 참가적 노사 관계가 실현되고 이로써 '노동자 참가에 기초한 노사협력'이 이루어질 수 있다. 이러한 지배 구조 전환과 함께 대기업과 중소기업의 관계를 '하청으로부터 파트너십으로' 전환할 필요가 있다. 이를 위해서는 하청 관계에서의 단가 인하를 통해 대기업이 중소기업을 수탈하는 관계를 청산하도록 해야 하며, 보다 적극적으로 대기업과 중소기업 간 공동 연구개발과 인적자원개발을 촉진하는 제도적 장치를 만들어야 한다. 이와 같이 대기업과 중소기업 간 관계를 개혁해야 양자 간의 상생을 통해 동반성장이 가능하게 될 것이다.

(6) 지방분권과 지역 파트너십

중앙집권-수도권 일극 발전체제로부터 지방분권-지역다극 발전체제로 이행하는 것은 한국 경제의 제3의 길 실현에 중요한 필요조건이다. 기존의 개발국가적 중앙집권체제도 아니고, 단순히 중앙정부의 역할을 축소하고 지방정부의 역할만 강화하는 신자유주의적 지방분권도 아닌 제3의 길로서의 민주적 지방분권은 지방분권과 지역 파트너십을 결합하는 것이다. 지방분권과 지역 파트너십이 결합되면 지역 주민이 지역정책의 결정에 참가하는 민주적 협치(democratic governance)가 가능하게 된다. 여기서 지방분권은 중앙정부로부터 지방정부로의 권한 이양과 수도권에서 지방으로의 자원 분산이라는 이중적 과정을 의미한다. 이러한 지방분권이 추진되는 기초 위에서 지역의 민관 파트너십에 기초해 지역 혁신과 복지 공동체 추진을 위한 민주적 협치가 구축될 때 주민 참여에 기초한 혁신주도의 민주적 지역 발전이 가능하다(김형기, 2005).

노무현 정부에 들어와서 설치된 지역 혁신 협의회나 지역 노사정 협의회를 발전시켜 내실 있는 민주적 거버넌스를 구축할 필요가 있다. 이러한 지역 거버넌스에서의 노·사·정·민 간의 사회적 대화를 통해 지역경제 활성화, 지역 일자리 창출, 복지 공동체 건설 등과 같은 지역 이슈들을 해결해나가는 것, 이것이 지역경제 발전의 제3의 길이다. 특히 노동조합이 주도하는 지역 파트너십에 기초한 지역 주민의 참여와 혁신을 통한 지역경제 활성화와 일자리 창출은 노동운동의 제3의 길 중 하나가 될 수 있을 것이다.

(7) '제3의 길' 비전의 공유와 사회적 타협

한국 경제 제3의 길이 개척되기 위해서는 노·사·정 등 경제주체들이 제3의 길의 비전을 공유하고 제3의 길을 향한 사회적 타협에 도달할 필요가 있다. 우선 '자율, 연대, 생태'라는 진보적 가치가 사회 패러다임으로 자리 잡아야 한다. 여기서 자율이란 자기결정과 사회적 책임 완수를, 연대란 더불어 살아가는 공동체 실현을, 생태란 지속가능한 발전을 의미한다. 아울러 신뢰와 협력이라는 사회 자본이 형성되어야 한다. 이러한 사회 자본 없이는 사회적 타협을 기대할 수 없기 때문이다.

현 단계에서 제3의 길을 향한 사회적 타협의 이슈로는 다음 몇 가지를 들 수 있다. 첫째, 재벌체제와 이해관계자 자본주의의를 결합하기 위한 노동·시민사회와 재벌기업 간의 타협, 둘째, 생산성 향상과 경제민주주의를 위한 노사 간 전략적 의사결정 참가(노측 요구)와 작업장 참가(사측 요구)의 교환, 셋째, 비정규직 노동자 문제의 해결을 위한 사용자·정규직 노동자·비정규직노동자 간의 타협, 넷째, 노동시장의 유연안전성을 위한 노·사·정 간의 사회적 합의, 다섯째, 지방분권과 균형발전을 위한 수도권과 지방 간의 타협 등이다.

이처럼 제3의 길의 비전을 노·사·정이 공유하고 이들 3자 사이에 제3의 길을 향한 사회적 타협이 이루어져야 개발국가와 신자유주의를 넘어선 제3의 길이 하나의 새로운 대안적 발전 모델로 진화할 수 있을 것이다.

5. 맺음말

유럽에서 '제3의 길'론이 제시되고 영국, 독일, 프랑스 등에서 중도좌파 정부들이 '제3의 길' 정책을 실시했다. 그런데 주지하다시피 이러한 '제3의 길'의 이론과 정책에 관해서 좌우파로부터 비판이 제기되어 제3의 길 논쟁이 전개되었다.

우선, 신자유주의 이외에는 대안이 없다는 신우파의 입장이 있다. 영국 대처 수상의 그 유명한 "대안은 없다(There Is No Alternative: TINA)"라는 언명은 신우파의 입장을 집약적으로 표현해준다. 이와 정반대로 구좌파는 사회민주주의와 신자유주의 사이의 "제3의 길은 없다(There Is No Third Way)"라는 입장이다. 제3의 길은 결국 신자유주의로 귀결될 뿐이라는 것이 구좌파의 생각이다. 이에 반해 영국의 신노동당, 미국의 신민주주의자(New Democrats)들은 사회민주주의와 신자유주의를 넘어서는 "제3의 길은 있다(There Is the Third Way)"라는 입장에서 적극적으로 제3의 길 정책을 지향한다.

제3의 길이 제기되고 난 후 10여 년이 지난 지금 유럽에서의 중도좌파 정권의 퇴조를 두고 혹자들은 제3의 길은 이미 죽었다고 주장한다. 과연 제3의 길은 죽었는가? 아니다. 그것은 다양한 형태로 살아 있다. 중도우파가 집권했을 때도 제3의 길 정책이 완전히 사라지는 것이 아니라 제

3의 길의 우파적 버전이 추구되기도 했다.

앞에서 논의한 대로 한국에서도 제3의 길은 필요하다. 제3의 길은 대안적 발전 모델로 향하는 관문이다. 한국 경제의 지속가능한 성장을 위해 반드시 제3의 길이 필요하다. 그렇다면 한국에서 제3의 길은 실현 가능할 것인가? 그렇다. 하지만 한국은 이미 10년간 신자유주의의 길을 걸어왔다. 그렇기 때문에 경로 의존성으로 인해 제3의 길을 실현하는 일이 결코 쉽지 않을 것이다. 그러한 경로 의존성을 넘어서 제3의 길이라는 경로 창출을 주도할 헤게모니 블록이 형성될 때 비로소 실현할 수 있을 것이다. 제3의 길은 지속가능할 것인가? '제3의 길'이라는 비전을 공유하는 사람들이 제3의 길을 향한 사회적 대타협을 도출하고 그것이 다수 국민들을 행복하게 만드는 사회경제적 성과를 낼 때, 지속가능할 것이다.

제6장

경제 정의 구현을 위한 발전 모델

1. 경제 정의는 어떻게 구현되는가

경제체제를 평가하는 양대 기준은 바로 '효율성(efficiency)'과 '공평성(equity)'이다. 경제 정의(economic justice)는 공평성이 실현될 때 구현된다.

효율성은 기술적 효율성과 배분적 효율성이라는 두 차원이 있다. 기술적 효율성은 최소의 투입물로 최대의 산출물을 생산하는 것을 말한다. 배분적 효율성은 사회 구성원의 후생이 극대화되도록 자원이 배분된 상태를 말한다. 만약 어떤 경제체제가 이러한 효율성에 크게 못 미치는 상태에서 운영되면 경제가 침체하고 장기적으로 지속 불가능하게 된다.

공평성은 기회균등과 공정성, 평등이라는 세 차원으로 정의된다. 기회균등은 사회 구성원이 자원에 접근할 수 있는 기회가 균등한 것을 말한다. 교육을 받을 수 있는 기회, 직업을 선택할 수 있는 기회, 금융에 접근할 수 있는 기회가 사람들의 삶의 질에 중요한 기회균등 요소들이다.

기회균등이 실현되려면 무엇보다 재산 소유가 평등해야 한다. 정치철학자 존 롤스(John Rawls)가 주장한 재산소유 민주주의(property-owning democracy)나 경제학자 새뮤얼 보울즈(Samuel Bowles)와 허버트 진티스(Herbert Gintis)가 주장한 자산기반 평등주의처럼 개인들이 비교적 평등하게 재산이나 자산을 소유하고 있어야 기회균등이 이루어질 수 있다.[1] 사

※ 제6장은 김일숙 외, 『한국 사회 정의 바로 세우기』(세창미디어, 2015)에 실린 필자의 글을 수정·보완한 것임.

1 롤스는 '재산소유 민주주의'의 근본적 목표를 자유롭고 평등한 시민들이 상호 공정한 협력을 가능하게 하는 충분한 생산수단을 소유하도록 보장하는 기본적 제도들이 구비된 사회를 실현하는 것이라고 보았다(Rawls, 2001) 보울즈와 진티스는 임금소득의 평등과 같은 사후적 평등을 강조하는 '소득기반 평등주의'보다 지식과 숙련과 같은 자산 소유의 평등인 사전적 평등을 중시하는 자산기반 평등주의를 주장했다(Bowls and Gintis, 1998). 롤스의 재산소유 민주주의와 보울즈와 진티스의 자산기반 평등주의 모두 기회

유재산제도와 시장경제에 기초한 자본주의 사회에서 재산 소유의 불평등은 기회의 불균등을 초래한다. 빈부 격차가 심한 사회에서는 기회균등이 실현될 수 없다. 빈자는 양질의 교육을 받을 수 없고 따라서 좋은 직업을 선택할 기회를 가질 수 없기 때문이다.

기회균등이 이루어지려면 인종차별이나 성차별과 같은 사회적 차별이 철폐되어야 한다. 학교 입학, 채용, 승진 등에서 인종이나 성별에 따른 차별이 행해지면 기회균등은 실현될 수 없다. 미국에서 실시하는 바와 같은 '차별금지법(Affirmative Act)'은 기회균등 실현을 위한 주요한 제도이다.

한 나라의 공공성이 높을수록 기회균등이 보장될 가능성이 높다. 공공성은 사회의 보편적 이익을 실현하는 제도와 문화의 수준이다. 육아, 양로, 교육, 의료 등 사회 서비스에 대한 공공 지출의 비율이 높을수록 저소득층과 빈곤층의 이들 사회 서비스에 대한 접근 가능성이 높아지므로 기회균등이 그만큼 더 잘 보장될 것이다. 그래서 전 국민에게 복지 서비스가 제공되는 보편적 복지(universal welfare)가 실시되고 있는 나라에서 기회균등이 잘 보장된다.

공정성(fairness)은 공정한 거래를 보장하는 규칙이 관철되는 것을 말한다. 공정한 거래는 시장에서 경제주체 간에 등가교환이 이루어지는 것이다. 공정거래는 시장에 참가하는 경제주체들 간의 권력이 대등할 때 실현된다. 수요자와 공급자, 자본가와 노동자, 대기업과 중소기업 간에 힘이 대등해야 공정거래가 이루어진다. 권력의 대칭성은 시장에서의 공정성 실현을 위한 기본 조건이다.

생산수단을 소유한 자본가와 생산수단을 소유하고 있지 못하여 자

균등을 실현하는 방법이다.

신의 유일한 자산인 노동력을 판매해야 하는 노동자 간의 거래는 기본적으로 불공정할 가능성이 높다. 노동자들이 스스로 노동조합을 조직하여 단체 교섭을 할 경우 노사 간 불공정 거래가 줄어들 수 있다. 노동시장에서 노사 간의 교섭력이 대등해야 임금과 근로조건이 공정하게 정해질 수 있다.

따라서 단결권, 단체 교섭권, 단체 행동권 등 노동 3권은 노사 간에 공정거래가 이루어지기 위한 기초 조건이다. 노동조합의 교섭력이 강하려면 노조 조직률이 높아야 한다. 아울러 노조 조직 방식도 기업에 고용된 근로자는 반드시 노조에 가입해야 하는 유니온 숍(union shop) 방식이 되어야 한다. 또한 단체 교섭 수준도 중앙 교섭(central bargaining)이나 산업별 교섭이 이루어질 때가 기업별 교섭의 경우보다 노동 계급의 교섭력이 더 강하게 될 것이다.

제품시장에서 독점이 지배하면 독점기업이 비독점기업이나 소비자에 대해 시장지배력을 행사하므로 불공정거래가 이루어질 수 있다. 대기업과 중소기업 간의 거래에서 대기업이 독점력을 행사하는 경우 중소기업으로부터 대기업으로 잉여 이전(transfer of surplus)이 일어난다. 대기업의 부당한 단가 인하로 대기업에 납품하는 중소기업들이 창출한 부가 가치가 대기업에 무상으로 이전되는 불공정이 발생할 수 있다.

따라서 반독점(anti-monopoly)은 공정 거래를 위한 필수 조건이다. 반독점정책에는 독점기업의 시장지배력을 제한하는 독점 규제의 방향과 반독점 민주변혁 방향이 있다. 전자는 독점기업의 시장에서의 불공정 행위를 규제하는 법률을 제정하여 실행하는 것이며, 후자는 독점기업의 사회화와 국유화를 통해 경제민주주의를 실현하는 것이다.

독점기업의 사회화는 독점기업의 소유 구조와 지배 구조를 민주화하고, 독점기업과 비독점기업 간의 관계를 대등하고 공정한 관계로 개혁하며, 독점기업에 대한 시민사회의 민주적 통제를 통해 독점기업의 공공성을 높이는 것이다. 소유와 경영의 분리, 소유 분산, 노동자 경영참가를 통해 독점기업을 민주적 기업으로 전환하는 것, 종속적인 하청 계열 관계를 협력적인 파트너십 관계로 전환하는 것, 노동운동, 소비자운동이나 환경운동을 통해 독점기업의 반사회적 불공정 행위를 감시하는 것이 독점기업을 사회화하는 것이다(김형기, 2001: 426).

독점기업의 국유화는 독점기업의 소유 구조를 국가 소유로 전환하는 것이다. 자본주의 역사에서 보면, 대체로 전기, 철도, 도로, 통신, 가스 등 국가기간산업에서의 독점기업이 제2차 세계대전을 전후해 국유화되었다. 국유화로 독점기업이 국영기업으로 전환되어 사적 독점은 폐지되었지만 국영기업이 결국 국가 독점기업이 되어 국가 독점의 폐해가 새로 생겼다. 국영기업의 관료제로 인한 비효율과 함께 특권과 독점적 지배력을 가진 국영기업의 고이윤을 내부자가 독식하는 불공정이 발생한 것이다.

사유화로 인한 불공정을 시정하고자 한 국유화가 새로운 불공정을 발생시킨 것이다. 국영기업이 공공성을 실현하지 못하니 결국 경제 정의 구현에 역행하는 결과를 초래한 것이다. 이러한 국영기업의 역설이 민영화 내지 재사유화(再私有化)를 불러왔다. 국영기업의 민영화는 다시 사적 독점기업을 탄생시켜 불공정거래가 이루어지게 만들었다.

평등(equality)은 공평성의 또 다른 차원으로서 부와 소득의 분배의 평등을 말한다. 기회균등과 공정성이 공평성 실현을 위한 사전적이고 과정적인 요인이라고 한다면, 평등은 공평성 실현을 위한 사후적이고 결과적 요인이라고 할 수 있다. 기회균등과 공정성은 부와 소득의 분배를 평등하게 만들 것이다.

하지만 기회균등과 공정성이 반드시 평등을 보장하지 않는다. 설사 기회균등과 공정성이 실현되었다 하더라도 개인의 능력과 노력의 차이,

우연적 요소에 의해 소득과 부의 불평등이 발생할 수 있다. 기회균등과 공정성의 실현이 불완전할 경우 소득과 부의 불평등은 크게 나타날 수 있다. 따라서 분배의 평등을 위해서는 정부가 소득분배 과정에 개입하고 소득재분배(redistribution) 정책을 실시하는 것이 불가피하다.

최저임금제를 실시하거나 이자율을 규제하거나 지대 혹은 임대료를 통제하는 소득분배정책과 부자에게 세금을 거두어 빈민에게 이전 지출을 하는 소득재분배정책은 분배의 평등을 실현하는 주된 정책들이다. 노동소득과 자본소득 간의 불평등, 노동소득 내의 불평등, 자본소득 내의 불평등을 줄이는 정부의 조세정책과 보조금정책 등도 분배의 평등을 실현할 수 있다. 정부의 재분배정책은 시장소득의 불평등을 사후적으로 시정하여 가처분소득의 불평등을 낮출 수 있다.

노사 간의 교섭력 차이는 노동소득분배율(국민소득에 대한 노동소득의 비율)과 자본소득분배율(1－노동소득분배율)을 결정하는 주된 요인이므로 소득분배의 평등에 영향을 미친다. 따라서 노사 간의 교섭력에 영향을 미치는 법과 제도가 소득분배에 영향을 미친다.

이상에서 검토한 기회균등, 공정성, 평등을 포함하는 공평성이 경제 정의를 구현하는 요소다. 경제 정의는 기회균등과 공정성과 평등을 실현하는 제도들이 잘 구축되어 있을 때 구현될 수 있다. 그런데 공평성은 효율성과 결합되어야 지속가능하다. 생산성이 낮고 자원 배분이 비효율적이면 경제가 침체되고 경제성장이 둔화된다.

최근 선풍적 인기를 끌고 있는 베스트셀러 『21세기 자본』의 저자 토마 피케티(Thomas Piketty)가 지적하고 있는 것처럼 경제성장률이 낮은 저성장체제에서는 자본 수익률이 경제성장률을 크게 웃돌 가능성이 높은데 이는 부의 분배의 심각한 불평등을 초래한다(피케티, 2014).[2] 경제성장은 평등화 요인이 될 수 있는 것이다. 따라서 효율성을 실현하여 지속적인 경제성장을 달성하는 것은 공평성 실현에 도움이 될 것이다.

이런 점에서 볼 때, 경제 정의가 지속적으로 구현되려면 성장친화적인 공평성을 실현할 필요가 있다. 소득재분배의 방향이 단순히 소득을 부자로부터 빈자로 이전하는 것에 머물지 않고 빈자의 생산성을 높이도록 빈자에게 교육 훈련 투자를 강화할 필요가 있다. 특히 빈민층이나 저소득층의 자녀들에게 양질의 교육을 제공하는 것이 중요하다. 보울즈와 진티스가 주장하는 것처럼 사후적 평등을 강조하는 '소득기반 평등주의'를 넘어 사전적 평등을 강조하는 '자산기반 평등주의'로 나아가야 한다.

2. 한국 경제에서의 불공평: 경제 정의에 역행하는 요인

앞에서 경제 정의 구현을 위한 공평성 실현의 여러 차원들을 검토해 보았다. 이제 한국 경제에서 경제 정의 실현에 역행하는 불공평(inequity) 현상에는 어떤 것이 있는지 알아보자.

한국에서 기회 불균등과 불공정, 불평등을 포함하는 불공평을 낳는 요인들로는 ① 재벌지배체제, ② 중앙집권-수도권 집중체제, ③ 비정규직 차별, ④ 여성 차별, ⑤ 교육불평등, ⑥ 공공성 결핍 등을 들 수 있다. 부의 분배의 불평등과 '강한 자본과 약한 노동'은 이러한 요인의 바탕에

---

2 피케티(2014)는 자본주의의 제1 기본 법칙으로서 '자본소득분배율(α)=자본 수익률(r)×자본-소득 비율(β)'이라는 항등식과 자본주의의 제2 기본 법칙으로서 '자본-소득 비율(β)=저축률(s)/경제성장률(g)'이라는 식을 제시하고 있다. 이 두 기본 법칙으로부터 자본 수익률이 높을수록, 경제성장률이 낮을수록, 자본소득분배율이 높아짐을 알 수 있다. 따라서 경제성장률이 낮으면 자본소득분배율은 높아지고 노동소득분배율은 낮아져 소득분배의 불평등이 높아진다.

서 작용한다. 이러한 두 가지 기본 요인과 여섯 가지 불공평 요인이 결합하여 소득분배의 심한 불평등을 초래한다.

재벌지배체제와 중앙집권-수도권 집중체제와 비정규직 차별은 양극화를 초래했다. 재벌지배체제로 인한 기업 간 양극화, 중앙집권-수도권 집중체제로 인한 지역 간 양극화, 비정규직 차별로 인한 노동자 간 양극화가 나타나고 심화되었다.

1) 재벌지배체제

재벌지배체제는 한국에서 경제 정의 실현에 가장 중요한 장애 요인으로 지목되어왔다. 재벌기업의 강한 시장지배력과 그것에 기초한 재벌기업에의 높은 경제력 집중이 불공정과 불평등을 초래했기 때문이다.

한국에서 재벌은 1960~1970년대 경제개발 과정에서 집중적으로 육성되었다. 박정희 정부는 재벌에게 재정 금융상의 특혜를 부여하여 경제성장을 주도하도록 만들었다. 1970년대의 중화학 공업화 정책은 재벌기업의 지배력을 더욱 강화했다. 표 6-1에서 보는 것처럼 출하액 기준으로 상위 5사의 시장집중률이 1960년대에 급격히 증가하여 시장에서 독점이 형성되고 1970년대에는 독점지배체제가 유지되었음을 알 수 있다.

이러한 독점기업 아래로 중소기업들이 하청 계열화되었다. 중소기업 중 수급업체 비율이 1969년에는 11.6%에 불과했으나 1974년 18.2%, 1979년 25.7%, 1984년 41.7%, 1991년 73.6%로 급격히 증가한다. 수급의존도가 80% 이상인 중소기업 비율이 1966년 53.0%에서 1975년 57.4%, 1984년 78.3%, 1991년 81.1%로 크게 증가한다. 이 자료는 한국에서 1970년대~1980년대에 재벌기업이 중소기업을 하청 계열 관계로 편입한 지배체제가 완료되었음을 나타내준다. 한편, 표 6-2는 부가 가치

표 6-1

상위 5사 시장집중률(CR5)

단위: %

연도	음료품	기계	제1차 금속	석유석탄제품
1960년	25.4	30.5	31.5	5.4
1963년	36.3	30.9	20.8	13.5
1966년	47.2	50.3	43.5	52.6
1968년	72.6	45.0	68.4	72.6
1973년	81.9	70.1	74.3	77.1
1978년	76.5	69.6	62.0	73.8
1983년	62.9	61.2	69.1	90.5

자료: 김형기(1988).

표 6-2

재벌기업의 부가 가치 비중

단위: %

연도	4대 재벌(24개)		1~5위 기업		50대 기업
	50대 기업 대비 비중	GDP 대비 비중	50대 기업 대비 비중	GDP 대비 비중	GDP 대비 비중
2011년	62.9	7.06	38.7	4.34	11.24
2012년	68.8	7.85	42.6	4.85	11.41
2013년	70.2	8.33	44.1	5.22	11.86

자료: 김상조(2015).

기준 50대 기업과 4대 재벌(삼성그룹, 현대차그룹, SK그룹, LG그룹) 그리고 1~5위 기업(삼성전자, 현대자동차, 삼성디스플레이, KT, 포스코)의 부가 가치가 차지하는 비중을 보여준다. 50대 기업의 GDP 대비 비중은 2011년

표 6-3

대기업과 협력 업체의 매출액 영업이익률 격차

단위: %

	삼성전자	현대자동차	현대중공업
	8.1	11.0	10.5
1차 협력 업체	5.6	4.6	6.0
2차 협력 업체	5.3	5.1	5.5
3차 이하 협력 업체	4.6	4.8	4.5
전체	4.9	4.9	5.1

자료: 홍장표(2015).

11.24%에서 2013년 11.86%로 증가했다. 이 자료는 4대 재벌기업이 한국 경제를 지배하고 그 지배력이 최근에 더욱 강화되었음을 보여준다.

이들 재벌기업은 우월한 교섭력과 독점적 시장 구조를 이용하여 하도급 거래를 하는 중소기업에 대해 납품 단가를 낮게 책정하고 수시로 납품 단가를 인하하여 중소기업의 잉여를 흡수하는 불공정거래를 행해왔다. 이른바 갑을 관계로 표현되는 불공정한 하도급 관계 때문에 대기업과 중소기업 간에 큰 수익률 격차가 유지되어왔다(홍장표, 2015). 예컨대 2011년 재벌 대기업과 협력 업체 간의 영업이익률 격차는 삼성전자의 경우 8.1%와 4.9%로 나타났다. 현대자동차의 경우는 각각 11.0%와 4.9%였으며 현대중공업의 경우는 각각 10.5%와 5.1%였다(표 6-3 참조).

이와 같은 수익률 격차는 재벌이 지배하는 한국 경제의 불공정성을 상징적으로 보여준다. 그리고 수익률 격차는 대기업과 중소기업 간의 현격한 임금 격차를 발생시키는 주요 요인이 되고 있다. 자본 내부의 불공정이 결국 노동 내부의 불평등으로 이어지고 있는 것이다.

2) 중앙집권-수도권 집중체제

세계적으로 유례를 찾기 어려운 강한 중앙집권-수도권 집중체제는 한국의 정치, 경제, 문화 등 모든 측면에서 수도권과 비수도권 간의 기회 균등과 공정성과 평등을 크게 침해하는 요인이다. 한국은 고도로 중앙집권화된 국가이다. 중앙정부가 입법권, 행정권, 재정권을 독점하고 있다.

법률은 국회만 제정할 수 있고 대통령령, 총리령, 부령 등 시행령은 중앙정부가 정한다. 지방자치단체는 법령의 범위 안에서 조례를 제정할 수 있을 뿐이다. 지방의회는 법률 제정권이 없고 지방자치단체는 중앙정부의 시행령에 따라야 한다. 나라를 통치하는 행정권이 중앙정부에 독점되어 있다. 행정을 위한 조직권과 인사권의 핵심 권한을 중앙정부가 가지고 있다. 조세법률주의[3]에 의해 중앙정부만 조세의 종목과 세율을 정할 수 있다. 게다가 국세와 지방세의 비율은 8 대 2로 되어 있다. 이처럼 조세와 정부 지출의 권한을 대부분 중앙정부가 장악하고 있다. 지방자치단체는 결정권과 세원이 없다.

아울러 한국은 수도권 집중이 심각하다. 인구와 산업, 일자리의 절반이 수도권에 집중되어 있다. 수도권 인구 비중은 1970년 28.3%에서 1980년 35.5%, 1990년 42.8%, 2000년 46.3%, 2013년 49.6%로 증가했다. 표 6-4에서 보는 것처럼 전체 산업의 사업체의 47.2%, 일자리의 50.8%가 수도권에 집중해 있다. 고용이 안정적이고 고임금을 받는 좋은 일자리가 몰려 있는 전문, 과학, 기술 서비스업의 경우 사업체의 60%, 일자리의 72%가 수도권에 집중해 있다. 2013년 현재 전국 중위임금 180만

3 헌법 제59조에서 "조세의 종목과 세율은 법률로 정한다"라고 규정하고 있다. 그런데 법률은 오직 국회만 제정할 수 있다. 법률의 시행령은 중앙정부가 정한다.

표 6-4

수도권 사업체 및 종사자 비중

단위: %

	사업체 수		일자리 수	
	2006년	2013년	2006년	2013년
전산업	46.7	47.2	50.6	50.8
제조업	51.6	50.6	47.8	43.5
전문·과학·기술 서비스업	57.6	59.8	66.9	72.0
출판·영상·방송·통신·정보 서비스업	65.0	70.5	74.2	78.8
교육 서비스업	43.3	45.2	46.5	48.6
금융·보험업	43.9	44.9	53.9	55.2

자료: 통계청, 국가통계포털.

원 이상의 임금을 받는 상용직으로서 주당 근로 시간이 15~49시간인 일자리의 60%가 수도권에 몰려 있는 것으로 나타났다.

수도권으로의 소득 유출도 심각하다. 통계청이 어느 국회의원에게 제출한 「시도별 소득 유출입 현황」 자료에 의하면, 2013년에 수도권은 91.4조 원의 소득 순유입이 이루어진 반면, 비수도권은 78.7조 원의 소득 순유출이 이루어졌다. 비수도권에서 창출된 소득이 수도권으로 유출되어 수도권과 비수도권 간의 양극화가 심화되고 있다. 이는 중앙집권-수도권 집중체제가 낳은 매우 불공평한 사례다.

3) 비정규직 차별

2014년 비정규직 노동자는 607만 7000명으로 경제 활동 인구의 32.4%에 달한다. 정규직 노동자는 일반적으로 정년까지 고용이 보장되

표 6-5

정규직과 비정규직 간의 복지 격차

단위: %

		정규직	비정규직
사회보험 가입률	국민연금	82.1	38.4
	건강보험	84.1	44.7
	고용보험	82.0	43.8
기업복지 수혜율	퇴직금	82.0	39.5
	상여금	83.5	39.7
	유급휴일	73.7	32.0

주: 2013년 자료임.
자료: 통계청, 「경제활동인구조사(근로 형태별 부가조사)」.

며 전일제(full-time)로 근무하는 노동자이지만, 비정규직 노동자는 근로계약 기간을 정한 노동자, 전일제가 아닌 파트타임 노동자, 고용과 사용이 분리되는 파견 노동자 등을 말한다. 한국의 비정규직 노동자는 고용 차별, 임금 차별, 복지 차별이라는 '3중의 차별'을 받고 있다.

기간제나 시간제로 고용되는 비정규직 노동자는 전일제로 근무하며 정년이 보장되는 정규직에 대해 고용 형태상의 차별을 받고 있다. 노동자가 자발적으로 비정규직 근무를 택한 것이 아니라 정규직으로 고용이 되지 않아 어쩔 수 없이 선택한 것이라면, 그 비정규직 노동자는 고용 차별을 받은 것이라 할 수 있다. 더욱이 만약 정규직 노동자와 개인 능력상의 차이가 없음에도 불구하고 비정규직에 고용되었다면 이는 더욱 명백한 고용 차별이라 할 수 있다.

비정규직의 평균임금은 2014년 현재 145만 3000원으로 정규직 평균임금 260만 4000원의 55.8%다. 뿐만 아니라 표 6-5에서 보는 것처럼 비정규직은 고용보험, 의료보험, 국민연금 등 사회보험 가입률이 정규직에 비해 훨씬 낮다. 퇴직금, 상여금, 유급 휴일 등 기업복지 수혜율도 비정규직이 정규직에 비해 현격하게 낮다.

더욱 심각한 것은 지금 한국에서 비정규직은 차별받는 하나의 신분으로 고착화되고 있다는 사실이다. OECD의 「2013년 비정규직 이동성 국가 비교」 자료에 따르면 한국에서 비정규직이 1년 뒤 정규직으로 전환되는 비율은 11.1%였다. 반면 계속해서 비정규직으로 일하는 비율이 69.4%, 아예 실업 상태가 되는 비율은 19.5%였다. 비정규직이 3년 뒤에 정규직으로 전환되는 비율은 22.4%로 다소 높아지지만, 여전히 비정규직으로 머무는 비율이 50.9%에 달했다. 우리나라는 비교 대상 16개국 중에서 정규직 전환 비율이 가장 낮았다.

이처럼 비정규직에 대한 차별이 격심하고 비정규직의 정규직 전환 가능성이 낮은 상황은 한국 사회가 노동 계급 내부에 서로 다른 두 신분이 존재하는 구조적 불공평에 직면하고 있음을 말해준다.

4) 여성 차별

한국 사회에서 여성에 대한 사회적 차별은 많이 시정되었으나 고용 차별과 임금 차별은 여전하다. 세계경제포럼(WEF)이 작성한 「2012년 세계양성격차지수(Global Gender Gap Index)」를 보면 한국은 조사대상 국가 135개국 중 108위에 랭크되었다. OECD 34개 국가 중 가장 순위가 낮은 터키(124위) 다음으로 낮다. 고소득 국가 45개국 중에는 40위로 나타났다. 한국은 격심한 여성 차별로 정평이 나 있는 쿠웨이트(41위), 바레인(42위), 카타르(43위), 오만(44위), 사우디아라비아(45위) 등 중동 아랍 국가들 다음가는 여성 차별이 이루어지고 있는 것으로 나타났다. 한국은 세계적으로 여성 차별이 매우 심한 국가군에 속함을 알 수 있다.

표 6-6

OECD 국가 세계양성격차지수 순위별 여성 지위 관련 지표

국가	양성 격차 지수 순위	여성 고용률 (비농업, %)	출산휴가(주)	여성 국회의원 비율(%)	출산율
아이슬란드	1	51	13	40	2.0
핀란드	2	52	15	43	1.8
노르웨이	3	49	56	40	1.9
스웨덴	4	50	69	45	1.9
아일랜드	5	52	26	16	2.0
멕시코	84	40	12	37	2.2
칠레	87	39	18	16	1.8
일본	101	43	14	8	1.4
한국	108	43	13	16	1.3
터키	124	25	16	14	2.1

자료: World Economic Forum, "Global Gender Gap Index 2012"; World Bank, "Gender Equality Data 2013".

여성 차별을 분야별로 나누어보면, '경제적 참여와 기회' 분야는 116위, '교육 수준' 분야는 99위, '건강과 생존' 분야는 78위, '정치적 권한 부여' 분야는 86위였다. 남녀 임금 격차는 125위, 남녀 소득 격차는 106위, 입법가·고위 공무원·경영자의 성별 격차는 113위로 나타났다. 남성과 여성의 성비는 0.93으로 122위로 나타났다. 세계적으로 보았을 때 한국은 여성에 대한 경제적 및 사회적 차별이 매우 심한 나라임을 알 수 있다.

표 6-6에서 OECD 국가 중 양성 격차가 가장 적은 최상위 5개국과 양성 격차가 가장 큰 최하위 5개국을 비교해보면, 여성 고용률, 출산휴가 기간, 여성 국회의원 비율, 출산율 등에서 뚜렷한 차이가 남을 알 수 있다. 양성평등도가 가장 높은 나라들에서 양성불평등이 가장 심한 나라들에 비해 여성 고용률이 현격히 높고 출산휴가 기간이 대체로 길며 여성

국회의원 비율이 훨씬 크고 출산율도 대체로 높음을 알 수 있다.

한편, 우리나라의 2012년 남녀 간 임금불평등 정도는 조사대상 OECD 11개국 중 최고로 나타났다. 즉, 성별 임금불평등도는 한국 37.4%, 일본 26.5%, 미국 19.1%, 캐나다 18.8%, 영국 17.8%, 슬로바키아 16.0%, 체코 공화국 15.1%, 호주 13.8%, 헝가리 11.3%, 노르웨이 6.4%, 뉴질랜드 6.2%였다.

이처럼 한국이 세계적으로 가장 여성 차별이 심한 그룹에 속하기 때문에 양성평등을 실현하는 것이 경제 정의 실현의 가장 중요한 과제 중 하나가 된다. 양성평등 실현은 여성 고용률을 높여 경제성장 잠재력을 높이는 역할을 할 수 있을 것이다.

5) 교육불평등

교육불평등은 한국 사회에서 불평등을 초래하는 가장 중요한 요인이라 할 수 있다. 과거 한국은 교육이 사회적 이동성을 높이는 사다리 역할을 했지만 최근에는 교육을 통한 계층 이동 가능성이 낮아지고 교육불평등이 사회불평등으로 연결되는 양상이 나타나고 있다.

대학 진학률이 세계적으로 가장 높은 나라 그룹에 속하는 한국에서 교육 기회의 형식적 평등은 매우 높다. 한국의 25~34세 청년층 중 대졸자 비중은 2012년에 66%였는데, 이는 OECD 국가 중 가장 높은 비율이다. 25~64세 연령층에서도 대졸자 비율이 42%였는데, 이는 OECD 평균인 33%보다 훨씬 더 높다. 이처럼 높은 고등교육 기회가 형식적으로는 매우 평등해보이지만, 이른바 좋은 대학과 고등학교에 들어갈 수 있는 기회는 아주 불평등하다. 무엇보다 대학 입시에서 사교육의 역할이 큰 한국에서는 가계의 소득 수준별로 사교육비 지출이 차이가 나고 사교육비 지출이 자녀의 초중등 학교 성적과 대학 입시에 큰 영향을 미치기 때문에, 소득불평등이 교육불평등으로 연결되는 메커니즘이 강하게 작동하고 있다.

통계청의 사교육비 조사 자료에 의하면, 월 소득 100만 원 미만인 가계의 사교육비 지출은 6.6만 원인 데 비해 700만 원 이상인 가계의 사교육비 지출은 42.8만 원이었다. 또한 사교육없는세상이 통계청 '가계동향지수' 중 사교육비 항목을 분석한 결과 2014년에 최고 소득 계층인 10분위의 사교육비 지출이 36만 8700원인 데 반해 최저 소득 계층인 1분위의 사교육비 지출은 2만 2200원에 불과했다.

서울대 진학률에서 서울과 타 지역의 격차가 벌어지고 서울 내에서도 특목고 출신이 차지하는 비중이 커지고 있는 사실, 특목고, 자율고, 일반고, 특성화고 등 고교유형별로 학생 가정의 가구소득이 체계적으로 차이가 나고 있는 사실, 즉 고소득층 자녀일수록 특목고에 가는 비율이 높고 저소득층 자녀일수록 특성화고에 가는 비율이 높다는 사실(김희삼, 2015)은 지역별 및 계층별 소득 격차가 교육 격차로 이어지고 있음을 나타내준다.

이와 같이 우리나라는 "소득 격차 → 사교육비 지출 격차 → 교육 격차 → 소득 격차"라는 교육불평등의 재생산 구조가 강고하게 자리 잡고 있다. 이런 불공정하고 불공평한 교육 현실 때문에 교육은 더 이상 계층 상승의 기회가 되지 못하고 오히려 사회불평등을 고착시키고 강화시키는 기능을 한다. 이제 개천에서는 더 이상 용이 나지 않는다. 교육불평등이 빈곤의 대물림을 초래하고 있다.

교육 환경이 좋은 명문 대학에 사교육을 많이 받은 고소득층 자녀가 주로 입학하고, 잠재력은 있지만 사교육을 못 받은 저소득층 자녀는 입학할 수 없는 것은 인적자원 배분이 불공정하게 이루어졌음을 말한다.

이는 비효율적일 뿐만 아니라 국가적으로도 손실이다.

6) 공공성 결핍

한 사회의 공공성이 높을수록 보다 공정하고 공평하여 경제 정의가 실현될 가능성이 높을 것이다. 공공성은 사회의 보편적 이익을 실현하는 한 사회의 제도와 문화의 수준으로 정의할 수 있다. 서울대학교 사회발전연구소가 OECD 국가의 공공성을 공익성, 공정성, 공민성, 공개성의 네 차원으로 나누어 분석한 결과, 한국의 공공성은 33개국 중 33위로 꼴찌였다. 공익성과 공정성이 모두 꼴찌였고, 공민성은 31위, 공개성은 29위였다(표 6-7 참조).

노르웨이, 스웨덴, 핀란드, 덴마크 등 노르딕형 자본주의 국가의 공공성이 가장 높은 수준임이 주목된다. 독일 등 라인형이 중간 그룹에 속했으며 미국과 영국 등 영미형이 하위 그룹에 속했다. 고소득 국가로서는 일본이 최하위 그룹에 속했다. 한국이 저소득 국가인 터키와 멕시코보다 공공성이 낮음을 알 수 있다. 사회민주주의 국가들이 공공성이 가장 높고, 사회적 시장경제 국가들이 그 다음으로 공공성이 높고, 신자유주의 국가들이 공공성이 낮음을 확인할 수 있다. 이 분석 결과는 발전 모델의 차이가 공공성 수준에 영향을 미치고 있음을 시사한다.

이처럼 한국의 공공성이 선진국 중 최하위인 것은 공공성 실현을 위한 정부의 역할이 작고 시민의 공공성 의식이 낮기 때문이다. 우선 프레이저 연구소(Fraiser Institute)가 매년 작성하여 발표하는 '경제적 자유 지수(Economic Freedom Index)'를 보면, 한국은 2012년 '정부 규모' 기준 지수[4]가 3.15였다. 네덜란드와 스웨덴은 각각 6.41, 6.35로 가장 높았다. 덴마크 5.43, 핀란드 5.06, 노르웨이 4.94, 독일 4.62이고 미국은 3.04였다.

표 6-7

OECD 국가의 공공성 순위

국가	공익성	공정성	공민성	공개성	공공성
노르웨이	3	1	3	1	1
스웨덴	6	2	1	3	2
핀란드	5	3	4	2	3
덴마크	4	6	2	5	4
룩셈부르크	1	14	7	7	5
뉴질랜드	2	10	9	9	6
에스토니아	10	21	23	4	7
아일랜드	7	9	18	12	8
스위스	27	7	10	6	9
아이슬란드	17	4	13	13	10
네덜란드	12	8	14	14	11
독일	16	18	6	10	12
벨기에	11	11	12	19	13
이탈리아	9	5	22	31	14
오스트레일리아	22	17	8	15	15
오스트리아	8	24	16	22	16
체코	14	26	20	11	17
캐나다	25	16	11	18	18
슬로베니아	13	12	25	21	19
폴란드	19	23	15	17	20
스페인	15	13	19	28	21
영국	24	22	17	16	22
프랑스	18	15	24	26	23
미국	32	31	5	8	24
포르투갈	21	28	26	24	25
이스라엘	26	30	21	20	26

그리스	30	19	29	23	27
슬로바키아	28	29	27	25	28
헝가리	20	25	33	32	29
멕시코	31	20	28	30	30
일본	29	27	30	27	31
터키	23	32	32	33	32
한국	33	33	31	29	33

자료: 서울대학교 사회발전연구소(2014).

'이전 지출과 보조금 기준' 지수는 한국이 1.65로 OECD 국가 중 가장 낮았다. GDP 대비 공적 사회 지출 비율도 2013년 9.0%로 OECD 국가 최하위 수준이다. 한국은 미국처럼 '작은 정부' 그룹에 속했다. 전체적으로 보면 정부가 자원 배분에서 좀 더 적극적 역할을 하는 '큰 정부'를 가진 노르딕형 국가들과 라인형 국가들에서 공공성이 높았다.

한국은 이처럼 정부의 공공성이 낮을 뿐만 아니라 시민의식의 공공성도 낮다. 세계가치관조사(World Values Survey)에 의하면, 표 6-8에서 보는 것처럼 한국은 조사 대상 OECD 국가 중 물질주의 경향이 가장 강하고 탈물질주의 경향이 아주 약한 나라임을 알 수 있다. 일반적으로 물질주의 경향이 강할수록 공공성 실현이 어렵고 탈물질주의 경향이 강할수록 공공성 실현이 쉽다. 이 가치관 조사 결과는 한국인의 강한 물질주의 가치관이 공공성을 약화하고 있음을 보여준다.

4 원래 정부 규모 기준 경제적 자유 지수는 수치가 클수록 경제적 자유도가 높은 것을 나타낸다. 여기서는 '정부 규모 지수'는 '10－정부 규모 기준 경제적 자유 지수'로 계산한 것이다.

표 6-8

물질주의적 혹은 탈물질주의적 경향 국제 비교

단위: %

국가	물질주의 경향	탈물질주의 경향
오스트레일리아	39.1	2.9
칠레	20.3	15.5
에스토니아	30.3	4.4
독일	19.6	22.4
일본	19.3	6.6
한국	44.2	5.1
멕시코	16.9	20.2
네덜란드	22.4	12.8
뉴질랜드	14.5	11.1
폴란드	23.5	7.0
슬로베니아	24.8	8.4
스페인	32.6	9.3
스웨덴	7.6	30.3
터키	32.2	10.7
미국	23.2	16.7

주: 탈물질주의 지수(Post-Materialist index) 4개 항목에 기초.

※ 탈물질주의 지수 4개 항목은 세계가치관조사를 설계한 잉글하트(Ingelhart)의 질문 4개를 말한다. 잉글하트는 ① 국가 질서의 유지, ② 중요한 정치적 결정에 사람들의 발언권을 더 많이 부여하기, ③ 물가 상승을 억제하기, ④ 언론 자유를 보호하기 등과 관련한 4개 질문에서 사람들이 물질주의적인지 탈물질주의적인지를 파악하고자 했다.

자료: World Values Survey Association(2014).

3. 경제 정의 실현을 위한 발전 모델

위에서 한국 경제에서 불공평을 초래하고 있는 6대 요인, 즉 재벌지배체제, 중앙집권-수도권 집중체제, 비정규직 차별, 여성 차별, 교육불평등, 공공성 결핍 상황을 분석했다. 위의 분석 결과에 의하면 비수도권에 있는 중소기업에서 근무하는 저학력 여성 비정규직 노동자가 한국 사회에서 가장 불이익을 받는 계층이라고 결론지을 수 있다. 따라서 이들 계층의 이익을 우선적으로 향상하는 것이 한국 사회에서 경제 정의를 세우는 길이다.

경제 정의 실현을 위한 발전 모델은 재벌지배체제와 중앙집권-수도권 집중체제를 해소하고, 비정규직 차별과 여성 차별을 철폐하며, 교육불평등을 완화하고, 공공성을 높이는 제도 개혁과 문화 혁신을 추진하는 전면적이고 총체적인 개혁을 통해 정립할 수 있다. 특히 재벌지배체제와 중앙집권-수도권 집중체제를 해소하는 것이 경제 정의 실현을 위한 발전 모델 정립에 결정적으로 중요하다.

재벌지배체제를 해소하기 위해서는 우선 재벌기업의 기업지배구조를 개혁해야 한다. 재벌 총수가 전제적 의사결정을 하는 기업지배구조를 주주와 노동자 등 이해관계자가 함께 의사결정에 참여하는 기업지배구조로 개혁해야 한다. 재벌 자본주의를 이해관계자 자본주의로 전환해야 한다.

1997년 외환위기 이후 한때 소액주주운동이 일어난 바 있는데, 이는 기본적으로 재벌 자본주의를 주주 자본주의(shareholder capitalism)로 전환하려는 목표를 가지고 있었다. 노동자를 배제한 채 최고경영자(CEO)와 주주만이 의사결정에 참여하고 노동자 가치(workholder value)[5]를 무시한 채 주주 가치(shareholder value)만 높이는 기업 경영을 하는 주주 자본주의는 경제 정의에 역행한다.

재벌기업의 기업지배구조를 이해관계자 자본주의로 전환하려면 이사회에 노동자들의 이해를 대변하는 노동 이사가 파견되어야 하고 동시에 사외 이사제를 개혁해야 한다. 노동 이사는 노동조합 대표나 아니면 노동조합이 추천하는 외부 전문가로 하면 바람직할 것이다. 현재 거수기에 불과한 사외 이사의 추천 방식을 바꾸어 기업 이해관계자, 즉 주주, 노동자, 채권자(은행), 협력 업체, 소비자, 지역 주민 등이 추천하는 전문가를 사외 이사로 선임해야 할 것이다. 이해관계자 자본주의는 노동자 참여형 기업 경영을 정착시키고 기업의 사회적 책임(CSR)을 완수하게 만들어 경제 정의 실현에 기여할 것이다.

다음으로 재벌 대기업과 중소 협력 업체 간에 존재하는 시장거래에서의 권력 비대칭성을 시정하는 제도 개혁이 추진되어야 한다. 재벌기업과 중소 협력 업체 간의 불공정한 하도급 관계를 대등하고 공정한 관계로 전환해야 한다. 또한 재벌 대기업의 부당한 단가 인하를 막는 효과적 방안이 고안되어야 한다.

이를 위해서는 부당한 공동 행위를 금지하는 '공정거래법' 19조를 개정하여 중소기업이 협동조합을 통해 재벌 대기업과 집단거래를 할 수 있도록 해야 한다. 그래야 부당한 단가 인하를 막을 수 있을 것이다. '공정거래법' 19조를 개정하지 않고서는 대기업과 협력사의 상생협력을 촉진

---

5 '노동자 가치'는 주주 가치에 대응하는 개념으로서 독일 폭스바겐(Volkswagen) 자동차의 노동 이사 페터 하르츠(Peter Hartz)가 개발한 개념이다. 노동자 가치는 기업의 노동자의 역량(숙련, 지식, 창의성)과 고용의 질, 임금소득 전망을 의미한다. 노동자 가치는 노동자 참여를 통해 더 많은 가치 창출을 하고 기업의 장기적 발전을 도모하는 기업 모델을 지향한다. 하르츠는 노동자 가치가 증대해야 기업의 실물 가치나 화폐 가치만이 아니라 기업이 성장하고 난국을 극복할 수 있는 역량이 증대한다고 본다(Hartz, 2002).

하기 위해 도입을 권장하고 있는 성과공유제나 이익공유제도 실효가 없을 것이다. '공정거래법' 19조 개정은 현재 한국에서 경제 정의 실현, 경제민주주의 실현을 위한 핵심적 정책 의제이다.

중앙집권-수도권 집중체제를 지방분권-지역다극 발전체제로 개혁해야 한다. 중앙정부가 독점하고 있는 권한을 지방정부에 이양하고 수도권에 집중된 자원을 비수도권으로 분산하는 지방분권 개혁이 이루어져야 한다. 지방에 충분한 결정권, 세원, 인재가 있어야 한다. 이를 통해 전국 각 경제권역별로 다극 발전체제가 형성되어야 한다. 지역권역별로 지속가능한 성장 잠재력이 형성되어야 지역경제가 발전하고 지역 일자리가 창출되어 지역 주민의 삶의 질이 골고루 높아질 수 있다.

그동안 추진된 지방분권 개혁은 미약했다. 행정중심 복합도시(세종시) 건설과 150개 공공기관의 지방이전, 혁신도시 건설을 통해 수도권에 집중된 자원의 비수도권 분산은 상당 정도 이루어졌다. 하지만 중앙정부에서 지방자치단체로의 권한 이양은 지지부진했다. 이양이 필요한 권한을 일괄적으로 이양하는 '지방일괄이양법'은 아직 제정되지 못했다. 복지사무 이양의 경우처럼 일부 권한 이양은 있었지만 그에 상응한 재원 이전은 하지 않아 지방자치단체의 재정을 압박했다.

현재 지방분권 개혁의 최대 걸림돌은 중앙집권적 현행 헌법이다. 1987년에 제정된 헌법은 중앙집권적 민주헌법이다. 따라서 이러한 중앙집권적 헌법을 지방분권적 헌법으로 바꾸는 개헌이 필요하다. 지방분권형 개헌을 통해 중앙집권국가를 지방분권국가로 전환해야 경제 정의가 실현될 수 있다. 헌법 제1조에 대한민국이 지방분권국가임을 규정하고 정부를 중앙정부와 지방정부로 나누어 지방정부에 입법권, 행정권, 재정권을 부여해야 한다. 지역대표형 상원을 설치하여 지역의 의사가 등가로 중앙 정치에 반영되고 지역 균형 발전을 위한 법률이 제정될 수 있도록 해야 한다. 지방분권 개헌을 통해 지방정부가 자기결정권과 자기책임성을 가지고 지역 독자적인 발전 모델을 정립하여 주민의 삶의 질을 골고루 향상할 수 있도록 해야 한다.

비정규직은 고용 차별, 임금 차별, 복지 차별이라는 3중의 차별을 받고 있다. 정규직과 비정규직 간에 오직 고용 형태상의 차별만 있어야 한다. 동일노동 동일임금 원칙이 적용되고 기업복지에서 차별 대우를 못하도록 비정규직 보호 관련법의 벌칙 조항을 강화해야 한다. 비정규직 노동자의 조직화를 통해 교섭력을 강화하고, 기업별 노조체제에서 산업별 노조체제로 전환함으로써 노동자의 힘으로 차별을 해소하는 등 주체적인 노력을 기울여야 한다.

정치, 경제, 문화에서의 양성평등을 구현하는 여성 친화적인 정책을 실시해야 한다. 특히 여성의 경제적 참여와 기회를 높이는 기업지배구조 및 노동시장 개혁이 절실히 요청된다. 여성 CEO 비중을 확대하고 일·가정 균형(work-life balance)과 같은 기업 경영을 실천하는 것이 기업의 사회적 책임 완수의 주요 의제가 되도록 해야 한다. 중앙정부와 지방정부 등 공공기관과 공기업에서 여성 고위직 비중을 높이는 행정 개혁을 선도해야 한다. 여성의 승진을 가로막는 보이지 않는 유리 천장(glass ceiling)을 깨는 인사가 필요하다.

교육불평등을 해소하기 위한 경제개혁, 교육개혁, 사회개혁을 단행해야 한다. 교육불평등 완화를 위한 교육개혁의 핵심은 “소득 격차 → 사교육비 지출 격차 → 교육 격차 → 소득 격차”라는 악순환의 고리를 끊는 것이다. 소득 격차를 줄이는 방식, 사교육이 교육 격차를 낳지 못하도록 하는 방식, 교육 격차를 줄이는 방식, 학력별 임금 격차를 줄이는 방식 등이 악순환의 고리를 끊는 서로 다른 방법이 될 수 있다.

부와 소득의 불평등을 줄이기 위해 정부가 조세와 이전 지출을 통해 시장에 강하게 개입하는 사회적 시장경제 혹은 사회민주주의로 나아가는 경제개혁이 필요하다. 사교육이 교육 격차로 연결되지 못하도록 하는 교육개혁이 필요하다. 지덕체(智德體)가 아닌 체덕지(體德智) 기준의 학생 선발, 지역균형 선발의 대폭 확대 등과 같은 대학 입시의 개혁이 필요하다. 저소득층 자녀들의 학력 증진을 위한 공교육 및 사회 교육 프로그램의 확대, 지역권역별 일반 명문 공립고 육성 등을 통해 계층 간 및 지역 간 교육 격차를 줄여야 한다. 나아가 학력별 임금 격차를 줄이는 보상 시스템 개혁을 공공 부문부터 추진해야 한다.

마지막으로 한국 사회 전체의 공공성을 높이는 제도 개혁과 문화 혁신을 추진해야 한다. 정부의 공공성을 높이기 위해 소득재분배 기능을 강화하고 복지국가를 실현할 수 있는 '크고 유능한 정부'가 필수적이다. 육아, 양로, 교육, 의료 등에서 보편적 복지를 제공하는 복지국가를 구현해야 한다. 경제 부문의 공공성을 높이기 위해서 공정한 시장경제 질서의 정착, 이해관계자 자본주의 도입, 기업의 사회적 책임 강화, 사회적 경제 확장 등을 포함하는 경제개혁을 해야 한다.

문화 부문의 공공성을 높이기 위해서는 시민들이 탈물질주의적인 생활양식을 가지도록 하는 교육문화운동이 일어나야 한다. 과거 우리나라 전통 사회의 선비들이 따르고자 했던 정신, 즉 이익을 보면 정의를 먼저 생각한다는 '견리사의(見利思義)'의 군자 정신이 오늘날 우리 사회에도 확산되어야 한다.

한국에서 경제 정의가 실현되려면, 자유시장경제를 넘어 공정성이 실현되고 경제주체들 사이에 대등한 상생 협력이 이루어지는 공생 관계가 형성되는 '공생적 시장경제'(김형기, 2014)로 나아가야 한다. 아울러 1960년대 이후 반세기 동안 유지되어온 '중앙집권형 개발국가(centralized developmental state)'를 새로운 '지방분권형 복지국가(decentralized welfare state)'로 전환해야 한다.

요컨대 공생적 시장경제와 지방분권형 복지국가로 구성된 새로운 발전 모델을 정립해야 경제 정의를 구현할 수 있다.

제7장

지속가능한 선진 지역경제 실현 전략

1. 세계 경제위기와 신자유주의의 퇴조

세계 경제위기의 여파로 위기에 빠진 한국 경제가 침체의 수렁에서 벗어나 내년에는 플러스 성장으로 돌아설 것이라는 전망이 나오고 있다. 미국 경제를 비롯한 세계 경제도 경기 후퇴 현상이 약화되고 조만간 경기가 바닥을 치고 회복의 길로 접어들 것이라는 낙관론이 제기되고 있다. 금융위기가 일단 진정되고 있는 것은 분명해 보인다. 그러나 실물경제의 위기는 여전히 지속되고 있다. 일시적인 경기회복 이후 다시 경기가 침체할 것이라는 '더블 딥' 경기 후퇴(double dip recession)의 가능성도 배제할 수 없다.

아무튼 2008년 미국발 세계 금융위기가, 1930년대 대공황에 버금갈 정도로 파국적이고 장기 지속적일 것이라는 애초의 예상과는 달리, 보다 완화된 형태로 나타나고 있고 일단은 조기에 진화되는 양상을 보이고 있다. 이는 대공황 때와는 달리 정부가 시장에 개입할 수 있는 다양한 제도적 장치들이 갖추어져 있고 미국과 같이 자유시장경제 체제를 가지고 있는 국가들조차 은행을 국유화하고 대규모의 구제금융을 실시하는 등 정부가 신속하고 광범하게 시장에 개입했기 때문이다.

2008년 세계 경제위기를 계기로 세계 각국은 값비싼 교훈을 얻게 되었다. 즉, 금융주도 자본주의(finance-led capitalism), 주주 자본주의, 고삐 풀린 자유시장경제는 지나치게 불안정하고 불공평하기 때문에 지속 불가능하다는 점을 자각한 것이다. 자본주의가 지속가능하기 위해서는 금융시장을 엄격히 규제해야 하며, 단기적인 주가수익을 극대화하는 것이

※ 제7장은 지역재단이 주최한 제6회 전국지역 리더대회(2009.9.28)의 기조발표문을 수정·보완한 것임.

기업 경영의 최우선 목표인 주주 자본주의를 기각해야 하고, 시장에 대한 적절한 국가의 개입과 시민사회의 통제가 이루어지는 조정시장경제(coordinated market economy)를 지향해야 한다는 담론이 확산되고 있다.

미국의 경우, 부자와 기업에 대한 감세와 규제 완화를 통해 경제성장을 달성하려는 하향식 경제학에 대한 반성이 일어나고 있다. 부시 정부가 지향한 하향식 경제학은 부자와 대기업에 혜택을 주는 감세와 규제 완화정책을 실시하면 이들이 더 많이 소비하고 투자하여 경제성장이 이루어지고 일자리가 생겨 그 과실이 노동자를 비롯한 전 국민에게 돌아간다는 논리를 가지고 있다. 하향식 경제학은 이른바 적하 효과를 통해 경제성장을 달성하는 것을 기대하고 있다. 하향식 경제학의 논리는 그것에 기초한 부시 정권의 경제정책이 결국 파국적 금융위기와 심각한 양극화를 초래했다는 사실 앞에서 허구임이 드러나고 말았다.

오바마 정부는 이러한 하향식 경제학을 기각하고 노동자와 영세 자영업자, 중소기업에 대한 감세와 투자를 확대하는 상향식 경제학을 지향했다. 상향식 경제학은 '경제성장의 동력은 노동자의 생산성이다'라는 명제에서 출발한다(Talbott, 2008). 즉, 상향식 경제학은 노동자의 생산성이 높아지면 한편에서는 임금이 높아져 내수시장이 확대되고, 다른 한편에서는 기업경쟁력이 향상되고 기업 이윤이 증가하여 투자가 확대됨으로써 경제성장이 촉진된다는 논리를 가지고 있다(윤종훈, 2008). 상향식 경제학에서는 금융시장에 대한 엄격한 규제를 통해 금융시장을 안정시키고 노동자에 대한 교육 투자를 강화하여 고용 가능성과 생산성을 높임으로써 지속가능한 경제성장을 실현하고자 한다.

이렇듯 세계 경제위기는 금융주도 자본주의, 주주 자본주의, 자유시장경제, 하향식 경제학 등을 포함한 신자유주의가 지속 불가능하다는 것을 입증해주었다. 1980년대에 등장하여 한 세대를 지배한 신자유주의가

2008년의 세계 경제위기를 계기로 그 생명력을 다하고 역사의 뒷골목으로 퇴장하고 있는 중이다. 신자유주의에 대한 대안으로 시장에 대한 정부의 개입을 강화하자는 케인스주의(Keynesianism)가 부활하고 있고, 제도와 문화를 통한 시장의 착근(embeddedness)을 강조하는 폴라니주의(Polanyianism)가 새롭게 주목받고 있다.

2. 지속 불가능한 MB 노믹스

이러한 세계 수준의 변화의 흐름과는 반대로 이명박 정부는 이미 퇴조한 낡은 신자유주의를 고수하고 있다. 이명박 정부의 경제정책 기조는 MB 노믹스로 불린다. MB 노믹스의 핵심은 규제 완화와 감세를 통해 높은 경제성장을 달성하겠다는 것이다. 이런 점에서 그것은 1980년대 미국의 레이건 정부와 영국의 대처 정부가 추진한 전형적인 신자유주의를 지향한다고 평가할 수 있다.

이명박 정부는 이러한 MB 노믹스에 따라 금융시장에 대한 규제를 대폭 완화하고 금산분리 완화를 추진했으며 헤지펀드를 허용하고 상업은행과 투자은행을 결합하는 '자본시장통합법' 시행을 강행했다. 또한 종합부동산세·상속세·법인세 등을 완화하는 감세정책을 실시했다. 수도권 규제 완화를 추진하고 부동산시장 규제를 완화했다. 나아가 공기업 민영화와 의료보험 당연지정제 폐지를 시도했다. 또한 경제 주권을 침해할 우려가 있는 투자자국가소송제 등과 같은 독소조항이 있고 농업을 황폐화할 우려가 있는 한미 FTA 국회 비준을 강행하려고 한다. 아울러 MB 노믹스는 부자에 대한 감세와 금융시장과 대기업, 수도권에 대한 규제 완화를 통해 투자와 소비를 활성화하여 경제성장을 달성하려는 하향식 경제학을 지향하고 있다.

앞에서 지적한 것처럼 1980년대에 등장하여 2008년까지 약 30년 동안 세계를 지배한 신자유주의는 2008~2009년의 파국적 세계 경제위기를 초래하여 더 이상 지속 불가능하다는 점이 입증되었다. 하향식 경제학은 경제성장에 기여하지 못하고 양극화만 심화하고 말았다. 그럼에도 불구하고 이명박 정부는 그러한 지속 불가능한 신자유주의 정책을 추진하고 하향식 경제학에 기초한 경제 운영을 하고 있다. 모든 것을 시장에 맡겨 해결하려는 시장만능주의가 횡행하고 있다. 교육과 의료와 복지에서조차 시장 경쟁의 원리를 도입하려고 한다. 김대중 정부에서는 IMF 관리체제 아래에서 외압에 의해 강요되었고, 노무현 정부에서는 부분적으로 제한된 형태로 추진되었던 신자유주의가 이명박 정부에서 전면적으로 추진되고 있다. 2008년에 촛불시위라는 국민적 저항에 부딪혀 신자유주의적 기조는 잠시 소강상태에 들어갔지만 촛불이 꺼지자 신자유주의는 다시 기승을 부리고 있다.

그런데 최근에 들어와 이명박 정부는 녹색성장(green growth)을 최고 국정 의제로 설정하고 경제위기에 대응하여 이른바 녹색뉴딜정책을 제시했다. 녹색뉴딜정책의 핵심은 4대강 정비 사업이다. 주지하는 바대로 4대강 정비 사업은 이명박 대통령이 강행하려던 한반도 대운하 사업이 국민적 반대에 부딪히자 그것을 변형해서 기획한 것이다. 이 사업은 집권 여당의 대표 말대로 전국을 공사장 망치 소리로 가득 차게 만드는 것이 목표다. 이를 두고 이명박 정부는 녹색뉴딜이라 하지만 그것은 녹색원리를 지향하기보다는 과거의 개발주의를 답습할 가능성이 높고 따라서 전국 방방곡곡에서 녹색의 파괴, 즉 환경 파괴를 초래할 우려가 있다(김형기, 2008b).

원래 유엔과 미국, 영국 등에서 제기된 녹색뉴딜(Green New Deal)은 지구온난화를 초래하고 있는 기후변화와 글로벌 경제위기에 대응하여, 탄소 의존성을 줄이고 생태 희소성을 줄이는 것을 목표로 한다(UNDP, 2008). 금융시장에 대한 규제를 강화하고 과잉 팽창한 금융 부문을 축소하는 것이 녹색뉴딜의 또 다른 목표다(Green New Deal Group, 2008). 녹색뉴딜은 대량생산경제와 금융주도경제를 새로운 경제 패러다임인 녹색경제로 전환하는 것을 장기적 목표로 한다. 이러한 전환에서 핵심적 과정은 이산화탄소를 줄이고 생태계를 복원하고 유지하는 데 기여하는 녹색 일자리(green job)를 창출하는 것이다. 에너지 효율성을 높이고 화석에너지로부터 재생에너지로의 에너지 전환을 추진하는 것이 녹색경제를 지향하는 경제정책의 핵심이 되어야 한다.

그런데 이명박 정부는 이러한 방향의 정책보다는 생태계를 파괴할 우려가 있는 건설토목공사 중심의 4대강 살리기 사업을 녹색뉴딜정책의 핵심으로 추진하고 있다. 에너지 효율성을 높이고 에너지 전환을 촉진하는 사업에 대한 투자는 그 비중이 아주 작다. 따라서 그것은 진정한 의미의 녹색뉴딜이 아니라 녹색을 파괴하는 '회색뉴딜(Grey New Deal)'이라 불려야 마땅할 것이다. 또한 원자력에너지를 청정에너지로 간주하고 원자력 의존도 증대를 통해 이산화탄소를 감축하려는 전략을 추진하고 있다. 요컨대 원자력에너지 의존도 증대와 4대강 정비 사업이 녹색성장과 녹색뉴딜의 핵심 정책인 것이다. 금융시장에 대한 규제는 강화한 것이 아니라 반대로 완화했다.

이런 정책 기조는 오늘날 선진국들이 지구온난화와 경제위기에 대응한 새로운 지속가능한 발전 전략으로서 녹색경제를 지향하고 그것을 위한 녹색뉴딜정책을 추진하는 길과는 방향이 다르다. 그것은 지식기반경제의 새로운 성장 전략으로서도 부적합할 뿐만 아니라 가공할 환경 재앙을 초래할 수 있는 위험한 전략이다.

다른 한편, 이명박 정부는 참여 정부에서 추진해온 지역정책인 균형발전정책과 지역 혁신정책의 기조를 폐기해버렸다. '균형', '혁신'이라는 개념을 정부 공문서에서 삭제해버렸다. 참여 정부에서 지향해온 '지방 우선(Local First)' 정책 기조를 버리고 '수도권 우선(Seoul First)' 정책 기조를 채택하고 있다. 참여 정부에서 추진해온 각종 지역정책들 – 예컨대 공공기관 지방이전과 혁신도시 건설 사업, 지방대학 역량강화 사업(NURI 사업), 신활력사업 등 – 을 축소했거나 지체시키고 있거나 중단해버렸다. 물론 이러한 사업들은 내생적 지역 발전 역량의 강화라는 관점에서 보았을 때 사실 적지 않은 문제점이 있다. 그럼에도 불구하고 그 정책들은 지역을 우선적으로 배려한다는 정책 마인드에 기초하는데, 이명박 정부는 그것들이 가지는 문제점을 이유로 그 정책들 자체를 부정해버렸다.

이명박 정부가 새로이 제시한 초광역경제권[1] 정책은 '균형', '혁신', '자치' 등의 개념이 빠져 있고 기본적으로 외생적 거점개발 방식과 하향식 경제학에 기초하고 있기 때문에 내생적 지역 발전 역량을 강화할 것으로 기대하기는 어렵다. 수도권에 집중 투자하여 그 적하 효과를 통해 지방을 발전시킨다는 하향식 경제학에 기초한 전략으로는 내생적 지역 발전, 자립적 지방화, 자립적 지역경제 실현을 기대할 수 없을 것이다. '중앙집권-수도권 일극 발전체제'를 '지방분권-지역다극 발전체제'로 전환하는 참여 정부의 지방분권 개혁은 이명박 정부에 들어와서 중도반단되었다. 참여 정부의 지방분권과 국가균형발전 정책에서 지역 주민들이 보

---

1 전국을 '5+2'(수도권, 충청권, 대구경북권, 부산울산경남권, 호남권, 강원, 제주) 경제권으로 나누어 각 권역별로 선도산업을 지정하여 개발한다는 구상이다. 경제권별로 설치되는 초광역경제권발전위원회는 중앙정부 주도와 관 주도의 성격이 뚜렷하여, 과거 참여 정부에서 광역행정권 단위로 구성되었던 지역혁신위원회에 비해 지역 주도의 민관 협치의 거버넌스적 성격이 약하다.

았던 약간의 희망마저 이명박 정부에 들어와서 사라져버렸다.

이러한 MB 노믹스는 한국 경제의 불안정성과 양극화를 증폭하고 심화할 것이기 때문에 지속 불가능하다. 이명박 대통령이 '친서민 중도실용' 노선을 지향하겠다고 선언했지만, 부자, 대기업, 수도권을 우선시하는 MB 노믹스와 친서민 중도실용 노선은 양립할 수가 없다. 빈자, 중소기업, 지방을 우선시하는 방향으로 국정 기조를 전환하지 않는 한, 친서민 중도실용 노선은 한갓 정치적 수사에 불과할 것이다.

3. 지속가능한 선진 지역경제 실현을 위한 정책 기조

신자유주의, 금융주도경제, 주주 자본주의, 하향식 경제학으로부터는 지속가능한 국민경제는 물론이고 지속가능한 지역경제를 기대할 수 없다. 그렇다면 21세기 글로벌화와 지식기반경제 시대에서 지속가능한 선진 지역경제 실현을 위한 조건은 무엇인가?

무엇보다 먼저 지식주도경제, 이해관계자 자본주의, 상향식 경제학을 포함하는 '대안적 발전 모델(alternative development model)'을 지향하는 방향으로 국민경제와 지역경제의 패러다임을 바꾸어야 한다. 이에 기초해 대안적 지역 발전을 실현해야 한다.

현 단계 한국에서 대안적 지역 발전 모델은 '자율, 연대, 생태'라는 가치를 추구하고 '지방분권, 주민자치, 지역 혁신'이라는 정책을 추진할 때 실현할 수 있을 것이다. 지방정부 및 자치단체와 대학, 기업 등 지역의 각급 조직이 자기결정을 하고 사회적 책임을 지는 자율, 더불어 함께 살아가는 공동체를 형성하는 연대, 지속가능한 발전을 실현하는 생태는 대안적 지역 발전을 위한 3대 가치이다. 중앙정부에서 지방정부로의 권한 이양과 수도권에서 지방으로의 자원 분산을 포함하는 지방분권, 지역의 창조적 파괴를 통해 내생적 발전 잠재력을 창출하는 지역 혁신, 풀뿌리 주민 참여를 통해 지방정부가 통제되고 주민의 적극성과 창의성이 발휘되는 주민자치 등 이러한 가치와 정책이 결합되어야 대안적 지역 발전을 기대할 수 있다(김형기 엮음, 2007).

대안적 지역 발전을 가능하게 하는 물질적 기초는 지속가능한 선진 지역경제를 실현하는 것이다. 21세기 글로벌화와 지식기반경제 시대에 지속가능한 선진 지역경제는 창조경제(Creative Economy), 협력경제(Co-operative Economy), 청정경제(Clean Economy)로 구성된다(김형기, 2009a). 영어 두문자를 따서 이를 '3C 경제'로 부르고자 한다. '3C 경제'의 기본적 특성은 다음과 같다.

창조경제는 창의성에 기초해 성장하는 경제이다. 학생, 노동자, 기술자, 경영자 등 사람들의 창의성을 높이는 교육과 문화의 창달이 창조경제를 실현하는 길이다. 지식기반경제에서 요구되는 혁신은 바로 이러한 창의성이 발휘되어야 지속될 수 있다. 개인과 조직의 자율성, 사회의 개방성과 다양성은 창의성이 발휘될 수 있는 또 다른 사회문화적 조건이다. 창조경제가 실현되기 위해서는 사회가 동질적이고 획일적이어서는 안 되고 다양한 가치를 지향하고 서로 다른 생활양식을 가진 사람들로 구성되어야 한다. 그리고 사람들의 창의성을 높이는 교육정책과 문화정책이 요청된다. 보편적 복지가 실현되는 사회보장제도는 전 국민이 안정된 생활 속에서 학습하는 여유를 제공함과 동시에 실패를 두려워하지 않고 새로운 시도를 하는 모험 성향을 높임으로써 창조경제 실현에 매우 중요한 토대가 된다. 창조경제를 추동하는 가치는 자율이다.

협력경제는 경제주체들 간의 협력을 통해 동반성장하는 경제이다. 신뢰에 기초한 협력은 사회적 비용을 줄이고 생산성을 높이는 효과가 있다. 노사 협력, 도농 간 협력, 기업 간 협력, 산학 협력, 민관 협력 등은 기업, 지역경제, 국민경제의 생산성을 높인다. 경쟁보다는 협력을 촉진하는 제도의 설계, 협력을 촉진하는 파트너십과 공동체 정신의 강화는 협력경제를 실현하는 데 필요한 요소들이다. 협력경제는 노사 간, 대기업과 중소기업 간, 도농 간, 수도권과 지방 간의 공생을 통해 양극화를 극복하는 사회통합을 가능하게 한다. 시장 경쟁을 절대시하는 신자유주의, 주주의 단기적 이익 실현에 집착하여 노사 협력이나 기업 간 협력을 저해하는 금융주도경제와 주주 자본주의에서는 협력경제가 실현되기 어렵다. 따라서 노동자, 주주, 경영자 등 기업 이해관계자들이 참가에 기초해 협력하는 이해관계자 자본주의, 협동조합이나 사회적 기업으로 구성된 사회적 경제[2]라는 새로운 경제 패러다임이 강화되어야 협력경제가 실현될 가능성이 높다. 사회적 대화가 활발히 이루어지고 사회적 타협이 잘 이루어지는 나라에서 협력경제가 실현될 가능성이 높다. 협력경제를 추동하는 가치는 연대이다.

청정경제는 녹색기술과 녹색제도와 녹색문화를 통해 유지되는 경제이다. 화석에너지로부터 재생에너지로의 에너지 전환을 통해 탄소 의존성을 줄이고 에너지 효율성을 높이는 녹색기술[3]은 청정경제의 토대이다. 녹색기술로 개발된 태양에너지와 수소에너지에 기초한 태양경제(알트, 2004)와 수소경제(리프킨, 2003)의 실현이라는 장기적 전망 아래 에너지 전환 계획을 수립하고 일관되게 실행하는 것이 무엇보다 중요하다. 이는

---

2 사회적 경제는 국가 부문의 공공경제(public economy), 시장 부문의 사적 경제(private economy)와 구분되는 시민사회 부문의 경제로서 제3섹터(third sector)라 불리기도 한다.

3 녹색기술은 태양력, 풍력, 연료전지 기술, 바이오매스 등과 같은 청정에너지 혹은 재생에너지를 포함하는 친환경적 자원을 활용하는 기술이다.

물론 지구온난화를 억제하기 위한 기후변화협약에서 한국 경제에 대해 요구되는 이산화탄소 감축 계획과 연계하여 추진되어야 한다. 또한 생산 시스템의 탈물질화와 탈독성화가 강도 높게 추진되어야 한다. 생산과 소비에서 증가하는 엔트로피를 줄이는 관류 혁신(조영탁, 2009)을 위한 제도를 구축하고 문화를 함양해야 한다. 정부가 탄소세 도입과 같은 생태적 조세 개혁을 추진하고 시민들이 생태주의적 생활양식을 갖추어야 한다. 아울러 농업을 생태적 농업으로, 지역 자원순환형 농업으로 전환해야 한다. 청정경제를 추동하는 가치는 생태다.

이와 같이 창조경제, 협력경제, 청정경제가 결합될 때 지속가능한 선진 지역경제가 실현될 수 있다. 지속가능한 선진 지역경제를 위해서는 높은 수준의 지식 투자와 사회투자, 녹색 투자가 이루어져야 한다. 연구개발 투자와 인적자원개발 투자로 구성된 지식 투자는 창조경제를, 사회보장 지출을 중심으로 한 사회투자는 협력경제를, 에너지 효율성을 높이고 화석에너지에서 재생에너지로의 에너지 전환을 추진하는 데 투자하는 녹색 투자는 청정경제를 실현하는 데 각각 기여할 것이기 때문이다.

지역경제를 농촌과 도시를 포함한 경제권 단위로 설정하여, 도시와 농촌 간의 순환과 공생의 지역 만들기를 해야 한다. 순환과 공생의 지역 만들기란 인간이 서로 협동하여 자연과 물질대사를 행하는 생활의 거점인 지역의 지속가능한 내생적 발전을 구현하려는 것을 말하며, 지역의 주체 역량강화를 통해 경제적·사회문화적·환경생태적으로 통합적인 지역 발전을 추구하는 것을 말한다(박진도, 2009). 아울러 글로벌 혁신을 지향하는 내생적 발전을 추구해야 한다.[4]

---

4 글로벌 경쟁력을 지향하는 혁신이 없으면 글로벌화된 세계에서 순환과 공생의 지역경제가 쇠퇴할 수밖에 없다는 냉엄한 현실을 직시할 필요가 있다. 요컨대 순환과 공생의

여기서 내생적 발전은 중앙 중심주의에서 지역 중심주의로, 환경 파괴형에서 생태 순환형으로, 도농 배타형에서 도농 교류형으로, 자원 약탈형에서 자원 보전형으로, 소품종 대량생산형에서 다품종 소량생산형을 추구하는 것(박상일, 2004)을 말한다. 내생적 발전의 요체는 지역 내부에서 형성되는 발전 잠재력을 토대로 지역을 발전시키려는 데 있다. 그것은 결코 지역 내에서 완결된 분업 구조를 지향하는 것이 아니며 국내 분업이나 국제 분업을 배제하는 것이 아니다. 오늘날 생산의 글로벌화 추세 속에서 내생적 지역 발전은 다면적인 국제 분업 네트워크를 형성하면서도 일정한 지역산업연관을 가지고 지역 혁신 시스템에 기초한 자기 중심성을 가지는 지역경제 구조를 형성할 때 실현 가능할 것이다(김형기, 2006c).

과거 노무현 정부의 국가균형발전 정책은 도농 간의 순환과 공생이라는 문제의식이 취약했으며, 현재 이명박 정부의 초광역경제권 정책은 이런 문제의식이 완전히 결여되어 있다. 이명박 정부가 지향하는 신자유주의, 금융주도경제, 주주 자본주의, 하향식 경제학 등 보수적인 정책 기조는 지속가능한 선진 지역경제 실현을 위한 정책 기조와 상충한다. 그동안의 지역정책의 방향과 지역 투자의 내용은 지속가능한 선진 지역경제 실현에는 거의 기여하지 못했다. 요컨대, 그것은 지역의 자생력, 혁신능력, 내생적 발전의 잠재력을 형성하는 데 실패했다.

지속가능한 선진 지역경제를 실현하기 위해서는 새로운 정책 패러다임, 즉 3C 경제를 위한 정책을 기획하고 실행할 수 있는 유능한 정부의 등장이 요청된다. 아울러 글로벌화된 세계에서 순환과 공생의 지역경제가 지속가능하기 위해서는 지속적인 혁신이 이루어져야 한다는 점이 강

지역경제에 혁신이라는 차원이 결합되어야 한다.

조되어야 한다. 지역 농업, 지역 기업, 지역 대학, 지방정부, 지역 주민 등 지역의 각 부문과 주체들의 자기 혁신이 없이는 지식기반경제에서 순환과 공생의 선진 지역경제를 기대할 수 없기 때문이다.[5]

4. '순환과 공생의 선진 지역경제 만들기'를 위한 몇 가지 의제

지속가능한 선진 지역경제란 결국 글로벌화와 지식기반경제 시대에 대응하여 지속적인 혁신이 이루어지는 순환과 공생의 지역경제라 할 수 있다. 앞에서 서술한 것처럼 그러한 순환과 공생의 선진지역경제를 실현하기 위해서는 지역 수준에서 창조경제, 협력경제, 청정경제를 구현해야 한다. 위의 논의에 기초해 여기서 순환과 공생의 선진 지역경제 만들기를 위한 몇 가지 핵심적인 의제를 제시해본다.

첫째, 지역 수준에서 '글로컬 이노베이터 네트워크(Glocal Innovator Network: GIN)'를 구축하는 것이다. 여기서 글로컬 이노베이터란 자율과 연대, 생태의 가치를 공유하고 지역의 내생적 발전을 지향하면서도 글로벌하게 생각하는 지역 혁신 리더를 말한다. 말 그대로 '세계적으로 생각하고 지역적으로 활동하는(Think Globally, Act Locally)' 지역 리더가 글로컬 이노베이터다. 이 네트워크는 경제권 단위에서 도시와 농촌을 망라하는 방식으로 구성되어야 한다.

GIN의 기본 성격은 지식 네트워크가 되어야 한다. 다시 말해 각계각층의 지역 리더들이 지식을 공유하는 네트워크가 되어야 한다. 오늘날

---

5 농업 부문과 관련해서는 삼농 혁신(三農革新), 즉 농업, 농촌, 농민의 혁신이 필요하다.

지역 사회의 문제들은 갈수록 복잡해지고 서로 연계되어 있기 때문에 어떤 한 분야의 문제를 해결하기 위해서는 다른 분야의 지식이 필요하다. 최근 학문 융합이나 기술 융합이 강조되는 것도 바로 이러한 시대적 요청 때문이다. 이 네트워크를 통해 혁신이 전파되고 상호 학습이 이루어질 수 있다.

사람이 경쟁력인 지식기반시대에 있어서 건실한 GIN을 구축해야 지역의 내생적 발전 잠재력이 높아질 수 있다. 지역경제권 단위에서 형성되는 GIN이 없으면 글로벌 경쟁력을 갖춘 초광역경제권 형성 정책은 성공하기 어려울 것이다. GIN은 학습 조직이어야 한다. GIN에 참여하는 사람들이 부단히 학습해야 GIN의 수준이 높아지고 따라서 지역의 내생적 발전의 수준이 높아질 수 있다.

둘째, 지역문화 혁신운동을 전개하는 것이다. 창조경제, 협력경제, 청정경제라는 3C 경제, 순환과 공생의 지역경제는 새로운 경제 패러다임이다. 새로운 경제 패러다임은 새로운 기술, 새로운 제도, 새로운 문화가 상호보완적으로 결합되어야 확고히 구현될 수 있다. 정보 기술(IT) 그 자체만으로는 지식기반경제가 등장할 수 없으며 녹색기술(GT)만으로는 녹색경제가 실현될 수 없다.

지역 혁신은 기술 혁신, 제도 혁신, 문화 혁신이 결합된 총체적 혁신이 있어야 지속가능할 수 있다. 여기서 제도 혁신이란 법률(헌법에서 조례까지)이나 사회협약 등이 바뀌는 것을 말한다. 문화 혁신이란 사람들의 생각과 행동이 바뀌는 것을 말한다. 제도란 결국 사람이 만드는 것이므로 문화 혁신이 없으면 제도 혁신이 이루어질 수 없다.

창조경제를 추동하는 가치인 자율, 협력경제를 추동하는 가치인 연대, 청정경제를 추동하는 가치인 생태가 지역 주민의 지배적 가치관, 즉 사회 패러다임이 될 때, 지속가능한 선진 지역경제, 순환과 공생의 지역

경제를 만들 수 있다. 자율과 연대, 생태라는 가치 추구와 함께 지역 사회의 개방성과 다양성을 높이는 문화 혁신운동이 일어나야 한다. 이러한 문화는 학교 교육과 사회 교육을 통해 함양될 수 있다. 따라서 문화 혁신은 교육 혁신을 그 필수 부분으로 포함해야 한다. 지역의 각급 학교와 평생 교육 기관 그리고 NGO들이 이러한 사회 패러다임을 함양하는 교육 프로그램을 개발해야 한다. 앞에서 제안한 GIN은 이러한 지역문화 혁신 운동을 주도하는 주체가 될 수 있을 것이다.

셋째, 사회적 기업을 창업하는 것이다. 사회적 경제의 일부를 구성하는 사회적 기업은 공익성과 수익성을 동시에 추구하는 기업으로, 공익성 추구를 근거로 정부의 재정 지원을 받으면서도 시장에서 재화 및 서비스를 공급하여 수익성을 추구하는 영업 활동을 한다. 사회적 기업은 노동시장에서 배제된 실업자나 빈민에게 일자리를 창출해주고 사회복지 서비스를 제공하는 역할을 한다. 사회적 기업은 복지 분야(육아, 양로, 의료, 교육)와 환경 분야에서 취약 계층에게 일자리를 제공하고 그들의 삶의 질을 높이는 데 기여할 수 있다.

'일자리 없는 성장'의 시대에 사회적 기업을 통한 일자리 창출은 시장 부문과 국가 부문을 통한 고용 증대의 한계를 돌파할 수 있는 길이다. 그리고 사회적 기업을 통한 복지 제공은 국가, 시민사회, 기업이 복지 영역을 분담함으로써 시장만능주의의 신자유주주의와 비효율적인 국가주의의 문제를 돌파할 수 있는 복지 거버넌스의 제3의 길이다(임혁백 외, 2007). 사회적 기업은 중앙집권적인 복지국가의 한계를 넘어서 지역 수준에서 복지 공동체를 형성하는 데 주도적 역할을 할 수 있다. 사회적 기업이 기업으로서 지속가능하려면, 한편으로 비영리 조직, 민간기업, 지방자치단체 등과 사회적 기업 간에 네트워크 전략을 추구하고, 다른 한편으로 전통적 영리기업의 가치 사슬 속에 사회적 기업을 포함하는 연계 전략을 추구할 필요가 있다.

요컨대, 지방정부, NPO, 영리기업, 사회적 기업이 네트워크를 구축하여 서로 지원할 때 비로소 사회적 기업이 활력을 가질 수 있다. 이러한 사회적 기업이 지역에서 다수 창업해 그 영역을 확장할 때 순환과 공생의 지역경제 실현을 기대할 수 있을 것이다.

넷째, 로컬 푸드 시스템(Local Food System)을 구축하는 것이다. 로컬 푸드란 지속가능한 식품 생산, 가공, 유통 및 소비가 특정 지역의 경제적·환경적·사회적 건전성을 높이도록 통합되어 있는 지역기반의 자족적 식품경제를 실현하기 위한 공동의 노력을 말한다(Feenstra, 2002). 다시 말해 로컬 푸드란 지역에서 생산된 농산물을 지역에서 소비함으로써 환경과 건강을 지키고 농촌과 도시를 함께 살리자는 일련의 활동을 말한다(석태문, 2009). 로컬 푸드는 친환경적 방식으로 생산되고 가공되는 농산물이다. 그것은 황폐화된 약탈적 농업을 넘어서는 생태적 농업을 전제로 한다.

로컬 푸드 시스템에서는 농산물의 생산자와 소비자, 농촌과 도시가 지역경제 내에서 순환하고 공생하는 관계가 형성된다. 건강 증진을 위한 도시 소비자의 욕구가 농촌의 생태적 농업을 진흥한다. 그래서 도시 주민의 건강과 농촌의 환경은 함께 개선된다. 농촌의 생산이 도시의 소비와 결합됨으로써 자원은 지역경제 내에서 순환한다. 로컬 푸드 시스템에서 가장 중요한 학교급식 모델은 학생들의 건강 증진과 의식 전환에 기여한다. 건강을 해치는 글로벌 패스트푸드(global fast food)가 아니라 건강을 증진하는 로컬 슬로우 푸드(local slow food)를 섭취하는 것은 학생들의 건강을 지키고 심성을 맑게 한다. 또한 그것은 학생들에게 연대와 생태라는 가치를 함양한다는 교육적 효과도 낳는다.

이러한 점에서 로컬 푸드 시스템은 순환과 공생의 지역경제 만들기의 핵심 프로젝트가 된다. 사회적 기업 형태를 통해 로컬 푸드 시스템이 운영될 경우, 그것은 지역 일자리 창출에 기여하고 사회적 경제를 확장하는 효과도 낳을 수 있다.

다섯째, 지역 에너지 시스템(local energy system)을 구축하는 것이다. 지역 에너지 시스템은 소규모 지역 단위, 내부에서 에너지를 공급하고 배포하며 사용하는 것을 말한다. 지역 에너지 시스템은 중앙집중형 에너지 시스템의 한계를 넘어 지방분권형 에너지 시스템을 구축하려는 것이다(알트, 2004). 지역 에너지 시스템은 태양열, 풍력, 소수력, 지열, 바이오매스 등 지역에서 확보할 수 있는 재생가능에너지원을 활용하여 소규모 지역 단위, 예컨대 기초자치단체인 읍면동 단위에서 에너지의 자급체계를 갖추는 것을 목표로 한다.

미래의 새로운 에너지 원천으로 태양에너지와 수소에너지 두 가지를 들 수 있다. 이 무한한 두 가지 재생가능에너지는 도처에 존재하기 때문에, 지속가능한 지역 에너지 시스템의 실현 가능성을 보증한다. 미래에 다가올 태양 시대와 수소 시대에 지역 에너지 시스템은 지속가능한 지역 사회의 초석이 된다(알트, 2004; 리프킨, 2003). 물론 이러한 태양에너지와 수소에너지를 낮은 비용으로 활용할 수 있는 녹색기술이 개발되어야 이 두 에너지원에 기초한 지역 에너지 시스템이 보편적으로 구축될 수 있다. 그러한 녹색기술이 개발되기 전에는 풍력, 소수력, 지열, 바이오매스 등을 포함하는 에너지 믹스를 통해 그러한 에너지원이 존재하는 지역을 중심으로 지역 에너지 시스템을 구축할 수 있다. 이러한 재생에너지원이 존재하는 농촌 지역은 이제 새로운 에너지 공급원이 될 수 있고 이를 기초로 에너지 자급이 가능한 지역 에너지 시스템을 구축할 수 있다.

우리나라도 이미 지역 에너지 시스템에 기초한 에너지 자립 마을이 존재한다. 그동안 정부주도의 그린 빌리지 계획에 따른 에너지 자립 마을이 소수 건립되었다. 이명박 정부는 저탄소 녹색마을 조성 계획을 제시했다. 그러나 과거의 그린 빌리지 조성 계획이나 현 정부의 저탄소 녹색마을 조성 계획은 대체로 녹색기술 그 자체만으로 에너지 문제를 해결하려는 기술적인 접근에 기초해 있다. 한 마을의 자연적·사회적·인적·경제적 요소가 결합된 자원순환형 지역 사회를 구현한다는 관점에서 에너지 자립 마을을 조성해야 진정한 의미의 지속가능한 지역 에너지 시스템이 구축될 수 있을 것이다(이유진, 2009).

앞서 제시한 의제들이 잘 실천되려면, 지역 주민들이 혁신하려는 의지와 공동체 연대의식, 그리고 생태주의적 생활양식을 가져야 한다. 아울러 지역 경제주체들이 파트너십과 사회적 기업가 정신을 가져야 한다.

제8장

중앙과 지방 간 대립과 갈등을 넘어

대한민국 헌법 전문에는 "정치·경제·사회·문화의 모든 영역에 있어서 각인의 기회를 균등하게" 할 것과 제119조 2항에는 "국가는 균형 있는 국민경제의 성장을 유지해야" 할 것을 규정하고 있다. 이처럼 우리나라 헌법에는 기회균등과 균형발전을 규정하고 있다.

하지만 한국 사회는 심한 계층 간 격차와 지역 간 격차로 인해 기회균등이 실현되고 있지 못하다. 또한 지역 간 균형 있는 국민경제의 성장도 실현되고 있지 못하다. 특히 중앙과 지방 간의 정치, 경제, 사회, 문화 등 모든 면에서의 현격한 격차로 인해 기회균등과 균형발전을 실현해야 한다는 헌법 정신이 구현되고 있지 못하다.

약 1000년의 역사를 가지는 중앙집권체제는 지난 반세기 동안의 산업화 과정에서 더욱 강화되었다. 1960년대 이후 한국 경제의 발전 모델은 개발독재 혹은 개발국가 모델로 불린다. 이 발전 모델은 중앙집권체제와 재벌체제라는 두 기둥 위에 구축되었다. 중앙집권체제는 정치적으로, 재벌체제는 경제적으로 지방을 상명 하달의 위계적 통제를 통해 지배해왔다. 서울에 위치한 중앙정부에 권한이 집중되고 재벌기업들의 본사가 대부분 서울에 있기 때문에 수도권이 지방의 인적·물적 자원을 빨아들이는 블랙홀이 되어 수도권 집중이 강화되었다. 그 결과 서울을 비롯한 수도권은 비대해지고 지방은 쇠약해졌다. 수도권과 비수도권의 격차가 날이 갈수록 확대되었다. 이처럼 중앙집권체제와 재벌체제는 지난 반세기동안 수도권 집중을 크게 강화했다.

수도권으로의 인구 집중은 그동안 지속되었는데, 수도권 인구 비중은 1970년 28.3%에서 1980년 35.5%, 1990년 42.8%, 2000년 46.3%,

---

※ 제8장은 내일을 여는 역사재단, ≪내일을 여는 역사≫, 봄호(2015)에 실린 필자의 글을 수정·보완한 것임.

2013년 현재 49.6%이다. 통계청의 추정에 의하면 2021년에는 인구의 절반 이상이 수도권에 살게 된다. 인구 집중은 모든 것을 말해준다. 지방에서 수도권으로의 인구 유출, 특히 생산성이 높은 청년층의 유출은 수도권과 비수도권 간의 성장 잠재력 격차를 확대하는 주된 요인이다.

산업과 고용의 수도권 집중도 심각하다. 산업의 수도권 집중 실태를 보면, 2013년 현재 전체 산업의 사업체와 종사자의 절반가량이 수도권에 집중해 있다. 제조업에서는 최근 몇 년간 수도권 집중이 약간 완화되었으나 전문직 및 기술직의 좋은 일자리 비중이 높은 산업, 즉 전문·과학·기술 서비스업, 출판·영상·방송통신 및 정보 서비스업, 교육 서비스업, 금융·보험업 등에서는 수도권 집중이 심화되었다. 특히 지식기반경제 혹은 창조경제를 선도하는 산업이라 할 수 있는 전문·과학·기술 서비스업, 출판·영상·방송통신 및 정보 서비스업에서는 70% 이상의 높은 수도권 집중이 이루어지고 있고 최근 들어 수도권 집중이 더 심화되었다. 2013년 현재 지역총생산의 48.6%가 수도권에 집중되어 있다.

2013년 현재 임금 수준과 고용 안정성이 좋은 '괜찮은 일자리', 즉 전국 중위임금 180만 원 이상의 임금을 받는 상용직으로서 주당 근로 시간이 15~49시간인 일자리의 60%가 수도권에 몰려 있는 것으로 나타났다. 금융의 수도권 집중도도 매우 높다. 은행예금의 경우 수도권 비중은 2001년 68.3%에서 2012년 71.0%로 증가했다. 대출의 경우 수도권 비중은 2001년 말 64.7%에서 2012년 말 68.3%로 늘었다. 또한 2012년에 재산세 징수액의 66.5%가 수도권에서 걷혔다.

수도권으로의 소득 유출도 심각하다. 통계청이 어느 국회의원에게 제출한 「시도별 소득 유출입 현황」 자료에 의하면, 2013년에 수도권은 91.4조 원의 소득 순유입이 이루어진 반면, 비수도권은 78.7조 원의 소득 순유출이 이루어졌다. 특히, 최근 3년간 수도권으로의 소득 순유입과 지방의 소득 순유출이 크게 증가한 것으로 나타났다. 즉, 수도권의 소득 순유입액은 2011년 83조 3000억, 2012년 90조 4000억, 2013년 91조 4000억 원으로 대폭 증가한 반면, 비수도권의 소득 순유출은 2011년 75조 5000억, 2012년 76조 3000억, 2013년 78조 7000억 원으로 증가했다.

이와 같은 수도권으로의 인구 집중, 산업 집중, 일자리 집중, 소득 집중은 세계적으로 그 유례를 찾기 어렵다. 가히 초집중(hyper-centralization)이라 할 만하다. 그래서 프랑스 ≪르몽드≫에서 한국의 극심한 수도권 집중 현상을 빗대어 '서울화(Seoulization)'라는 신조어를 만드는 지경에 이르렀다.

이러한 과도한 수도권 집중은 정치, 경제, 문화 각 영역에서 수도권과 비수도권 간의 엄청난 기회 불균등과 수도권과 지방 간의 심각한 불균형 발전을 초래했다. 이러한 불균형 발전은 다시 수도권 집중을 심화했다. 수도권 집중은 수도권의 집값과 땅값을 상승시키고 수도권과 비수도권 간의 자산 격차를 크게 확대했다. 교육 수혜와 문화 향유 기회의 현격한 격차는 두 지역 주민 간의 삶의 질 격차를 고정화시키고 장기 지속화시키는 요인이다. 그래서 오늘날 대한민국은 '두 개의 국민'으로 분할되게 되었다.

이러한 수도권 집중 때문에 지방 사람들은 심한 상대적 박탈감을 느껴왔다. 지역 주민들의 행복추구권이 크게 침해되어왔다. 지역 주민들이 민주공화국의 주권자로서의 사회경제적 권리를 충분히 누리지 못하고 있다. 이는 모든 사람의 기회균등과 지역 균형발전을 규정한 헌법 정신에 위배된다.[1]

---

1 노무현 정부 당시 행정수도 이전을 둘러싼 논란과 갈등이 최고조에 달했을 무렵, 수도권의 어떤 유명 변호사가 행정수도 이전이 수도권 주민의 자산 가격을 하락시켜 그들의

이러한 수도권 집중과 더불어 중앙집권체제로 인해 지방자치와 주민자치가 제대로 이루어지고 있지 못하다. 지방자치가 실시된 지 20년이 되었지만 지방자치단체는 입법과 행정과 재정 면에서 결정권이 거의 없고 세원도 크게 부족하다. 지방자치단체의 조례는 법령의 범위 내에서만 제정할 수 있기 때문에 생활상의 문제를 지방자치단체가 스스로 개선하기 위한 행정을 할 수 있는 법적 기초가 매우 취약하다. 또한 조세법률주의 때문에 지방자치단체가 조례를 통해 자주세원을 확보할 수 없다. 게다가 국세와 지방세의 비율이 8 대 2로 되어 있어 자치단체가 스스로 확보할 수 있는 세원이 매우 빈약하다.

이처럼 수도권으로의 인재 유출이 지속되고 있고 지방자치단체가 입법과 행정에서 결정권이 거의 없고 세원이 빈약하기 때문에 지방자치가 실시된 지 20년이 되었지만 지방은 결정권 빈약, 세원 빈약, 인재 빈약의 '3빈(三貧)'에 허덕이고 있다. 중앙정부와 수도권은 결정권, 세원, 인재를 독점하고 있다. 그리하여 한국 사회에서 중앙은 갑(甲)이고 지방은 을(乙)이 되어 있다. 정부의 거의 모든 정책 기획과 실행에서 수도권 중심주의, 서울 제일주의가 관철된다. 대한민국이 '서울공화국과 그 식민지'라는 말이 과장이 아니게 되었다.

중앙집권-수도권 집중체제는 필연적으로 중앙과 지방의 대립과 갈등을 야기했다. 노사 간 계급 갈등과 함께 수도권과 비수도권 간 지역 갈등이 주요한 사회 갈등으로 나타났다. 지역 갈등이 계급 갈등 못지않은 사회 갈등이라는 점이 한국 사회의 특징 중 하나다. 1990년대까지는 영

행복추구권을 침해했다는 이유로 위헌소송을 낸 바 있다. 물론 이 소송은 기각되었지만 시사하는 바가 있었다. 만약 재산권 침해가 위헌이라면, 수도권 집중으로 인해 비수도권 주민의 재산권이 침해된 정도를 고려할 때, 한국에서 심각한 수도권 집중은 위헌 상황이라 아니할 수 없다.

호남 간 지역 갈등이 큰 정치사회 문제였다. 하지만 1997년 외환위기 이후 수도권과 비수도권 간 지역 격차가 크게 확대됨에 따라 영호남 간 격차보다 수도권과 비수도권 간 격차가 더 큰 문제로 대두되었다.[2]

중앙과 지방 간의 갈등은 노사분규처럼 명시적인 사회 갈등으로 표출되는 경우는 드물었다. 하지만 잠재적 불만으로 누적되어 있다가 수도권 규제 완화와 같은 정부정책이 발표될 때마다 이 지역 갈등이 표출되었다. 잠재되고 누적된 중앙과 지방 간의 지역 갈등은 언젠가 크게 폭발할지 모른다. 설사 일시에 큰 규모로 폭발하지 않는다 하더라도 그 갈등이 크게 누적되면 대한민국이 '두 개의 국민'으로 분열되고 한국 사회 전체의 활력이 떨어질 것이다.

그런데 이러한 중앙집권-수도권 집중체제가 초래한 대립과 갈등을 해소하려는 지방 스스로의 노력이 2000년대 초 지방분권운동으로 나타났다. '지방이 살아야 나라가 산다'라는 인식과 '지방을 살리고 나라를 살리자'라는 목적을 가지고 전개된 지방분권운동은 '지방에 결정권을, 지방에 세원을, 지방에 인재를, 지방에 일자리를'이라는 요구를 내걸었다. 한국 사회에서 새로이 등장한 이 사회운동은 지방에서 시작되었다는 점, 보수와 진보가 함께 참여했다는 점, 지식인과 자치단체와 NGO 3자가 연대했다는 점에서 기존의 사회운동과 뚜렷이 구분되었다.[3]

---

2 영남과 호남의 지역 갈등은 우리 사회의 오래된 지역 갈등이었는데, 이는 상당 정도 영호남 간 사회경제적 지역 격차에 기초하고 있었다. 수도권 집중의 심화로 수도권과 비수도권의 격차가 확대됨에 따라 영호남 간 지역 격차가 점차 부차적인 것이 되었다. 그 결과 이제 한국에서 주된 지역 갈등은 수도권과 비수도권의 갈등 혹은 중앙과 지방 의 갈등이라 할 수 있다.

3 2002년부터 시작된 우리나라 지방분권운동의 성격에 관해서는 김형기(2014)의 제3부 「지방분권국가의 길」과 김정희(2011)를 참고할 수 있다.

2002년 창립된 지방분권운동의 전국 조직인 '민주적 지방자치와 지역균형발전을 위한 지방분권국민운동'은 지방분권 개혁 10대 의제를 제시했다. 그중에는 공공기관 지방이전, 행정수도 건설, 재정분권, 기초자치단체장 정당공천제 폐지 등이 포함되어 있었다. 한편 지방분권국민운동은 '지방 살리기 3대 입법'으로 지방분권특별법, 지역균형발전특별법, 행정수도건설특별법을 요구했다. 수도권 규제에 대해서는 '선 지방 육성 후 수도권 규제 완화'를 주장했다.

2003년 등장한 참여 정부는 지방분권과 국가균형발전을 주요 국정 의제로 설정하고 지방분권 개혁을 추진했다. '국가균형발전특별법', '지방분권특별법', '신행정수도건설특별법'을 제정하여 과거 정부에 비해 강도 높은 지방분권 개혁을 실시했다. 이들 법에 기초해 신행정수도 건설을 기획하고 공공기관 지방이전과 중앙 사무의 지방이전을 추진했다. 행정수도 이전은 위헌 판결이 나서 좌절되고 대신 행정중심 복합도시, 즉 세종시 건설로 결실을 보았다. 16개 중앙 부처가 세종시로 이전했고 수도권에 위치한 150개 공공기관이 세종시를 비롯하여 지역별로 설치된 10개 혁신도시로 이전되었거나 이전 중에 있다.

행정수도와 공공기관 이전을 둘러싸고 중앙과 지방 간에 격심한 대립 갈등이 있었다. 이전에 반대하는 수도권의 자치단체와 사회단체 및 언론과 이전을 찬성하는 비수도권의 자치단체와 사회단체(특히 지방분권운동단체) 및 언론 간에 치열한 공방이 전개되었다. 아마도 한국 현대사에서 중앙과 지방 간의 갈등이 이처럼 격렬하게 일어난 적은 없었을 것이다.

아무튼 이 갈등은 헌법재판소가 행정수도 이전을 위헌으로 판결하고 이후 행정수도가 행정중심 복합도시로 축소 조정됨에 따라 그리고 노무현 정부의 공공기관 지방이전이 계획대로 추진됨에 따라 일단락되었다. 이명박 정부가 공공기관 지방이전을 백지화하려는 시도를 했지만 지방의 강력한 반대에 부딪혀 예정대로 추진하게 되었고 마침내 각 광역자치단체의 혁신도시에 공공기관 이전이 진행되었다.

행정중심 복합도시 건설과 공공기관 지방이전은 수도권 집중을 완화하고 비수도권으로의 자원 분산을 통해 지역경제를 활성화하려는 정책 목표를 가지고 추진된 것이다. 요컨대 그것은 국가균형발전을 위한 프로젝트였다. 이 국가 프로젝트가 성공하기 위해서는 혁신도시가 성공해야 한다. 혁신도시가 수도권으로의 기업 이전과 인재 유출을 막고 새로운 지역 성장 동력을 창출해야 원래의 정책 의도대로 국가균형발전에 기여할 수 있을 것이다.

이와 같은 혁신도시의 정책 목표가 달성될 때까지는 수도권 규제가 반드시 유지되어야 한다. 하지만 이미 참여 정부에서부터 조금씩 완화되기 시작한 수도권 규제가 이명박 정부에 들어와서 크게 완화되었다. 이명박 정부는 수도권에 입지할 수 있는 공장과 산업단지의 규모를 크게 확대하고 심지어 자연보전권역에도 공장 신증설을 허용하는 조치까지 취했다. 박근혜 정부는 수도권 규제를 덩어리 규제로 보고 단두대에 올려 완전히 없애겠다는 의지를 보이고 있다.

지역에서 새로운 성장 잠재력이 형성되기 전에 수도권 규제를 전면 완화하면 수도권 집중이 더욱 강화되고 지역은 혁신도시 건설을 계기로 모처럼 형성되기 시작한 성장 동력이 사라지고 황폐화할 우려가 크다. 박근혜 정부는 최근 지역별로 창조경제 혁신센터를 설립하여 지역 창조경제를 구현하겠다고 나선 한편, 수도권 판교에 대규모 창조경제 밸리를 조성하겠다는 정책을 발표했다. 여기에 수도권 규제를 전면 철폐한다면 어떤 결과가 초래될까? 창조경제를 구현할 인재가 지역으로 오지 않고 오히려 지역 인재가 수도권으로 더욱 유출되어 지역 창조경제 실현은 허공에 뜨고 말 것이다.

박근혜 대통령이 최근 기자회견에서 수도권 규제 완화를 검토하겠다고 하자 이 발언에 대해 수도권 자치단체와 재계는 환영의 뜻을 밝힌 반면, 비수도권에서는 즉각 반대하고 나서고 있다. 수도권 규제 완화를 둘러싼 중앙과 지방 간의 갈등이 다시 증폭될 조짐을 보이고 있다. 수도권 규제의 유지 혹은 완화에 대한 사회적 합의기구를 수도권과 비수도권 자치단체가 설치하여 수도권과 비수도권, 중앙과 지방 간의 상생 발전과 동반성장을 실현하는 방안을 강구해야 할 것이다. 한편, 현 정부는 지방자치발전을 한다면서 특별시와 광역시 구의 기초 의회를 폐지하고 그 단체장을 임명하는 안을 지방자치발전종합계획에 포함시켰다. 이는 풀뿌리 지방자치인 주민자치를 무력하게 하는 나쁜 정책이라 하지 않을 수 없다. 아울러 영유아 보육비 지원과 같은 복지 사무를 지방자치단체가 수행하도록 하면서 재원은 이전하지 않아 지방자치단체에 복지정책의 재정 부담을 전가시켰다. 이에 따라 세원이 부족한 지방자치단체, 특히 재정 자립도가 낮은 지방자치단체들이 재정 위기에 빠지게 되어 복지 디폴트를 선언하겠다고 중앙정부에 경고하는 지경에 이르렀다.[4]

위에서 본 것처럼, 수도권 집중은 더욱 심화되었고 지방자치단체로의 권한 이양은 지지부진한 상태에서 '3빈의 2할 자치'가 20년 동안 지속되었다. 중앙정부 관료의 기득권 고수, 국회의원의 입법 특권 유지, 정치·경제·문화 각 영역에서의 수도권 엘리트들의 '서울 중심주의'의 벽에 부딪혀 지방분권 개혁이 지체되고 있다. 이러한 지방분권의 지체로 인해 중앙과 지방 간의 대립과 갈등은 해소되지 못하고 누적적으로 심화되고

4 프랑스와 독일 등에서는 중앙정부가 지방정부에 사무를 이양할 때는 반드시 재원도 이양하도록 헌법에 규정하고 있다. 재원 이양 없이 사무만 이양하고 있는 우리나라의 지방자치는 중앙과 지방의 갈등을 초래하고 있는 주요인 중 하나다.

있다.

이러한 상황에서 중앙과 지방 간의 대립과 갈등을 해소할 확실한 길은 지방분권 개헌을 단행하는 것이다. 대한민국이 지방분권국가임을 헌법 제1조에 명시하고 지방분권적 원리에 따라 대한민국을 재창조하는 입법, 행정, 재정상의 규정을 헌법에 포함해야 한다.

현행 1987년 헌법체제는 개발독재체제에 저항한 1987년 민주화운동의 산물이다. 1987년 헌법체제는 본질적으로 중앙집권적 민주헌법체제이다. 사실 1987년 헌법체제는 민주화라는 당대의 시대정신만 반영했을 뿐 분권화라는 새로운 시대정신을 담지 못했다는 근본적인 한계가 있다. 지금 대한민국은 1987년 이후 사반세기 동안 진행된 심각한 수도권 집중 해소와 지역 주민들의 지방자치 확대라는 시대적 요청에 응답해야 한다.

따라서 국가 운영 시스템을 중앙집권-수도권 일극 발전체제에서 지방분권-지역다극 발전체제로 개혁하는 지방분권형 개헌이 시급하다. 전국 어디에서 살든지 정치, 경제, 문화 각 영역에서 모든 국민이 기회균등을 누리고 인간답게 살 수 있는 지방분권-지역다극 발전체제를 구축할 수 있는 새로운 헌법 질서를 수립해야 한다. 중앙집권적 민주 헌법에 기초한 '1987년 체제'를 넘어 지방분권적 민주 헌법에 기초한 새로운 체제로서 '2017년 체제'를 구축하는 것이 가장 시급한 국가 의제로 부상하고 있다.

제9장

새로운 한국 모델을 위한 지방분권 개헌

1. 머리말

촛불집회가 한창이던 작년 12월 초 ≪중앙선데이≫의 1면 헤드 기사 제목은 "촛불은 구체제를 끝내라는 명령"이었다. 지금 대한민국에서 구체제는 무엇일까? 사람에 따라 다르게 정의하겠지만, 대한민국의 지속가능한 발전을 가로막고 있는 구체제(Ancien Regime)는 제왕적 대통령제, 중앙집권체제, 재벌지배체제, 이 세 가지가 아닐까 한다.

여기서 제왕적 대통령제는 대통령이 입법권, 행정권, 사법권이라는 3권을 모두 장악하고 있어 마치 제왕처럼 군림하는 정부 형태를 말한다. 이러한 대통령제는 개발독재의 유산이며 유신헌법의 잔재로서 현행 1987년 헌법에 남아 있다. 우리나라에서 대통령은 행정부 수반일 뿐만 아니라 법률안 제출권이 있고 사법부 수장인 대법원장, 헌법재판소장, 감사원장을 임명하는 막강한 권한을 가지고 있다. 촛불집회의 도화선이 된 박근혜·최순실 국정 농단은 이러한 제왕적 대통령제에서 공사 구분을 못한 대통령의 통치 행위에서 비롯되었다.

그런데 대한민국의 지속가능발전 관점에서 볼 때 더욱 중대한 구체제 요소는 중앙집권체제와 재벌지배체제다. 이 두 체제는 정치적 및 경제적 측면에서 낡은 한국 모델을 구성한 핵심 요소였다. 사실 제왕적 대통령제와 중앙집권체제 그리고 재벌지배체제는 박정희 모델을 구성한 세 개의 기둥이었다. 중앙집권체제는 흔히들 1000년의 역사를 가졌다고 하지만 오늘날과 같은 고도의 중앙집권체제는 박정희 군사정권이 들어서고 개발독재를 시작하면서 성립했다. 따라서 그것은 1000년의 역사가 아니라 50년의 역사를 가진 구체제다.

※ 제9장은 한국지역사회학회 2017년 춘계학술대회 기조발표문을 수정·보완한 것임.

재벌지배체제도 박정희 정권의 개발독재 아래 형성된 구체제다. 한국에서 산업의 독점화는 1960년대 말에서 1970년대 초에 걸쳐 거의 전 산업에서 완성된다. 그래서 1970년대 한국 자본주의는 독점 자본주의라 정의할 수 있다. 한국의 독점자본은 재벌이라는 기업집단 혹은 콩글로머리트(conglomerates)였다. 따라서 1970년대부터 재벌지배체제가 확립되었다 할 수 있다(김형기, 1988; 김형기, 2014).

이처럼 지금 대한민국이 극복해야 할 구체제인 중앙집권체제와 재벌지배체제는 50년의 역사를 가진 박정희 모델이다. 경제 발전의 박정희 모델, 박정희 패러다임을 극복하는 것이 곧 구체제를 청산하는 것이다. 촛불집회의 동력으로 박근혜 대통령이 탄핵되고 파면된 후 마침내 구속된 것은 박정희 모델, 박정희 패러다임이 최종적으로 조종을 울리는 상징적 사건이라 해석될 수 있다.

대한민국의 구체제인 중앙집권체제는 지방분권체제로의 개혁을 통해, 재벌지배체제는 경제민주화 개혁을 통해 청산되어야 한다. 이 글에서는 중앙집권체제를 지방분권체제로 개혁하는 지방분권 개헌이야말로 대한민국의 지속가능한 발전을 위한 핵심 의제임을 보이고 새로운 한국 모델 실현을 위한 지방분권 개헌의 기본 방향을 제시하고자 한다.

2. 국가개조를 위한 지방분권 개헌

세월호 참사 후 대통령과 정치권으로부터 국가개조 담론이 등장한 바 있다. 세월호 참사를 초래한 부실한 국가 시스템을 총체적으로 개혁할 필요성이 제기된 것이었다. 하지만 시간이 지남에 따라 세월호 문제는 보상 문제 중심으로 빗나가고 진상 조사도 제대로 안 된 채 국가개조 담론은 어느덧 사라져버렸다. 이어 메르스 사태가 발발하자 다시 국가 방역 시스템과 재난 시스템의 문제점이 부각되었다. 하지만 이때도 국가개조 담론은 부각되지 않았다.

세월호 참사와 메르스 사태는 대한민국에서 무능한 중앙정부와 무력한 지방자치단체의 실상을 여실히 보여주었다. 권한과 재원을 독점한 중앙정부는 업무의 과부하와 현장성의 결여로 문제해결 능력이 없는 무능함을 보였다. 권한과 재원이 빈약한 지방자치단체는 능력과 의지가 있어도 권한과 재원이 없어 손발이 묶여 있으니 무력한 실정이다.

세월호 사건 당시, 해경이 상부에 보고하고 지시를 기다리는 동안 배는 계속 침몰했고, 결국 재난 구조의 골든타임을 놓쳐 수많은 꽃다운 인명이 수장되고 말았다. 이는 미국에서 9·11 사태가 일어났을 때 뉴욕 소장 대장이 전권을 가지고 발 빠르게 재난 구조에 나선 것과는 대조적이다. 만약 당시 진도군수나 전남지사에게 재난 구조의 전권이 부여되어 모든 인적·물적 자원을 동원해 구조에 신속히 나섰더라면 큰 희생을 막을 수 있지 않았을까? 메르스 사태 때도 중앙정부는 방역에 무능했고 지방자치단체는 무력했다. 그나마 서울시가 능동적으로 방역 조치를 했지만 중앙정부는 서울시는 그럴 권한이 없다며 제동을 걸었다.

이처럼 세월호 참사와 메르스 사태는 재난에 대응하는 국가 시스템의 총체적 부실, 중앙정부의 무능함과 지방자치단체의 무력함을 드러냈다. 국가적 재난에 효과적으로 신속히 대응하기 위해서는 제대로 기능하지 못하는 중앙집권체제를 지방분권체제로 전환하는 국가개조가 필수적이다. 이러한 국가개조를 위해서는 지방분권 개헌이 필요하다.

현행 헌법은 1987년에 개정된 헌법이다. 1987년 헌법은 1987년 민주항쟁의 결실로서 대통령 직선제를 부활하고 지방자치를 회복시킨 민주헌법이었다. 하지만 1987년 헌법의 한계는 명백했다. 우선 대통령 5년

단임제는 1노 3김의 정치적 야합의 산물이었다. 1972년 유신헌법이 통일 때까지 연기해놓은 지방의회 설치를 가능하도록 관련 헌법 부칙을 폐지했지만 지방자치를 매우 좁은 틀 안으로 제한해버렸다.

1987년 헌법은 고도의 중앙집권체제를 담보하는 중앙집권형 헌법이었다. 1987년에 이미 수도권 집중 현상이 뚜렷해졌고 중앙집권체제의 비효율과 불공정이 노정되어 있었음에도 불구하고 그 중앙집권체제를 개혁하는 개헌을 하지 않았다. 뿐만 아니라 재벌지배체제가 이미 강고하게 형성되어 경제력 집중의 폐해가 누적되고 있었음에도 불구하고 재벌지배체제 개혁을 위한 경제민주주의 개헌을 하지 못했다.

1987년 헌법은 민주헌법이었음에도 불구하고 이러한 한계를 가지고 있었다. 따라서 중앙집권체제와 재벌지배체제라는 양대 기둥으로 형성된 낡은 대한민국을 새로운 대한민국으로 개조하려면 중앙집권체제를 지방분권체제로, 재벌지배체제를 경제민주체제로 전환하는 헌법 개정이 필수적이다. 경제민주화는 현행 헌법 119조 2항에 규정되어 있고 '공정거래법'이나 '회사법' 등의 개정을 통해서도 강화할 수 있다. 지방분권체제의 확립을 위해서는 법률 차원을 넘어서 중앙집권적인 현행 헌법 그 자체를 개정하지 않으면 안 된다.

1995년 민선단체장 선거 이후 20년이 지났지만 지방자치가 여전히 이른바 '2할 자치'에 머물고 있는 것은 획기적인 지방분권이 안 되었기 때문이다. 그렇다면 그동안 지방분권은 왜 제대로 추진되지 않았던가? 지방분권을 중앙정부로부터 지방정부로의 권한 이양과 수도권으로부터 비수도권으로의 자원 분산이라는 두 측면을 포함하는 과정으로 정의할 경우(김형기 엮음, 2002a), 자원 분산은 노무현 정부 때 수도권에 집중된 150개 공공기관을 비수도권으로 이전한 정책이 획기적인 것이었다. 그런데 권한 이양은 그동안 제대로 추진되지 못했다.

권한 이양 상황은 어떠했던가? 1991년 지방자치가 실시된 이후 1998년까지 총 1639개 사무가 이양되었다. 2000~2012년간(국민의 정부, 참여 정부, 이명박 정부)에는 3101개 사무가 이양 확정되었으나 이 중 이양 완료된 사무는 1982개이고 1119개 사무는 아직 미 이양 상태다. 미 이양 사무 중 649개는 법률 개정이 필요한 사무다. 역대 정부별로 보면, 이양 확정 사무의 경우 이명박 정부가 1587개로 국민의 정부 612개와 참여 정부 902개보다 많았으나 그중 법령 개정을 통해 이양 완료된 사무는 국민의 정부 610개(99.7%), 참여 정부 856개(94.9%), 이명박 정부(32.5%)였다(지방자치발전위원회, 2016). 박근혜 정부에 들어와서는 한 건도 이양하지 않았다.

그동안의 지방 이양 성과를 보면, 이양된 사무 대부분이 인허가, 검사, 신고, 등록 등 단순 집행적 성격의 사무라는 점, 단위 사무 위주의 이양으로 지방 이양 효과를 보기 어려웠다는 점, 사무 이양에 따른 충분한 재원 이전이 수반되지 않았던 점, 교육자치, 자치경찰, 특별지방행정기관 정비와 같은 핵심적 지방 이양이 없었다는 점, 지방일괄이양법 제정이 무산되었다는 점 등의 문제점이 있었다(지방자치발전위원회, 2016).

이처럼 지방자치가 실시된 지 26년이 되었는데도 지방분권이 지체된 까닭은 기득권을 놓지 않으려는 강고한 중앙집권 세력과 중앙집권적 헌법의 벽에 부딪혔기 때문이다. 중앙집권 세력은 중앙정부 관료와 국회의원 그리고 법조계, 언론계, 문화계, 학계 등 각계 중앙 조직의 기득권 세력이다. 대부분 수도권에 거주하는 이들이 중앙집권적 사고방식을 가지고 자신의 기득권을 지키기 위해 다양한 논리와 방식으로 지방분권에 반대해왔다. 여기에 더하여 중앙집권적 현행 헌법이 제도적으로 지방분권의 진전을 가로막고 있다.

중앙집권체제가 그 비효율과 불공평으로 이미 한계에 도달한 상황에서 지방분권체제에 기초한 새로운 대한민국을 건설하려면 중앙집권형 헌법을 지방분권형 헌법으로 개정하고 중앙집권 세력에 효과적으로 대항할 수 있는 지방분권 세력의 결집이 필수적이다. 지방분권 세력 형성 문제는 이 글의 범위를 넘어선다. 여기서는 지방분권 헌법을 통한 새로운 대한민국 건설에 초점을 맞추었다.

개헌 담론이 등장한 최근 몇 년 동안 중앙권력구조 개편 개헌, 지방분권 개헌, 기본권 강화 개헌 등 3종의 개헌론이 제기된 바 있다. 여기서 기본권 강화 개헌은 시민사회를 중심으로 비교적 최근에 제기된 것으로 생명권, 여권 신장, 소수자 인권 보장 등이 그 핵심 내용인데 이에 관해서는 별 이론(異論)이 없고 따라서 쟁점이 형성되지 않는다. 사실 현재 개헌론의 진정한 쟁점은 중앙권력구조 개편 개헌이냐 지방분권 개헌이냐를 둘러싸고 형성되고 있다.

'제왕적 대통령제'의 대안으로 대통령 4년 중임제, 의원내각제, 이원집정부제 중 어떤 정부 형태를 선택할 것인지가 중앙권력구조 개편 개헌론이다. 이러한 개헌론은 결국 대통령과 국회 간, 대통령과 총리 간의 권력 배분 문제로서 대한민국의 국가 역량을 높이는 것과는 거리가 먼, 말하자면 제로섬 게임(zero-sum game)의 권력 게임에 불과하다. 이와 달리 지방분권 개헌은 중앙정부가 독점한 권한과 재원을 지방정부에 나눔으로써 중앙정부를 유능하게 하고 지방정부를 유력하게 만들어 전체적으로 국가 역량을 높이는 포지티브섬 게임(positive-sum game)의 국력 게임이다. 그 이유는 아래에서 논의하는 것처럼 지방분권 개헌을 통해 국가 경쟁력을 높이고 새로운 경제성장 동력을 창출할 수 있기 때문이다.

3. 왜 지방분권 개헌인가

15년 전 지방분권운동이 일어났을 때 '지방분권 없는 지방자치 없다'라는 명제가 제시되었다. 중앙정부가 권한과 재원을 독점하고 있어 지방자치단체의 권한과 재원이 빈약한 상태에서 지방자치가 유명무실할 수밖에 없었기 때문이다. 그리하여 '무늬만 지방자치', '2할 자치', '껍데기뿐인 지방자치' 등의 말이 나오게 되었다. 지방자치가 실질적으로 이루어지려면 중앙정부가 독점한 권한과 재원을 지방정부로 나누는 지방분권이 이루어져야 한다. 더욱이 수도권 집중이 심각한 대한민국에서 수도권에 집중된 자원이 비수도권으로 분산되지 않으면 온전한 자치를 위한 인적·물적 자원을 확보할 수 없다.

그런데 5년 전 지방분권 개헌운동이 시작되었을 때 '개헌 없는 지방분권 없다'라는 명제가 제시되었다. 이 명제는 지방분권운동 10년간의 경험에 비추어 법률에 의한 지방분권 추진은 그 한계가 명백하다는 인식에서 제시된 것이다. 역대 정부에서 추진한 지방 이양이 지지부진하고 중앙정부(행정부 및 국회)가 지방에 이양하는 것이 효율적인 핵심 권한들을 기득권으로 고수하고 있기 때문에 지방자치법이나 지방분권특별법 등과 같은 법률로서는 애당초 지방분권을 추진하기 어렵다. 더구나 최상위 법인 헌법 자체가 중앙집권적으로 편성되어 있기 때문에 그 하위 법률인 지방자치법이나 지방분권촉진법을 어떻게 개정해도 획기적인 지방분권은 이루어질 수 없는 원천적 한계가 있다. 이런 까닭에 '지방분권 개헌' 없이는 획기적 지방분권 추진이 불가능한 것이다.

이처럼 획기적 지방분권을 하려면 지방분권 개헌을 해야 하는데, 왜 지금 지방분권 개헌을 해야 하는가? 지방분권 개헌이 왜 긴급한 국가 의제인가? 중앙집권체제와 재벌지배체제라는 두 개의 기둥에 의해 지탱되어온 낡은 한국 모델로는 더 이상 경제성장과 사회통합을 실현하기 어렵기 때문이다. IMF가 경고한 것처럼 이대로 가면 대한민국은 일본처럼 장기 침체에 빠질 우려가 크다. 대한민국의 지속가능한 발전을 위해서는 새로운 한국 모델을 정립해야 한다. 이제 구체적으로 왜 지금 지방분권 개헌을 해야 하는지 알아보자.

첫째, 현행 헌법이 떠받치고 있는 중앙집권체제의 비효율과 불공정이 심각하기 때문에 지방분권 개헌을 해야 한다. 현재 한국의 중앙정부는 처리해야 할 사무가 지나치게 많아 과부하가 걸려 업무의 효율성이 크게 떨어지고 있다. 지방정부에 맡기면 잘할 수 있는 교육, 문화, 치안 등의 업무들을 중앙정부가 장악하고 현장성 없는 획일적 행정을 하니 업무 성과가 낮은 실정이다. 그리하여 권한과 재원을 독점한 중앙정부가 무능하게 되었다. 반면 권한과 재원이 빈약한 지방자치단체는 능력과 의지가 있어도 그것을 발휘할 수단이 없어 무력하게 되었다. 그 결과 대한민국의 국가 능력이 향상될 수 없고 국가경쟁력이 떨어지게 되었다.

뿐만 아니라 중앙집권체제는 수도권 집중을 초래하여 수도권과 비수도권 간 현격한 격차로 인한 불공정을 불러일으켰다. 주한미대사관 외교관을 지낸 그레고리 헨더슨은 그의 저서 『한국: 소용돌이 정치(Korea: The Politics of the Vortex)』(1968)에서 한국에서는 "중앙집권이 수도권 집중을 초래했다"라고 주장했다. 그에 의하면, 문화적으로 단일한 환경에서 존재하는 고도로 중앙집권적인 정치체제에서 작동하는 권력정치가 한국문화의 하나의 거대한 자석이 되어 수도 서울로 향한 저항할 수 없는 빨대로 작용했다. 헨더슨은 한국의 고도 중앙집권체제가 수도권 집중과 지방의 황폐화를 초래한 한국의 특수한 상황을 통찰한 것이다. 헨더슨의 명제에 의하면 수도권 집중을 완화하려면 중앙집권체제를 지방분권체제로 개혁하는 지방분권 개헌이 필수적이다.

둘째, 현행 헌법이 지방자치의 발전을 가로막고 있기 때문이다. 현행 헌법에는 전체 130개 조항 중 지방자치 조항이 단지 2개 조항(117, 118조)뿐이다. 특히 제117조에는 지방자치단체가 주민의 복리에 관한 사무를 처리하고 재산을 관리하는 데 필요한 자치 규정을 법령의 범위 안에서 제정할 수 있다고 규정하고 있다. 이는 지방자치단체의 조례 제정권을 극히 제한하는 규정이다. 국회가 제정하는 법률뿐만 아니라 대통령령, 국무총리령, 각부령 등 시행령의 범위 안에서 조례를 제정할 수 있기 때문에 자치입법권이 원천적으로 크게 제약을 받고 있다.

동아시아연구원이 11개국 헌법을 분석한 결과를 보면, 한국은 10개국 중 헌법상 지방자치 보장 조항이 가장 빈약하다. 즉, 독일이 96점, 이탈리아 81점, 스페인·러시아 75점, 대만 72점, 멕시코 68점, 프랑스 67점, 스위스 53점, 스웨덴 37점, 일본 35점, 한국 28점으로 나타났다(최병선·김선혁, 2007). 우리나라는 지방자치를 법률로 유보하고 있고 헌법에 보장하는 것이 매우 빈약하다. 정권의 의지와 정치권의 이해에 좌우되는 법률에 따라 지방분권이 추진되었기 때문에 지방분권과 지방자치가 지체된 것이다. 이처럼 중앙집권적 헌법이 지방자치의 발전을 가로막고 있다.

셋째, 중앙집권-수도권 일극 발전체제 아래에서는 새로운 성장 동력을 찾기 어렵기 때문이다. 현재 권한과 재원을 독점하고 있는 중앙정부에 폭주하는 업무로 인해 중앙집권체제가 제대로 기능하지 못하고 있다. 또한 과도한 중앙집권체제가 지역의 자율성과 창의성을 억압하고 있어 지역의 역동적 발전을 가로막고 있다. 다른 한편, 수도권 일극 발전체제는 과잉과 과밀로 인해 집적의 효율이 사라지고 집적의 비효율이 크게 발생하고 있는 실정이다. 높은 지가와 주택가격으로 인한 생산비 및 생활비 상승, 혼잡과 교통 체증으로 인한 사회적 비용 발생, 미세먼지가 초래한 건강 악화로 인한 인적자원 손실 등은 수도권 일극 발전체제가 한계에 왔음을 보여주는 징후들이다. 소용돌이 블랙홀인 수도권 일극 발전체제에서는 지역경제 발전을 기대할 수 없다. 이처럼 중앙집권-수도권 일극 발전체제는 새로운 성장 동력을 창출하기는커녕 경제성장을 저해하고 있다. 따라서 대한민국의 국가 능력을 높이고 국가경쟁력을 향상하기 위해서는 중앙집권체제를 지방분권체제로 전환하는 헌법 개정이 필요하다.

넷째, 지방분권 개헌으로 지역다극 발전체제를 구축하면 지역에서 새로운 성장 동력을 창출할 수 있기 때문이다. 앞에서 본 것처럼 수도권에서 더 이상 성장 동력을 찾을 수 없다면 그 대안은 비수도권 지역에서 새로운 성장 동력을 찾는 것이다. 수도권 일극 발전체제가 아닌 지역다극 발전체제는 어떻게 구축될 수 있을 것인가? 이와 관련해서 노무현 정부와 이명박 정부에서 제시된 광역경제권 구상을 검토할 필요가 있다.

노무현 정부는 공공기관 지방이전 확정 이후 2단계 균형발전정책의 일환으로 '4+2' 광역경제권 구상을 제시한 바 있다. '4+2' 광역경제권 구상은 전국을 크게 수도권, 충청권, 영남권, 호남권(4개)과 강원 및 제주(2개)의 광역경제권으로 설정하여 경제권별로 지역경제 발전계획을 수립하여 새로운 성장 동력을 창출함과 동시에 역동적 균형 발전을 실현한다는 구상이었다(김형기, 2006c). 이 구상에서 이러한 광역경제권을 구축하기 위해서는 입법권, 재정권, 행정권 등을 광역 지방정부에 이전하는 획기적인 지방분권정책이 필요하다는 주장이 있었다. 아울러 영남경제권에 제2 관문공항으로서 신공항 건설이 필요하다는 제안이 있었다.

이 구상은 노무현 정부에서는 더 이상 구체화되지 못하고 이명박 정부에 들어와 '5+2' 광역경제권 정책으로 연결되었다. 이명박 정부에서는 영남권을 대구경북권과 동남권(부산, 울상, 경남)으로 나눈 것 이외에 권역 설정에 달라진 것은 없었다. 다만, 광역경제권위원회를 설치하여 논의를 시작했으나 실질이 없이 결국 유명무실해지고 말았다. 광역경제권 정책은 중도반단 상태에 있다가 박근혜 정부에 들어와서 완전 폐기되었다.

노무현 정부와 이명박 정부의 이러한 광역경제권 정책은 지역다극 발전체제를 구축하는 데 계승되어야 한다. 다만 권역 설정에 관해서는 좀 더 심도 있는 논의가 필요하다. '4+2'든 '5+2'든 광역경제권 단위로 광역정부를 구성하는 행정 구역 통합을 지향하면서 광역정부에 산업자치를 하는 데 충분한 입법권, 재정권, 행정권을 보장하는 지방분권 개헌을 할 필요가 있다. 이러한 지방분권-지역다극 발전체제를 통해 새로운 성장 동력을 창출하려면 지방분권 개헌이 필수적이다.

다섯째, 저출산으로 인한 지방소멸과 국가 쇠퇴를 막기 위해서는 지방분권 개헌을 해야 한다. 일본 총무장관을 지낸 마스다 히로야(増田寬也)는 『지방소멸』이라는 자신의 책에서 저출산으로 인해 일본의 지방자치단체들이 소멸하고 그 결과 일본이 쇠퇴한다는 매우 비관적인 전망을 내놓았다. 일본의 동경 일극 집중사회에서는 지방의 가임 여성(20~39세)이 동경 등 대도시로 떠나고, 대도시로 모여든 청년들은 대도시의 비싼 집값 때문에 제집을 마련하기가 어렵다. 또한 일자리를 찾기가 어려워 실업과 비정규직 등 불완전 취업 상태에 처해 이들이 결혼을 포기하거나 미루기 때문에 대도시의 출산율이 하락하게 되었다. 그 결과 지방의 인구뿐만 아니라 대도시의 인구도 줄어 마침내 일본은 인구 감소로 성장 잠재력이 줄고 국력이 쇠퇴하게 될 것이라는 것이다(増田寬也, 2014).

이러한 지방소멸은 한국에서도 머지않아 나타날 전망이다. 이상호(2016)는 마스다 히로야의 논의를 참고하여 지방소멸 지수를 고안했다. '(20~39세 인구 비중) / (65세 이상 인구 비중)'을 지방소멸 지수로 정의하고, 이 지수가 0.5 미만인 85개 기초자치단체가 30년 이내에 소멸할 것으로 예측했다. 수도권에서 멀리 떨어진 지방자치단체들이 소멸될 가능성이 높은 것으로 나타났다. 한국에서 이러한 지방소멸은 일본과 마찬가지로, 아니 일본 이상으로 심한 수도권 집중 때문임은 두말할 필요가 없다. 일본과 동일한 이유로 한국에서도 수도권 집중이 저출산을 초래하고 있다. 헨더슨의 명제에 의하면, 고도의 중앙집권체제가 수도권 집중을 초래했다. 따라서 저출산을 막으려면 중앙집권체제를 지방분권체제로 바꾸는 지방분권 개헌이 필요한 것이다.

여섯째, 실질적 국민주권 실현을 위해서는 지방분권 개헌이 되어야 한다. 헌법에 규정된 국민주권은 대통령과 국회의원을 뽑고 그들을 통해 주권을 행사하는 대의제 민주주의로써 실현될 수 있다. 하지만 국민주권을 일상적으로 실현하기 위해서는 권력이 주민 가까이 와야 한다. 중앙정부에서 지방정부로 권한 이양이 되어야 지방정부(광역과 기초)의 의사결정에 주민이 참여하는 직접민주주의가 실현될 수 있다. 자신이 살고 있는 삶터에서 일상적으로 주권을 행사하는 실질적 국민주권은 지방분권 국가에서 실현된다. 따라서 궁극적으로 주민에게 결정권이 있는 주민자치권이 보장되는 지방분권 개헌이 이루어져야 실질적 국민주권이 실현되는 것이다. 헌법 제1조 1항에 대한민국은 민주공화국이라고 규정하고, 2항에 권력이 국민으로부터 나온다고 규정하고 있는데, 권력이 국민으로부터 나오는 민주공화국이 되려면 대한민국은 지방분권국가가 되어야 한다. 따라서 헌법 1조 3항에 '대한민국은 지방분권 국가다'라는 규정을 추가하는 개헌이 이루어져야 실질적 국민주권이 실현될 수 있다.

마지막으로, 통일한국(United States of Korea)을 준비하기 위해서는 지방분권 개헌이 필요하다. 대한민국이 주도하는 평화적 민주통일을 위해서는 장차 북한 지역을 통합할 수 있는 지방분권 국가체제를 남한에서 미리 구축해야 한다. 서독이 동독을 독일연방에 가입시켜 통일한 사례를 참고하여, 통일한국은 남북한을 몇 개의 지역 정부(예컨대 '8도 연방')로 구성된 연방국가 체제가 바람직할 수 있다. 이러한 연방제를 통해 북한 지역 지방정부들의 입법권, 재정권, 행정권을 보장하고 재정조정제도를 통해 낙후된 지방정부를 지원할 때 현격한 격차가 나고 있는 북한을 통합할 수 있다. 이처럼 통일한국을 준비하려면 지방분권 개헌을 통해 남한에서 연방제에 준하는 지방분권국가를 건설해야 한다.

4. 지방분권 개헌의 기본 방향

중앙집권국가를 지방분권국가로 전환하여 새로운 대한민국을 여는 지방분권 개헌은 다음과 같은 방향으로 추진해야 한다.

1) 헌법 제1조 3항에 '대한민국은 지방분권국가다'라는 규정 추가

프랑스가 2003년 개헌 때 헌법 1조에 "프랑스는 지방분권적으로 조직된다"라는 구절을 삽입하여 중앙집권국가를 지방분권국가로 전환하는 헌법적 기초를 마련했듯이, 고도로 중앙집권국가인 한국이 지방분권국가로 전환하려면 그 이행을 담보하는 선언이 헌법 1조에 포함되어야 할 것이다.

2) 지방정부의 입법권, 재정권, 행정권 보장

중앙정부와 지방정부를 두고, 국방과 외교 및 거시경제정책, 전국 통일적 사무 등을 제외한 모든 국정을 보충성의 원리에 따라 중앙정부와 지방정부가 분담하여 공동 운영해야 함을 명시한다. 보충성의 원리에 따라 지방정부의 입법권, 행정권, 재정권을 규정한다. 입법권의 경우 법률에 버금가는 자치 법률을 제정할 수 있는 권리를 헌법에 보장해야 한다.

3) 재정분권과 함께 재정조정제도 도입

지방자치의 재정적 보장을 헌법에 규정한다. 법인세, 소득세, 부가가치세 등 현행 국세를 중앙정부와 지방정부의 공동 세원으로 하는 공동세 제도를 명시하는 재정분권 조항이 설치되어야 한다. 국세 법률주의와 함께 지방세 조례주의를 채택하여 지방세의 세목과 세율을 지방정부의 조례로 정할 수 있도록 한다. 아울러 지방정부 간 재정력 격차를 조정할 수 있는 재정조정제도를 헌법에 명시한다. 즉, 중앙정부에 의한 지방 재정 조정인 수직적 재정 조정과 지방정부 상호 간 지방 재정 조정인 수평적 재정 조정을 할 수 있는 헌법적 기초를 마련한다.

4) 지역대표형 상원 도입

지방정부의 직접적 국정 참여를 위한 채널인 지역대표형 상원을 도입하여 국회를 양원제로 운영한다. 한국형 상원 모델을 개발하여 헌법에 반영한다. 하나의 대안은 광역 지방정부 단위로 동일한 일정 수의 상원 의원을 선출하여 지역대표형 상원을 구성하는 것이다. 상원은 지방자치와 지역균형발전, 지역 갈등 해소와 지역 간 협력에 관한 입법을 하는 역할을 하게 한다. 이러한 상원은 현재의 국회에서 수도권과 비수도권 간의 정치적 비대칭성 문제를 해소하는 데 기여할 것이다. 이와 관련하여 상원은 통일을 대비하는 길이기도 하다. 즉, 통일한국에서 북한 지역 지방정부들의 정치적 대표성을 보장함으로써 남북한의 정치적 통합에 기여할 것이다. 제2공화국에서의 민의원과 참의원 양원제 운영 선례도 있기 때문에 그 경험을 참고하여 한국형 지역대표형 상원을 도입할 필요가 있다.

이러한 방향으로의 지방분권 개헌을 통해 분권형 복지국가를 건설하는 것이 바로 지방분권 개헌의 비전이다. '집권형 개발국가'였던 낡은 한국 모델을 '분권형 복지국가'인 새로운 한국 모델로 전환해 새로운 대한민국을 여는 것이 지방분권 개헌의 목표다. 지속가능한 선진국 모델인 분권형 복지국가는 통일한국의 비전이어야 한다. 분권을 통한 더 큰 대한민국(Greater Korea)과 복지를 통한 더 좋은 대한민국(Better Korea)을 건설하는 것이 지방분권 개헌의 비전이다.

제10장

지방분권 개헌과 지역 재창조

1. '지방분권과 지역 혁신' 담론의 제기

2000년에 대구사회연구소는 지역 연구 방향을 지방분권과 지역 혁신을 위한 정책 대안 연구로 설정했다. 그 이유는 지역 발전을 위한 필요조건이 지방분권이고 충분조건이 지역 혁신(regional innovation)이라고 인식했기 때문이다. 이런 인식 아래 필자는 21세기 진보의 3대 가치인 참여, 연대, 생태를 지향하는 지방분권과 지역 혁신을 지역 발전의 새로운 패러다임으로 제시했다(김형기, 2002).

여기서는 지방분권 개념을 중앙정부에 집중된 권한을 지방정부로 이양하는 권한 이양(devolution)과 수도권에 집중된 자원을 비수도권으로 분산하는 자원 분산(deconcentration)이라는 두 과정을 포함하는 것으로 정의했다.

당시까지 국내 학계에서는 지방분권보다는 지방자치 개념에 집중하고 있었다. 지방분권이라는 개념은 잘 유통되고 있지 않았다. 하지만, '지방분권 없는 지방자치 없다'라는 인식 아래 지방분권을 키워드로 제기한 것이다. 지방자치가 안 되고 있는 것은 지방분권이 안 되고 있기 때문이라는 점을 강조한 것이다.

뿐만 아니라 지방분권 개념 속에 권한 이양 측면만 보았던 당시 학계의 관점을 넘어 자원 분산의 측면도 함께 고려할 것을 주문했다. 이는 권한 이양과 자원 분산이 함께 이루어져야 온전한 지방분권이 이루어진다고 인식했기 때문이다. 특히 세계적으로 유례를 찾기 어려운 한국의 초집중 현실을 고려할 때 지방분권 논의에서 자원 분산은 매우 중요하기 때문이다.

※ 제10장은 한국지역사회학회 2015년 춘계학술대회 기조발표문을 수정·보완한 것임.

지역 혁신은 지역의 낡은 패러다임을 창조적으로 파괴하는 것을 말한다. 이는 경제학자 조지프 슘페터의 혁신 개념을 지역 발전에 적용한 것으로 신슘페터주의자의 관점을 수용한 것이었다. 이러한 관점에서 지역 혁신을 경제, 정치, 문화 세 영역에서 일어나는 기술 혁신, 제도 혁신, 문화 혁신이라는 세 차원에서 고찰하고자 했다.

지역 혁신론이 제기되기 전에는 일본 학계의 '내발적 발전론'이 지역 경제론과 지역 발전론에서 논의되고 있었다. 지역의 자원에 기초해 지역 주체들의 창의에 의해 지역의 자율성을 높이고 공동성을 확대해 지역 발전의 잠재력을 지역 내부에서 형성시키려는 것이 내발적 발전론의 문제의식이었다(宮本憲一·横田茂·中村剛治郎 編, 1990; 황한식, 2002).

2000년대 초 한국에서 지방분권론과 함께 제기되었던 지역 혁신론은 신슘페터주의자의 지역 혁신 개념에 일본의 내발적 발전론의 문제의식을 결합한 것이었다. 말하자면 내부지향적인 내발적 발전론을 외부지향적 요소를 가지고 있는 지역 혁신론에 포괄한 것이다. 외래형 개발에 반대하는 내발적 발전론의 문제의식을 포괄하면서도 글로벌화 시대에 지역의 지속가능한 발전을 위해서는 세계시장을 향한 글로벌 혁신을 추진해야 한다는 입장을 가지고 있었다.

지역 혁신론은 내발적 발전론이 중시하는 주체 형성의 문제의식을 받아들여 혁신주체, 즉 이노베이터(innovator) 형성의 중요성을 강조했다. 아울러 이들 지역 혁신 주체들(기업, 지역 공공기관 등)이 네트워크를 형성하여 상호작용하여 혁신을 일으키고 확산시키는 지역 혁신 시스템 구축과 지역 혁신 주체들의 공간적 집합체인 지역 혁신 클러스터 형성의 필요성을 강조했다.

지방분권과 지역 혁신의 관계에 대한 논의도 제기되었다. 지방분권이 먼저냐, 지역 혁신이 먼저냐 하는 논의도 있었다. 그런데 지역 혁신을 하려면 지역에 결정권과 세원, 인재가 있어야 한다. 중앙정부가 주요한 결정권을 독점하고 국세와 지방세의 비중이 8 대 2로 세원이 부족하며 중앙정부가 있는 수도권으로 인재가 유출되고 있는 상황에서는 지역 혁신을 기대할 수 없는 노릇이었다. 따라서 '지방분권 없는 지역 혁신 없다'라는 명제는 타당하다.

다른 한편, 지역 혁신이 없으면 지방분권이 이루어져 권한과 세원, 인재가 지역에 오더라도 그것을 지역 발전을 위해 효과적으로 사용·운영하고 활용할 수 없다. 지역 혁신이 없으면 지역이 수권 능력이 없게 되고 오히려 자원만 낭비될 수 있다. 특히 혁신 능력과 혁신 의지가 없는 기득권 세력이 지역을 지배하고 있을 경우 지방분권은 그들의 권한만 강화하고 그들의 이익만 증대할 가능성이 높아질 것이다.

여기서 지방분권과 지역 혁신의 병행론이 제기된 것은 당연했다. 하지만 중앙집권-수도권 집중체제가 지역 혁신의 계기를 억누르고 있는 한국의 현실에서는 지방분권이 선행되고 연이어 지역 혁신을 추진하는 것이 순서일 것이다. 지방분권과 지역 혁신의 관계는 지방분권은 지역 발전을 위한 필요조건이고 지역 혁신은 그 충분조건이라고 정리할 수 있다.

10여 년 전에 제기된 지방분권과 지역 혁신 담론은 일과적인 것이 아니라 지역순환경제론, 창조경제론이 제기되고 지방분권 개헌운동이 일어나고 있는 지금 여전히 유효한 담론이다. 이 담론을 그간의 변화한 국내외 정세에 대응하여 더욱 발전시킬 필요가 있다.

2. 지방분권운동의 이념

2002년부터 전국 각 지역 사회에서 일어난 지방분권운동이 지향했던 이념은 무엇이었던가? 13년 전 '지방이 살아야 나라가 산다', '지방에 결정권을', '지방에 세원을', '지방에 인재를'이라는 구호를 내걸고 전국 각 지역에서 일어난 지방분권운동의 배경은 '무너지는 지방, 떠나는 지방'의 현실과 '2할 자치', '무늬만 자치'인 껍데기뿐인 지방자치였다.

정치, 경제, 문화 등 사회 모든 영역의 자원과 구상 기능이 서울에 집중되어 있어, 세계적으로 그 유례를 찾아볼 수 없는 중앙집권-수도권 집중체제 아래에서 전국 대부분 지역의 삶터와 일터가 황폐화하고 있는 현실이 지방분권운동이 일어나게 된 가장 중요한 배경이다. 아울러 '결정권 없는 지방자치, 세원 없는 지방자치, 인재 없는 지방자치'로 특징지어지는 한국의 지방자치가 지방분권운동이 등장하게 된 또 다른 주요 배경이었다.

한국에서 일어난 지방분권운동은 전국 각 지역의 시민사회에서 지식인, NGO, 자치단체 공무원 등이 연합해 중앙집권-수도권 집중체제에 대항하여 지방분권을 한목소리로 요구한 사회운동이었다. 지방의 위기에 단순히 적응하거나 퇴장(exit)하는 방식이 아니라 집단적 발언(collective voice)을 통해 문제를 해결하려는 지방분권운동은 중앙정부의 수혜에 의지하여 지역을 발전시키려는 중앙정부 의존적 태도와도 구분된다. 결정권과 세원, 인재를 가지고 스스로의 힘으로 자기 지역을 발전시키려고 하는 주체적 태도가 바로 지방분권운동으로 분출했던 것이다.

지방분권운동은 지방의 총체적 위기 극복, 지방자치의 내실화, 지역혁신, 복지 공동체 실현, 지역통합과 민족통합이라는 21세기 대한민국이 요청하는 시대정신을 구현하기 위한 국민운동이었다. 이러한 시대정신을 구현하기 위한 지방분권운동의 성격은 대체로 네 가지로 규정할 수 있다(김형기, 2002).

① 지방분권운동은 지방분권국가를 지향하는 운동이다.

② 지방분권운동은 대안적 지역 발전을 지향하는 운동이다.

③ 지방분권운동은 복지 공동체를 지향하는 운동이다.

④ 지방분권운동은 지역의 자기결정권과 자기책임성에 기초한 자주관리사회를 지향하는 운동이다.

첫째, 지방분권운동은 대한민국을 중앙집권국가로부터 지방분권국가로 전환하려는 운동이었다. 지방분권운동은 입법, 행정, 재정 등 국가활동 전반에 걸쳐 지방분권의 원리가 관철되는 국가를 지향했다. 그리고 지방정부가 자기 지역의 일을 스스로 결정하는 권리를 가지는 국가, 지역주권이 보장된 국가를 지향했다.[1]

그동안 1단계 지방분권운동은 '지방분권특별법'과 '국가균형발전특별법' 등 법률에 기초해 추진되는 지방분권 개혁을 지향했다. 하지만 아래에서 보는 것처럼 법률에 기초한 1단계 지방분권 개혁의 한계가 분명해지고 중앙집권적인 현행 헌법의 제약이 장벽으로 존재하므로, 이제 2단계 지방분권 개혁과제인 지방분권형 개헌을 추진해야 한다. 따라서 2단계 지방분권운동은 지방분권형 개헌운동으로 발전하지 않을 수 없다.

둘째, 지방분권운동은 중앙 의존적이고 외생적인 지역 발전을 넘어 대안적 지역 발전을 지향하는 운동이었다. 즉, 지방분권운동은 '지방분권-주민자치-지역 혁신'을 통한 지역경제의 내생적 발전을 추진하려는 운동이었다. 나아가 지방분권운동은 '참여, 연대, 생태'라는 21세기 새로운 진

1 지방분권운동 내에는 단일국가체제에서 중앙정부와 지방정부 간의 적절한 권한 배분을 지향하는 흐름과 연방제 국가를 주장하는 흐름이 공존하고 있었다. 즉, 지방분권국가의 상이 서로 달랐다. 하지만 행정분권 → 재정분권 → 입법분권의 순으로 지방분권의 수준이 높아져야 한다는 점에서는 의견이 일치했다.

보의 기본 가치를 지향한 대안적 발전(alternative development) 운동이었다. 이러한 대안적 발전은 주민 중심적이고 공동체 지향적이며 지속가능한 발전 모델이다. 지방분권운동은 이러한 대안적 발전 모델을 21세기 한국의 새로운 지역 발전 모델로 설정했다.

하지만 그동안의 지방분권운동은 사실상 법률제정운동에 집중되어 대안적 지역 발전을 실현하는 데 핵심 역할을 하는 풀뿌리 주민운동과 결합되지 못했다. 지방분권운동은 중범위(meso-level)의 제도개혁운동에 국한되어 있었다. 따라서 앞으로 지방분권운동은 다양한 풀뿌리 주민운동들과 결합하는 실천을 해야 한다.

셋째, 지방분권운동은 복지국가 패러다임을 넘어 복지 공동체를 지향하는 운동이었다. 우리나라는 아직 복지국가를 실현하지 못하고 있기 때문에 중앙정부가 사회 안전망을 구축하여 실업급여와 생활 보조금 지급과 같은 현금급여를 행하는 복지국가를 구현하는 것은 빼놓을 수 없는 과제이다. 지난 대선을 계기로 한국에서는 보편적 복지국가 실현이 국가적 의제로 부상했다. 하지만 현금급여 중심의 사회복지는 중앙집권적 사회보장제도를 통해 전국 일률적으로 국민 최저 수준(national minimum)의 생활을 보장하는 것이기 때문에 복지 행정의 중앙집권이 불가피하고 그로 인한 관료화의 비효율이 초래된다.

선진국이 경험한 복지국가의 이러한 문제점을 미리 예방해 수준 높은 보편적 복지를 실현하기 위해서는 지방분권을 추진하여 현물급여에 의한 사회 안전망을 펼쳐야 한다. 현물급여 제공은 '가까이 있는 정부'인 지방정부만이 가능하기 때문이다. 복지 공동체는 지방정부가 교육, 의료, 육아, 양로 등 현물급여를 수행함으로써 실현되는 지역 공동체이다. 지방분권운동은 복지국가에서 복지 공동체로 나아가는 새로운 복지 모델을 지향하는 운동이었다. 복지 공동체 실현은 2단계 지방분권운동의 핵심적 의제가 되어야 한다.

넷째, 지방분권운동은 지역의 일은 지역 스스로가 결정하고 그 결정에 책임지면서 자기 지역을 스스로 관리하는 자주관리사회를 지향하는 운동이었다. 이를 통해 한국 사회에서 오랜 기간 형성되어온 중앙집권주의와 중앙의존주의를 넘어서려고 했다. 행정적·재정적·정치적으로 자기결정과 자기책임을 가지는 자주관리사회에서는 지역 정부 간 협력이 필수적이다. 서로 협력하지 않고 독자적으로 자기결정을 하면 지역 간 분열과 대립을 초래할 가능성이 있기 때문이다. 따라서 자기결정권과 자기책임을 가지는 지역 정부들 간의 자유로운 연합과 자율적 협력을 통한 새로운 공동체 사회의 형성, 이것이 바로 지방분권운동이 장기적으로 지향하는 새로운 사회의 비전이다.

2012년부터 전개된 지방분권 개헌운동은 이러한 1단계의 지방분권운동의 정신을 더욱 강도 높게 실현하려는 2단계 지방분권운동이다.[2]

지방분권 개헌운동은 대한민국을 지방분권국가로 재창조하는 운동이다. 그것은 지역 주민이 결정권을 가지는 지역 주권을 실현하는 운동이다. 지방분권 개헌운동은 진정한 민주공화국을 실현하는 운동이다. 헌법 제1조에서 대한민국은 지방분권국가임을 선언하고, 지방정부의 자치입법권과 자치 행정권 및 자치 재정권 조항을 명시하며, 지역대표형 상원제를 실시하고, 수도권과 비수도권 간의 현격한 세원 격차를 고려하여 지방재정조정제도를 도입하며, 국민소환과 국민발안과 같은 직접민주주의를 실시하는 조항을 설치하도록 개헌하려는 것이 지방분권 개헌운동이다.

2 2012년 9월 10일 창립된 지방분권개헌국민행동은 2002년 11월 7일 창립된 지방분권국민운동의 정신을 계승하고 있다.

3. 1단계 지방분권 개혁의 성과와 한계

2015년은 민선자치단체장 체제가 성립한 지 20년이 되는 해다. 지금까지 지방분권은 조금씩 진전되었지만 그 정도는 아주 미흡하다.

노무현 정부 때는 과감한 자원 분산정책이 국가균형발전의 이름으로 추진되었다. 행정중심 복합도시(세종시) 건설과 공공기관 지방이전(혁신도시)이 추진되었다. 정부 부처와 공공기관 지방이전은 지방분권의 한 측면인 수도권에 집중된 자원을 비수도권으로 분산하기 위해 추진되었다. 이런 자원 분산정책이 가져올 분산 효과에 대해서는 전망이 엇갈렸다. 하지만 혁신도시가 지역 혁신의 허브로 제대로 기능한다면 지역경제의 활성화와 상당한 자원 분산 효과를 기대할 수 있을 것이다. 반면, 노무현 정부에서 권한 이양은 소극적으로 추진되었다.

이명박 정부는 자원 분산에 주력한 노무현 정부의 균형발전정책을 비판하고 권한 이양에 주력하겠다고 선언했다. 이명박 정부는 집권 초기에 공공기관 이전 재검토를 발표했으나 곧 철회한 바 있고, 행정중심 복합도시인 세종시 원안을 폐기하고 기업도시로 수정하려 했으나 국회 표결에서 부결되었다. 결국 노무현 정부 때 시작한 균형발전정책을 수정하거나 폐기하려는 시도는 좌절되었다.

그러는 사이에 이명박 정부는 자신이 원래 역점을 두겠다고 발표했던 권한 이양에 소홀했다. '지방분권' 확대를 주요 국정 과제로서 추진했지만, 실제 추진된 권한 이양은 아주 미흡하다. 대폭적인 권한 이양을 위해 반드시 제정해야 할 지방일괄이양법을 끝내 제정하지 않았다. 특별행정기관 폐지, 자치경찰제 실시 등과 같은 의제도 추진하지 않았다. 따라서 전국시도지사협의회가 지방분권국가 실현을 위한 공동성명서에서, "현 정부는 출범 초기 '지방분권 확대'를 주요 국정 과제에 포함, 추진해왔으나 집권 3년차에 이른 현재까지 실질적 조치가 미흡한 실정이다"라고 주장하기에 이르렀다.

박근혜 정부도 지방분권을 주요 국정 의제로 설정했으나 집권 3년차인 현재까지 획기적인 지방분권정책을 실시하고 있지 않다. 대통령 소속 지방자치발전위원회를 설치하여 '지방일괄이양법'을 제정할 것을 약속했으나 실제 제정 여부는 여전히 불투명하다. 중앙정부 공무원이 권한 이양에 소극적인 태도는 변함이 없다. 권한 이양에 따른 재원 이양은 하지 않아 지방자치단체의 행정·재정상의 부담만 가중하고 사무의 비효율성만 높아졌다. 지방 재정을 크게 압박하고 있는 복지 사무 이양이 그 전형적인 사례다.

2000년대 초 지역 지식인과 지역시민사회 그리고 지방자치단체들이 협력해서 일으킨 지방분권운동, 국회에서의 지방분권 관련 3대법 제정, 노무현 정부 아래에서의 지방분권정책의 실시 등 일련의 과정을 통해 지난 10여 년 가까이 추진된 1단계 지방분권 개혁은 중대 고비를 맞이하고 있다. 이명박 정부와 박근혜 정부에서의 지방분권 개혁의 지체 현상을 보면서, 현재와 같이 법률에 기초한 미약한 지방분권 개혁정책으로서는 선진 지방분권국가 실현이 요원할 것이라는 느낌을 지울 수 없다. 지방분권 개혁은 강고한 중앙집권 세력과 중앙집권적 헌법의 벽에 부딪혀 진전하지 못하고 있다.

따라서 앞으로 이 장벽을 돌파할 보다 강도 높은 2단계 지방분권 개혁이 추진되어야 한다. 그것은 다름 아니라 대한민국을 중앙집권국가로부터 지방분권국가로 대전환하는 지방분권 개헌을 추진하는 길이다.

4. 지방분권 개헌을 통한 지역 재창조

왜 지금 지방분권 개헌을 해야 하는가? 현행 헌법이 떠받치고 있는 중앙집권체제의 비효율이 정치, 경제, 문화 등 우리 사회 곳곳에 드러나고 있기 때문이다. 1년 전 온 나라를 비통함과 좌절감에 빠뜨렸던 세월호 참사는 권한과 자원을 독점한 중앙정부의 무능함과 권한과 자원이 빈약한 자치단체의 무력함을 여실히 보여주었다. 개발독재 시기에 형성되었던 중앙집권체제의 비효율과 폐해가 전면에 드러난 지금 대한민국이 지속가능한 발전을 하기 위해서는 중앙집권국가를 지방분권국가로 개조하는 지방분권 개헌이 필수적이다.

지금 왜 지방분권 개헌을 하지 않으면 안 되는가? 현행 헌법이 지방자치의 발전을 가로막고 있기 때문이다. 중앙집권적으로 편성되어 있는 현행 헌법에는 전체 130개 조항 중 지방자치 조항이 117, 118조 단지 2개 조항뿐이다. 동아시아연구원이 10개국 헌법의 지방자치 보장 조항을 평가한 결과 '독일 96점 〉이탈리아 81점 〉 스페인·러시아 75점 〉 대만 72점 〉 멕시코 69점 〉 프랑스 67점 〉 스위스 53점 〉 스웨덴 37점 〉 일본 35점 〉 한국 28점'으로 나타났다(최병선·김선혁, 2007). 게다가 자치단체는 법령의 범위 내에서만 조례를 제정할 수 있을 뿐이다. 국회만 제정할 수 있는 법률, 대통령과 국무총리, 각부 장관이 발하는 획일적인 명령의 범위 내에서 조례를 제정할 수 있을 뿐이다. 지방자치단체별 구체적 사정에 적합한 조례 제정, 나아가 지역 독자적 발전 모델을 구축하기 위한 제도 설계를 할 수 있는 행정과 재정을 위한 입법을 할 수 없다. 우리나라의 지방자치가 '2할 자치', '무늬만 자치'에 머물고 있는 것은 기본적으로 중앙집권적 현행 헌법 때문임이 명백하다.

왜 지금 지방분권 개헌에 착수하지 않으면 안 되는가? 중앙집권-수도권 일극 발전체제 아래에서는 한국 경제가 더 이상 새로운 성장 동력을 찾기 어렵기 때문이다. 폭주하는 업무의 과부하로 제대로 기능하지 못하는 중앙집권체제, 과잉과 과밀로 인해 집적의 효율이 사라지고 집적의 비효율이 크게 발생하고 있는 수도권 일극 발전체제에서는 더 이상 성장 잠재력이 창출될 수 없다. 대안은 비수도권 지역에서 새로운 성장 동력을 찾는 것이다.

하지만 지역의 자율성과 창의성을 억압하고 있는 중앙집권체제, 수도권 일극 발전체제의 블랙홀이 상존하는 상태에서는 지역경제 발전을 기대할 수 없다. 한편 수출주도성장이 한계에 직면한 상황에서 내수를 확대해 소득주도성장으로 새로운 성장 동력을 찾아야 한다(홍장표, 2015). 내수가 살아나려면 지역경제가 살아나야 한다. 지역경제가 살아나려면 지역에 희망을 주는 국가개조가 있어야 한다. 그것은 바로 중앙집권-수도권 일극 발전체제를 지방분권-지역다극 발전체제로 전환하는 헌법 개정을 하는 것이다. 지방자치단체의 입법권, 행정권, 재정권을 원천 봉쇄하고 있는 현행 헌법을 그대로 두면 마침내 지역에서 더 이상 희망을 찾을 수 없게 되어 한국도 일본처럼 장기 침체에 빠질 가능성이 높다.

왜 지금 지방분권 개헌이 절실히 요청되고 있는가? 우리 민족의 숙원인 남북통일에 대비하기 위해서다. 대한민국이 주도하는 평화적 민주통일을 위해서는 장차 북한 지역을 통합할 수 있는 지방분권 국가체제를 남한에서 미리 구축해야 한다. 남북 간의 경제력 격차가 1인당 GDP 기준 무려 20 대 1인 상황에서 단방국가로의 통일은 극히 불합리하며 통일 자체가 대박이 아니라 재앙을 초래할 우려가 크다.

따라서 서독이 동독을 독일연방에 가입시켜 통일한 사례를 참고하여, 통일한국은 남북한을 몇 개의 지역 정부(예컨대 '8도 연방')로 구성된 연방국가 체제가 바람직할 수 있다. 이러한 통일한국을 준비하기 위해서는 개헌을 통해 중앙집권국가를 지방분권국가로 전환하여 중앙정부와 지방정부가 보충성의 원칙에 따라 국가를 분담하여 경영하는 경험을 축적하는 것이 긴요하다. 가까운 장래에 남북한이 독일과 같은 연방국가로 통일되어 통일한국이 건설될 것이라고 전망한다면 지금 바로 지방분권 개헌에 착수해야 한다.

이러한 문제의식과 관점에 기초할 때 지방분권 개헌의 기본 방향은 다음과 같이 설정하는 것이 바람직할 것이다.

첫째, 중앙집권국가를 지방분권국가로 전환하는 개헌을 추진한다. 이를 위해서는 헌법 제1조에 '대한민국은 지방분권국가다'라고 규정해야 한다. 이러한 헌법 규정에 따라 모든 관련 법률을 개정하거나 제정해야 한다. 대한민국은 민주공화국임과 동시에 지방분권국가라는 헌법 조항에 기초해, 국방과 외교 및 거시경제정책 등을 제외한 모든 국정을 보충성의 원리에 따라 중앙정부와 지방정부가 분담하여 공동 운영해야 함을 헌법에 명시해야 한다. 또한 지방정부의 입법권, 행정권, 재정권도 규정해야 한다.

둘째, 지역대표형 상원을 도입해야 한다. 지방에서 수도권으로의 인구 유출이 끊임없이 계속되고 이미 우리나라 인구의 절반이 수도권에 살고 있다. 그러므로 이러한 상황이 초래된 현실을 고려할 때, 현재 지역구 인구에 기초해 정해지는 소선거구제로 구성되는 단원제 국회만으로는 국정에 지방의 의사를 반영하고 지방의 문제를 다루는 데 명백한 한계가 있다. 광역자치단체 단위로 동일한 일정 수의 상원의원을 선출하여 구성하는 지역대표형 상원을 현재의 국회(하원)와 함께 두는 양원제를 실시하고, 전국적 지역 문제는 상원에서 다루도록 하는 것이 합리적일 것이다.[3]

---

3 상원을 두는 대신 현재의 국회의원 정수를 줄여서 전체적으로 국회의원 수가 늘어나지

셋째, 재정분권과 함께 재정조정제도를 도입해야 한다. 법인세, 소득세, 부가 가치세 등 현행 국세를 중앙정부와 지방정부의 공동 세원으로 하는 공동세제도를 헌법에 명시하는 재정분권 조항을 도입해야 한다. 그 대신 지역별 경제력 격차에 따른 세원 불평등을 시정할 수 있도록 재정조정제도를 헌법에 명시해야 한다. 그리하여 이제 재정분권이 이루어진 지방분권국가에서 지역 간 균형발전은 이러한 재정조정제도를 통해 실현할 수 있도록 해야 한다.

넷째, 참여민주주의 구현을 위한 국민소환제와 국민발안제, 국민의 헌법 개정 발의권을 도입해야 한다. 주민소환제는 이미 도입되었기 때문에 이러한 제도가 헌법에 명시되면, 직접민주주의, 참여민주주의, 풀뿌리 민주주의가 획기적으로 확장될 수 있을 것이다.

이러한 방향으로 지방분권 개헌이 이루어질 때 국가 재창조와 함께 지역 재창조가 가능할 것이다. 지방분권 개헌을 통해 분권형 복지국가를 만드는 것이 21세기 초 대한민국의 가장 절실한 국가 의제다. 분권형 복지국가 구현은 장차 통일한국을 준비하는 가장 견실한 토대다.

소득 수준이 높고 삶의 질이 높은 분권형 복지국가는 스웨덴, 노르웨이, 덴마크 등 노르딕형 모델 자본주의에서 실현되어 있다. 그림 10-1에서 보는 것처럼 OECD 국가 중 1인당 GDP가 높을수록 재정분권 수준이 높다. 미국, 캐나다, 호주 등 영미형 국가와 덴마크, 스웨덴, 핀란드 등 노르딕형 국가, 독일, 오스트리아, 스위스 등 라인형 국가 등이 재정분권 수준이 높다. 한국은 분석 대상에서 빠져 있지만 아마도 그림에서 슬로베니아 근방에 있을 것으로 추정된다.

그리고 그림 10-2를 보면, 재정분권 수준이 높은 나라 중 유형 I(고분

않도록 하면 국가의 재정 부담도 크게 늘지 않을 것이다.

그림 10-1

소득 수준과 재정분권 수준: OECD 국가

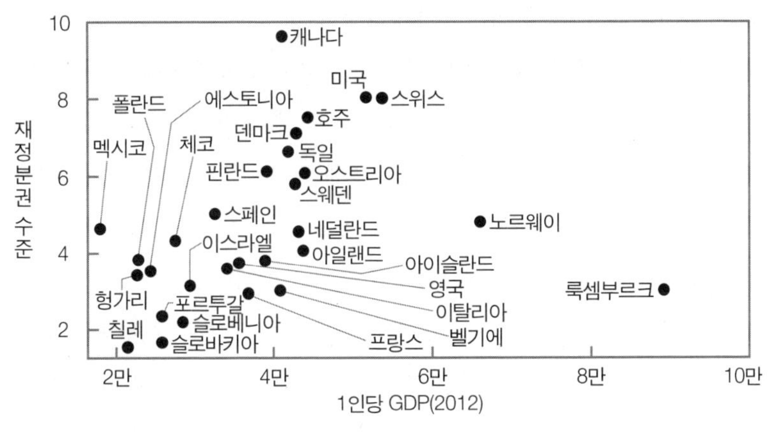

자료: Schneider(2003); OECD Database.

그림 10-2

1인당 GDP와 재정분권 수준

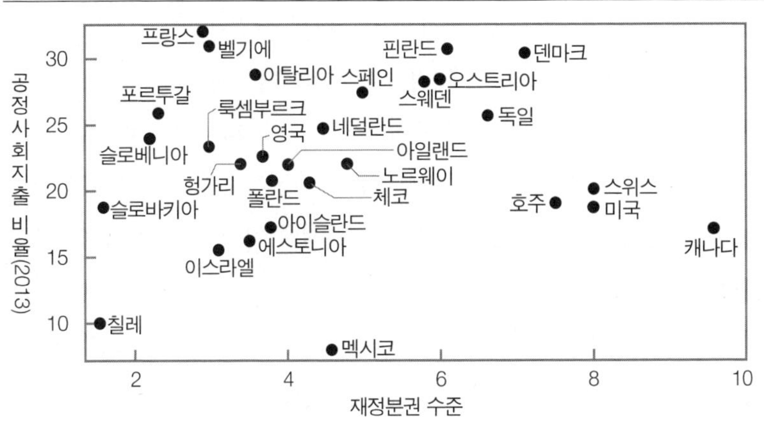

자료: Schneider(2003); OECD Database.

권·고복지 국가), 즉 덴마크, 스웨덴, 핀란드 등 노르딕형 국가와 독일, 오스트리아 등 라인형 국가는 공적 사회 지출 비율(GDP 대비)이 높고, 유형 II(고분권·저복지 국가), 즉 미국, 캐나다, 호주 등 영미형 국가는 공적 사회 지출 비율이 낮음을 알 수 있다. 한국은 그림 10-2에서 칠레 근방에 있을 것으로 추정된다. 현재 한국은 '저분권·저복지' 국가에 속하는데 지방분권 개헌으로 장차 고분권·고복지 국가, 즉 분권형 복지국가로 나아가야 할 것이다.

광역 지방정부 단위의 광역경제권 형성, 지역 창조경제 실현, 사회적 경제의 확장, 복지 공동체 실현, 풀뿌리 민주주의 구현 등을 통한 지역 재창조는 이러한 지방분권 개헌을 통해 본궤도에 오를 수 있을 것이다. 지역 혁신과 내생적 발전도 지방분권 개헌이 되어야 본격적으로 추진될 수 있을 것이다. 사람 중심의 지역 발전, 지속가능한 지역 발전도 비로소 기대할 수 있을 것이다.

박근혜 정부가 최고 국정 의제로 실현하려고 하는 창조경제도 지방분권 개헌 없이는 실현될 수 없다. 유엔의 「2013 창조경제보고서(Creative Economy Report)」(2013)가 "창조경제는 하나의 단일한 간선 고속도로 아니다. 그것은 서로 다른 지역 궤적들의 군집이다"라고 지적한 것처럼 창조경제는 지역, 도시, 공동체 수준에서 실현된다. 따라서 지역이 입법권, 행정권, 재정권을 가지는 지방분권 개헌이 이루어지면 지역 발전을 자율적으로 추진할 수 있는 권한과 자원을 지역이 가지게 되어 창조경제의 실현이 가능하다.

한편, 그림 10-3에서 보는 것처럼 창의성 지수(Global Creativity Index)가 높은 나라일수록 경제적 성과가 높은데, 고창의성·고성과 국가 중 스웨덴 등 노르딕형 모델과 미국 등 영미형 모델이 있다. 두 모델 모두 분권 수준이 높은 국가들이다. 여기서 우리는 창조경제를 실현하는 두 가지

그림 10-3

창의성 지수와 경제적 성과

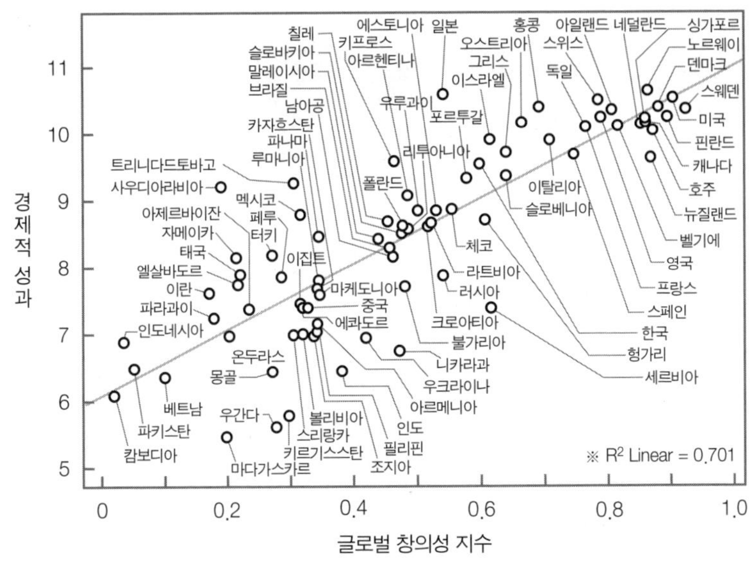

자료: Florida et al.(2011).

길이 있음을 알 수 있다. 분권형 복지국가를 통한 창조경제의 실현이 우리가 나아가야 할 길이다. 지방분권 개헌은 이 길로 가기 위한 관문이다.

2002년에 지방분권운동은 '지방분권 없는 지방자치 없다'라는 명제를 제시했다. 2015년 현재 2단계 지방분권운동은 '개헌 없는 지방분권 없다'라는 명제를 제시한다. 분권적 전환을 통한 지역 재창조를 위해서는 지방분권 개헌을 해야 한다.

제11장

지속가능한 인간발전을 위한 복지체제

1. 머리말

2011년부터 복지국가가 한국 사회의 중심적 담론으로 급부상했다. 여당과 야당, 보수와 진보를 막론하고 복지국가를 말한다. 여와 야의 유력 대선 후보들도 모두 복지국가를 약속하고 있다. 따라서 연말 대선 이후 성립할 다음 정부에서는 어떤 식으로든지 복지국가를 실현하는 정책을 실시하지 않을 수 없을 것이다.

이러한 국면에서 학계와 정치권을 중심으로 보편적 복지냐, 선별적 복지냐 하는 논쟁이 전개되고 있다. 하지만, 복지체제를 국민 모두를 대상으로 하는 보편적 복지로 할 것인지, 취약 계층을 대상으로 하는 선별적 복지로 할 것인지의 논쟁보다 더 중요한 것이 있다. 그것은 바로 사회복지의 궁극적 목적인 지속가능한 인간발전을 보장하는 복지체제를 어떻게 구축할 것인가 하는 것이다. 이와 동시에 지속가능한 인간발전을 위한 복지체제 그 자체를 지속가능하게 만들 수 있는 조건을 구비하는 정책 대안을 마련하는 것이 더욱 중요하다.

한국에서 복지국가 관련 정책이 논의되고 도입되기 시작하는 것은 1987년 이후부터이다. 1987년 노동자 대투쟁 이후 지난 25년 동안 한국에서는 '최저임금법'(1988), '국민연금법'(1988), '고용보험법'(1995), '국민기초생활보장법'(1999), 근로장려세제(EITC)(2006) 등 일련의 사회보장 관련 제도가 도입되었다. 이러한 과정에서 서로 다른 복지 담론이 제기되면서 복지 논쟁이 전개되었다. 1987년 이후 현재까지 '복지냐 노동연계복지냐', '선별적 복지냐 보편적 복지냐' 하는 서로 대립하는 관점의 복지 논쟁

※ 제11장은 한국응용경제학회, ≪응용경제≫, 제14권 2호(2012년 9월)에 실린 필자의 글을 수정·보완한 것임.

이 제기되었다.

이 글은 지속가능한 인간발전을 위해서는 이러한 기존의 복지 논쟁의 틀을 넘어 '복지국가냐 복지 공동체냐' 하는 새로운 복지 논쟁의 프레임을 형성해야 한다고 주장할 것이다. 아울러 현재 한국이 처한 사회경제적 현실은 지속가능한 인간발전이라는 관점에서 복지국가를 넘어 복지 공동체 개념으로 나아가는 복지 패러다임의 전환을 요청하고 있음을 주장할 것이다. 아울러 노동시장의 유연안전성이 실현되어야 지속가능한 인간발전을 위한 복지체제 구축이 가능함을 보일 것이다.

그리고 이 글에서는 노동연계복지와 보편적 복지가 복지 공동체라는 새로운 복지 패러다임 속에 융합되고, 노동시장 유연안전성이 실현되며, 교육·고용·복지의 연계가 이루어질 때, 지속가능한 인간발전을 위한 복지가 가능함을 보일 것이다. 특히 '노동시장 유연안전성 삼각형' 분석을 통해 한국에서 지속가능한 인간발전을 위한 복지체제 구축의 방향을 제시할 것이다. 나아가, 이러한 새로운 복지 패러다임이 구현되기 위해서는 '복지 공동체 연합'과 노동시장의 유연안전성 실현을 위한 계층 연합인 '유연안전성 연합'을 실현하는 방향으로 사회적 합의가 이루어져야 한다고 주장할 것이다.

2. 지속가능한 인간발전 관점에서 본 복지체제 논쟁

복지는 궁극적으로 지속가능한 인간발전의 관점에서 논의되어야 한다. 지속가능한 인간발전(sustainable human development)은 모든 사람이 인간다운 삶을 누릴 수 있도록 경제적·사회적·환경적 지속가능성이 실현되는 상태를 말한다(Anard and Sen, 1994). 이러한 지속가능한 인간발전의 핵심적 요소는 복지와 생태이다. 따라서 지속가능한 인간발전을 위해서는 그것에 적합한 복지체제가 구축되어야 한다. 지속가능한 인간발전을 위한 복지의 요체는 모든 사람이 인간다운 삶을 누릴 수 있는 역량(capabilities)을 형성할 수 있는 사회경제적 조건이 창출되는 것이다.

지속가능한 인간발전에 대한 고전적 논의는 마르크스의 유물론적 접근(materialist approach)(Burkett, 2003)과 아마티아 센의 역량 접근(capabilities approach)(Anand and Sen, 1994)에서 찾을 수 있다. 이 두 접근의 공통점은 지속가능한 인간발전의 핵심 요소를 "자유로운 인간발전"으로 보고 있다는 점이다(Kim, 2011). 이러한 접근에 기초해 복지를 "자유로운 인간발전에 대한 사회보장"으로 정의할 수 있다. 복지를 이와 같이 개념 정의할 때, 이하에서 논의될 노동연계복지, 보편적 복지, 복지 공동체, 노동시장의 유연안전성이라는 복지 패러다임의 진정한 의미가 부각될 수 있다.

자유로운 인간발전을 위해서는 개인의 지식 혹은 역량이 계층 간, 세대 간에 걸쳐 공평[1]하게 향상될 필요가 있다. 노동자와 시민에게 지식이나 역량을 향상할 수 있는 기회가 균등하게 제공되고 게임의 규칙이 공정하게 적용되며 보상에서 불합리한 격차가 발생하지 않는 상황에서 자유로운 인간발전이 이루어질 수 있다. 노동자의 경우, 노동시장에 들어오기 전 지식 및 역량 형성의 기회균등과 노동시장에서의 공정 경쟁과 생활 임금(living wage)이 보장되는 상태에서 노동자의 자유로운 인간발전을 기대할 수 있다. 고용보호와 실업보호[2]가 적절하게 이루어져 안심하고 노동하며, 실업 시에 생활이 안정되는 가운데 재취업을 위한 준비를

1 공평성은 기회균등(equal opportunity), 공정(fairness), 평등(equality)이라는 세 차원을 가진다.

2 고용보호란 법률로써 해고를 제한하는 것을 의미하며, 실업보호란 실업급여를 지급하여 실업자의 생활을 보장하는 것을 의미한다.

할 수 있을 때, 자유로운 인간발전을 말할 수 있다. 이처럼 복지를 '자유로운 인간발전에 대한 사회보장'으로 개념 정의하는 관점에 기초해 그동안 전개된 복지 논쟁을 검토해보자.

1) 복지냐 노동연계복지냐

1987년 이후 복지제도가 아주 느리게 미약하게나마 도입되면서 복지 담론이 점차 확산된다. 1987년에서 1997년의 10년은 한국에서도 포드주의적 발전 모델이 확립되는 과정이었다(김형기, 2006c). 즉, '대량생산·고생산성·고임금·대량소비'라는 포디즘의 거시경제적 순환이 형성되었다. 여기에 1987년 노동자 대투쟁 이후 노동 3권이 보장되고 강화됨에 따라 노동조합의 단체 교섭력이 높아지고, 초보적 수준이나마 사회보장제도가 도입됨에 따라 이러한 거시경제적 순환이 선순환으로 될 수 있었다. 이런 의미에서 1987~1997년의 10년 동안은 한국 자본주의의 황금기(golden age)였다고 할 수 있다.[3]

이 시기의 복지 개념은 실업자와 저소득층에 대해 중앙정부가 실업급여와 소득 보조금을 지원하는 전통적 복지 개념이었다. 1987년 이후 10년간은 사회복지가 결여된 개발국가로부터 복지국가로의 전환이 서서히 이루어지는 단계였다고 할 수 있다. 이 시기는 최저임금제도와 국민연금제도와 같은 사회복지제도가 미약한 수준이나마 도입되는 단계였다. 대기업 노동자들은 사회복지(social welfare)보다는 증대된 단체 교섭

---

3 선진국의 경우 자본주의의 황금기는 1945년에서 1974년에 이르는 약 30년간의 기간이었다. 이 시기는 준완전고용 상태에서 고생산성, 고임금, 고이윤, 고성장, 고복지가 실현된 시기로서 자본주의 역사상 가장 영광스러운 30년이었다.

력을 통해 기업복지(corporate welfare)를 확대 강화하는 방향으로 나아갔다. 노동조합운동은 임금 투쟁에 국한되고 복지국가 실현을 위한 사회개혁 투쟁으로 나아가지 못했다. 이러한 노동운동 노선의 한계는 복지국가로의 전환을 지체시킨 요인 중의 하나였다(이상호, 2012).

이와 같이 복지국가가 미성숙한 상태에서 1997년 외환위기가 닥치자 노동연계복지라는 새로운 복지 개념이 등장한다. 1997년 외환위기 이후 IMF 체제 아래에서 IMF 구조조정 프로그램이라는 외압을 통해 신자유주의 정책이 강제되는 가운데, 김대중 정부는 이른바 '생산적 복지' 개념을 제시했다. 생산적 복지 개념은 노동연계복지(workfare) 개념의 한국판이었다.

1980년대와 1990년대에 신자유주의가 등장하고 글로벌화와 지식기반경제 시대가 도래하면서 선진국들은 케인스주의적 복지국가(Keynesian Welfare State)로부터 슘페터주의적 노동연계복지 체제(Schumpeterian Welfare Regime)로 이행하게 된다(Jessop, 2002). 노동연계복지는 노동(work)을 통한 복지(welfare)를 뜻하는 것으로 고용 창출을 강조하는 복지정책이었다. 노동연계복지는 인적자원개발을 통해 노동자들의 학습 능력을 높임으로써 지식기반경제에서 노동자들의 고용 가능성과 임금 수준을 높이는 것을 목표로 한다는 점에서 학습복지의 성격을 가지고 있었다. 학습복지는 노동자들이 받는 교육 훈련이 좋은 일자리에의 취업과 임금 상승을 수반할 수 있기 때문에 결국 노동자들의 삶의 질을 향상한다는 점에서 복지가 되는 것이다. 학습복지는 노동자의 지식과 역량을 증대할 수 있으므로 지속가능한 인간발전을 위한 복지의 주요 구성요소가 될 수 있다.

생산적 복지는 이러한 노동연계복지 개념에 기초해 시장경제와 복지 사이의 상충 관계를 노동과 복지를 연계함으로써 해결하려는 시도였다. 생산적 복지는 실업급여만 지급하는 소극적 노동시장정책을 넘어서서 인적자원개발(HRD)을 통해 일자리를 창출하여 실업을 줄이고 복지를 증진하려고 했다는 점에서 적극적 노동시장정책의 요소를 가지고 있었다(김형기, 2006c).

적극적 노동시장정책은 실업자에 대한 직업 훈련, 직업 알선, 노동시장 정보 제공, 임금 보조금 지급 등을 통해 일자리 창출을 촉진하는 정책이다. 적극적 노동시장정책은 노동자의 학습 능력을 높여 생산성을 향상하고 인적자원 활용도를 높인다는 점에서 복지와 성장 간의 선순환 관계를 형성하여 지속가능한 복지를 가능하게 한다. 실업급여만 지급하는 소극적 노동시장정책을 넘어서 고용창출을 촉진하려는 적극적 노동시장정책은 '교육·고용·복지' 연계를 창출한다는 점에서 노동연계복지의 핵심적 정책이다. 덴마크, 네덜란드, 스웨덴 등 사회민주주의 복지국가들의 공통적 특징은 GDP 대비 적극적 노동시장정책 지출 비율이 다른 나라들에 비해 매우 높다는 점이다.

다른 한편 생산적 복지는 실업자에게 자활 의무를 부과하여 실업급여 요건을 강화하고 실업급여 지출을 줄이려고 했다는 점에서 신자유주의적 실업정책의 요소를 가지고 있었다. 따라서 생산적 복지가 새로운 복지정책이냐 아니면 신자유주의 정책이냐는 논쟁이 일어나게 되었다. 다시 말해 생산적 복지를 적극적 노동시장정책의 일환으로 보는 관점과 복지 지출을 축소하기 위해 노동을 강제하는 신자유주의 정책으로 보는 관점이 대립했다.

생산적 복지를 신자유주의적 복지감축정책으로 보는 입장을 가진 사람들은 노동연계복지가 아니라 사회복지 지출의 대폭적 확대를 통해 복지국가를 실현해야 한다고 주장했다. 진보 진영의 이론가들과 활동가들 대부분이 고수준의 복지 지출을 지향하는 데 집착했고 노동연계복지를 신자유주의적이라며 비판하고 경시했다. 또한 생산적 복지 개념 속에

담겨 있던 적극적 노동시장정책이 사회민주주의적인 새로운 복지 요소임을 무시했다. 그동안 노동운동을 비롯한 한국의 진보 진영은 대체로 적극적 노동시장정책에 대해서는 소극적이었다.

노무현 정부 때는 김대중 정부의 생산적 복지 개념의 연장선상에서 사회투자국가론에 기초한 복지정책이 추진되었다. 사회투자국가론은 자산기반 평등주의(Bowles and Gintis, 1998)에 기초해 노동자에 대한 인적자원개발(HRD)을 통해 노동자에게 숙련이나 지식과 같은 인적자산을 창출하여 취업 가능성을 높여 노동시장에 통합시키고 소득 수준을 높이려는 정책 목표를 가지고 있었다. 영국 신노동당의 복지정책의 기초를 제공했던 사회투자국가론은 노동연계복지를 지향했다(양재진 외, 2008).

노무현 정부 당시 한국의 진보 진영에서는 사회투자국가론을 신자유주의 복지정책이라고 비판하는 흐름이 있었다. 이러한 비판은 소득기반 평등주의에 기초한 것으로서 지식기반경제에서 자산기반 평등주의가 불평등 완화와 복지 증진에 기여할 수 있음을 무시한 편향성에서 비롯된 측면이 강하다고 할 수 있다.

2) 선별적 복지냐 보편적 복지냐

이명박 정부에 들어와서 신자유주의적 정책이 새로이 강화되자 선별적 복지냐 보편적 복지냐 하는 복지 논쟁이 전개된다. 이명박 정부와 한나라당은 실업자와 저소득층 등 복지 수혜 대상자에게만 선별적으로 복지를 제공하는 선별적 복지 개념에 기초한 복지정책을 추진했다. 잔여적(residual) 복지라고도 불리는 선별적 복지는 가능한 한 정부의 복지 지출을 줄이려는 신자유주의적 복지정책과 부합했다. 이러한 선별적 복지 개념은 1987년 이후 점진적으로 확대된 사회복지 지출의 골간을 이루었다.

이러한 선별적 복지 개념에 대립하여 진보 진영은 복지국가의 실현을 위한 보편적 복지 개념을 제시했다. 국가가 국민 모두에게 전국적 최저 수준을 보장하고 교육, 의료, 육아, 양로 등에서 전 국민의 삶의 질을 향상하기 위한 사회 서비스를 제공하는 것이 보편적 복지이다. 진보 진영에서 제기된 '역동적 복지국가론'(이상이, 2010)과 '기본소득론(universal basic income)'(강남훈·곽노환·이수봉, 2009)과 무상급식, 무상교육, 무상의료 등의 담론은 모두 보편적 복지 개념에 기초하고 있다. 이 중에서 대중적 호응을 받은 것은 무상급식이었다.

선별적 복지와 보편적 복지 간의 논쟁은 무상급식을 둘러싼 논쟁으로 집약되었다. 보편적 복지론자들은 무상급식을 주장하고 선별적 복지론자들은 무상급식에 반대했다. 경기도 교육청의 무상급식 추진을 계기로 무상급식이 확산되고 마침내 서울시의 무상급식 찬반 주민투표에서 무상급식 반대론이 패퇴함에 따라 무상급식은 보편적 복지의 일환으로 정착되기 시작한다. 무상급식이 보급됨에 따라 보편적 복지 담론이 확산된다. 그리고 이를 토대로 무상교육, 무상의료 등의 담론이 제기되었다. 반값 등록금 운동은 이러한 맥락에서 일어난 보편적 복지 담론의 약한 버전이었다고 할 수 있다.

보편적 복지 실현을 위한 예산을 확보하는 방안에 대해서는 증세 없는 예산개혁론과 증세론이 제기되었다. 토건사업에 지출하는 예산을 줄이는 대신 복지 지출을 확대하면 보편적 복지 실현이 가능하다고 보는 입장이 증세 없는 예산개혁론이다. 즉, '토건국가'를 복지국가로 전환하는 국가경영 패러다임 변화를 통해 보편적 복지국가 실현이 가능하다는 것이 예산개혁론의 생각이다.

하지만 보편적 복지를 실현하려면 복지 예산의 대폭적 증액이 불가피한 것이 사실이기 때문에 증세론이 제기되지 않을 수 없다. 따라서 선별적 복지와 보편적 복지 간의 논쟁은 결국 증세 논쟁으로 이어지고 있다(오건호, 2011). 보편적 복지론자들은 대체로 증세를 주장한다. 이명박 정부는 출범 초기에 종부세, 법인세, 상속세에 대한 감세를 추진했다. '부자 감세'로 불리는 이러한 감세정책이 실시되자 이에 대한 비판 여론이 높아졌다. 이후 이명박 정부는 친서민중도실용 노선을 내세우면서 감세를 재검토하고 결국 추가 감세를 중단하는 방향으로 정리했다. 최근에는 보수적인 새누리당 내부에서조차 증세론이 제기되고 있다. 아울러 부자 증세를 목표로 하는 버핏세 도입까지도 고려 중이라고 한다. 이러한 여권 내의 증세론과 부자 증세 주장은 2012년 총선과 대선을 의식한 정략적 고려에서 나온 것임은 두말 할 필요가 없다. 하지만 이는 보편적 복지 담론의 확산에 대한 보수 진영의 대응 방식이라 할 수 있다.

물론 아직 증세에 대한 사회적 합의가 이루어진 것은 아니다. '저부담·저복지'와 '고부담·고복지'라는 두 가지 선택지 중에 국민 다수가 어느 것을 선택할 것인지에 보편적 복지를 위한 증세 실현 여부가 달려 있다. 증세에 대한 사회적 합의는 복지가 생산성 향상과 경제성장으로 연결되는 '복지와 성장 간의 선순환' 구조가 형성되는 방향으로 복지체제가 설계될 경우 보다 쉽게 도출될 수 있을 것이다.

생산성 향상과 경제성장 없는 보편적 복지는 지속가능하지 않다. 복지와 성장 간의 선순환 구조가 형성되어야 보편적 복지가 지속가능하다. 그러한 선순환 구조가 형성되려면 복지 지출이 단순히 사회적 소비에 그치지 않고 사회적 투자가 될 수 있도록 복지제도를 설계해야 한다. 적극적 노동시장정책을 통해 실직자에게는 질 높은 교육 훈련을, 노동자와 시민에게는 평생학습을 실시하고, 개개인에게 교육, 보육, 의료, 양로 등 사회 서비스를 충분히 제공할 경우, 개인들의 지식과 역량이 증대되어 생산성이 향상될 수 있으므로 복지와 성장 간의 선순환 구조 형성이 가능할 것이다. 노무현 정부에서 제기된 사회투자국가와 최근 진보 진영에서 제기된 역동적 복지국가도 적극적 노동시장정책이 강력하게 실시되어야 실현될 수 있다.

3. 복지 공동체: 신진보주의 복지 패러다임

노동자를 비롯한 시민들의 삶의 질을 실질적으로 높이고 복지와 성장 간의 선순환 구조를 만들기 위해서는 복지 공동체라는 새로운 복지 패러다임을 실현해야 한다. 복지냐 노동연계복지냐, 선별적 복지냐 보편적 복지냐 하는 기존의 복지 논쟁을 넘어 이제 복지국가냐 복지 공동체냐 하는 논쟁이 일어나야 한다. 이를 통해 복지국가로부터 복지 공동체로 복지 패러다임의 전환을 촉진하는 담론이 형성되어야 한다. 즉, 연대(solidarity)[4]가 중앙집권적인 복지국가가 아니라 지방분권적인 복지 공동체를 통해 실현되어야 한다.

복지국가는 중앙정부에 의해 실업급여와 같은 현금급여가 일률적으로 이루어지는 것을 말한다.[5] 우리나라에서는 고용보험제도와 국민기초생활보장제도가 바로 이러한 복지국가를 구성하는 제도들이다. 이 제도들은 일정한 기준에 기초해 중앙정부가 실업자와 빈곤층과 같은 복지 수

---

4 여기서 연대는 시장 경쟁에서 패배하거나 불리한 처지에 있는 경제주체들도 최소한의 인간다운 생활이 보장됨으로써 한 사회가 더불어 함께 살아가는 공동체로 형성되는 것을 말한다.

5 여기서 복지국가는 국가 유형을 구분할 때 사용하는 개념이 아니라 복지정책의 기획 및 실행 주체가 중앙정부인 국가인 것을 가리킨다. 이는 복지정책의 추진 주체가 지방정부와 지역 NGO인 복지 공동체에 대응하는 개념이다.

혜 대상자에게 현금을 지급하는 복지제도이다. 우리나라는 이러한 복지국가 수준이 OECD 국가에서 현재 최하위 수준이다. 따라서 현금급여의 수준을 높이고 수혜 대상자의 범위를 넓히는 것이 당면 과제다. 즉, 낮은 수준의 복지국가를 높은 수준의 복지국가로 끌어올리는 것은 절실한 과제임이 틀림없다.

하지만 그동안의 서구 복지국가의 경험으로 볼 때 현금급여를 통한 연대의 실현은 다음 두 가지 문제점을 드러냈다. 첫째, 중앙정부가 복지 수혜 대상자에게 행정 관료 기구를 통해 일률적으로 현금을 지급하는 사회복지 실현 방식은 중앙집권적 관료제로 인한 비효율과 복지 수혜자의 의존성을 높이는 부작용을 초래했다(Lipietz, 1992). 둘째, 현금급여 중심의 복지국가는 복지 지출이 사회적 소비의 성격이 강하고 사회적 투자의 성격은 취약하여 성장과 복지가 대립 관계에 서게 되고 선순환 구조를 형성하지 못했다. 따라서 이러한 복지국가는 지속가능하지 않게 되었다. 1970년대 초의 경제위기는 이러한 복지국가에 위기를 초래했다.

복지국가의 위기에 대응하여 서구 복지국가는 앞에서 서술한 것처럼 케인스주의적 복지국가(KWS)로부터 슘페터주의적 노동연계 복지국가(SWR)로 이행하게 된다. 슘페터주의적 노동연계 복지국가로의 이행은 서로 다른 발전 모델에서 상이한 형태로 나타났다. 영미형(Anglo-American) 국가에서는 신자유주의형 SWR이 나타났고 노르딕형 국가에서는 사회민주주의형 SWR이 나타났다.

신자유주의적 SWR에서는 복지국가의 위기에 대한 보수적 대응으로서 복지 지출의 감축과 복지 서비스의 재상품화가 나타났다. 아울러 노동권의 위축과 노동조합의 약화 그리고 이에 따른 노동시장의 유연화가 진전되었다. 요컨대 복지국가를 해체하는 신자유주의적 복지국가 개혁이 이루어졌다. 그 결과 중산층이 붕괴하고 빈곤율이 증가하고 양극화가 심화되었다. 금융주도경제가 지배하게 됨에 따라 이러한 경향은 더욱 강화되었다. 복지국가가 해체된 상태에서 2008년 금융위기가 닥치자 '1 : 99 사회'라는 극단적 양극화 현상이 나타난다.

사회민주주의적 SWR에서는 복지국가로부터 복지 공동체로의 이행이 나타났다. 복지 공동체는 중앙정부가 재정 지원을 하는 가운데 지방정부와 지역 노사 및 시민사회가 파트너십을 형성하여 복지 수혜 대상자에게 육아, 양로, 교육, 의료 등 현물급여를 제공함으로써 연대를 실현하는 복지 패러다임을 말한다(Lipietz, 1992; 진노 나오히코, 2000b; 김형기, 2006c). 복지 공동체에서는 성장과 복지의 선순환 구조가 형성되었다. 복지 공동체는 신진보주의적 복지 모델이었다. 중앙집권적 복지국가와는 달리 복지 공동체는 지방분권 시스템에서 작동한다. 즉, 복지국가와 지방분권국가가 결합될 때 복지 공동체가 나타난다. 왜냐하면, 현물급여 형태의 복지 서비스를 제공하려면 지역 현실에 맞는 복지 시설을 갖추고 복지 전문 인력을 양성하며 지역 밀착형 복지 프로그램을 만들어야 하는데, 이를 위해서는 주민과 가까이 있는 정부인 지방정부가 자율성을 가지고 복지정책을 기획할 수 있는 권한과 자원이 있어야 하기 때문이다(진노 나오히코, 2000b). 요컨대 복지 공동체는 복지정책 관련 결정권과 복지 예산을 함께 중앙정부로부터 지방정부로 이양하는 지방분권이 전제되어야 한다.

스웨덴과 덴마크 등 사회민주주의국가에서 복지 공동체를 운영하는 주체는 대체로 지방정부, 지역 노사, 지역 NGO가 함께 파트너십을 형성하여 참여하는 '제3섹터'이다. 공익성과 수익성을 동시에 추구하는 사회적 기업이 복지 공동체 실현의 주요한 주체가 되고 있다(Borzaga and Defourny eds., 2001). 복지 공동체를 운영하는 지역 공공 부문과 사회적 기업에서 일자리가 창출되기 때문에, 복지 공동체에서는 복지 서비스 제공과 일자리 창출이 동시에 가능하다. 아울러 육아, 양로, 교육, 의료 등 사회 서비스 산업이 사회적 기업을 중심으로 성장하면 이는 새로운 경제 성장 동력이 된다. 이것이 사회적 경제(Defourny and Campos eds., 1992)를 통한 경제성장이다.

따라서 복지 공동체는 '복지·고용·성장'이 결합되어 성장과 복지의 선순환과 '고용 있는 성장(job-rich growth)'을 가능하게 한다. 지방분권과 지역 파트너십이 결합된 상태에서 사회적 기업이 운영하는 복지 공동체를 통해 보편적 복지를 제공하고 일자리도 창출하며 경제성장에도 기여하는 것이 신진보주의 복지 모델이다. 사적 경제도 공공경제도 아닌 사회적 경제는 사적 경제와 공공경제의 한계를 넘어서는 대안적 발전 모델의 실현에 기여하게 된다. 따라서 복지 공동체라는 신진보주의 복지 모델은 사회적 경제에 기초한 성장 모델과 대안적 발전 모델의 실현에 기여한다.

개발국가로부터 복지국가로의 이행 과정에 있는 미성숙한 복지국가인 한국에서 지금까지 복지 담론은 앞에서 지적한 것처럼 복지냐 생산적 복지냐는 논쟁과 선별적 복지냐 보편적 복지냐는 논쟁을 거쳐 이젠 보편적 복지가 시대정신으로 중심 담론이 되었다. 그런데 보편적 복지가 실현되려면 현금급여 중심의 중앙집권적 복지국가가 아니라 현물급여 중심의 지방분권적 복지 공동체가 형성되어야 한다. 따라서 한국의 경우 복지국가로의 이행과 함께 지방분권 국가로의 이행이 동시에 진행되어 복지 공동체가 형성되는 것이 국가적 의제가 되지 않을 수 없다. 노동시장 유연안전성에서 모범을 보이는 덴마크의 경우 보편적 복지 서비스를 제공하는 권한과 책임이 지방정부에 있다. 덴마크를 비롯한 복지 선진국들은 복지 공동체를 통해 보편적 복지를 제공하고 있다.

우리나라도 보편적 복지를 실현하려면 구진보주의적 복지국가가 아니라 신진보주의적 복지 공동체로 나아가야 한다. 실업급여와 같은 현금급여 수준을 높이는 복지국가의 강화와 함께 보육 서비스와 같은 현물급여를 보편적 복지 형태로 제공하는 복지 공동체를 형성해야 지속가능한 인간발전이 가능할 것이다. 최근 지역 공동체 운동이 활성화되고 있고 사회적 기업 창업이 늘고 있기 때문에 복지 공동체 실현 가능성이 커지고 있다. 복지 공동체와 사회적 경제가 지역에서 확산될 경우, 이는 대안적 발전 모델 실현에 기여할 수 있다. 따라서 복지 공동체는 한국에서 새로운 진보의 핵심 의제가 되지 않을 수 없다.

최근 우리나라에서 전국시도지사협의회가 영유아 무상보육 사업을 국비 사업으로 전환할 것을 촉구했는데, 이는 중앙집권적 복지국가가 지방분권적 복지 공동체로 이행하지 못한 한국에서 영유아 무상보육이라는 사회 서비스 제공 사업을 지방 사무로 이양하고는 재원을 이양하지 않아 나타난 하나의 에피소드였다. 이 에피소드는 영유아 무상보육 사업을 중앙집권적 복지국가 사업으로 전환하여 해결할 것이 아니라 광역 지방자치단체인 시도가 중앙정부의 재원 이양을 보장받아 지방분권적 복지 공동체의 사업으로 만들어 해결해야 마땅할 것이다.[6] 만약 영유아 무상보육이라는 보편적 복지를 지방자치단체가 중앙정부의 재정 지원을 받아 지역 노사 및 지역 NGO와 파트너십을 형성하여 제공한다면, 이는 한국에서 복지 공동체가 실현되는 획기적 계기가 될 것이다.

---

6 프랑스는 2003년 지방분권 개헌을 통해 중앙정부로터 지방정부로의 사무 이양 시에는 반드시 그에 상응하는 재원 이전을 해야 한다고 헌법에 규정한 바 있다. 우리나라도 지방분권 개헌을 통해 이러한 규정을 헌법에 명시해야 할 것이다.

4. 노동시장의 유연안전성과 복지체제

지속가능한 인간발전을 위한 복지체제가 구축되려면 복지 공동체와 함께 유연안전성이라는 노동시장체제가 성립해야 한다. 여기서는 노동시장의 유연안전성이 어떻게 지속가능한 인간발전을 위한 복지체제 확립에 기여할 수 있는지를 보이고 한국에서 유연안전성 실현의 조건을 제시하고자 한다.

유연한 노동시장은 노동력의 자유로운 사용을 가능하게 하므로 자본에 유리하지만, 고용 불안을 초래할 수 있으므로 노동자에게는 불리한 노동시장체제다. 반면, 경직적 노동시장은 고용 안정과 생활 안정을 가능하게 하므로 노동자에게는 유리하지만, 해고의 자유가 제한되므로 자본에는 불리한 노동시장체제다.

다른 한편, 유연한 노동시장과 경직적 노동시장 중 어떤 노동시장체제가 경제성장에 유리한지는 일률적으로 말할 수 없다. 만약 어떤 국민경제가 주로 점진적 혁신이 이루어지는 산업들로 구성되어 있다면, 경직적 노동시장이 경제성장에 유리하다고 할 수 있다. 왜냐하면 점진적 혁신을 추동하는 기술은 장기근속에 기초해 기업 내부에서 형성된 기업특수숙련을 요구하므로[7] 고용이 안정된 경직적 노동시장, 즉 내부노동시장이 생산성 향상에 도움이 되기 때문이다.[8]

반대로 어떤 국민경제가 주로 급진적 혁신이 이루어지는 산업들로

---

7 기술·숙련 보완성(technology-skill complementarity) 명제에 기초하고 있다. 기계공업 등 중공업에 적용되는 기술의 경우 주로 점진적 기술 혁신이 일어나고 그 기술이 숙련을 수요하기 때문이다.

8 이는 Hall and Soskice(2001)에서 제시된 제도적 보완성론에 기초한 것이다. 이 이론은 제도들이 상호보완적일 때가 그렇지 못할 때보다 성과가 좋다는 것이다.

구성되어 있다면 유연한 노동시장이 경제성장에 유리하다고 할 수 있다. 왜냐하면 기술의 근본적 변화를 통해 일어나는 급진적 혁신은 내부노동시장에서 형성된 기업특수숙련보다는 외부 노동시장에서 공급되는 새로운 숙련이 생산성 향상에 도움이 되기 때문이다. 급진적 혁신이 이루어지려면 근본적으로 변화한 기술에 적합한 숙련을 갖춘 노동자로 기존의 노동자를 신속히 대체해주어야 되는데 이를 위해서는 노동시장이 유연해야 하기 때문이다.

그런데 현실 국민경제에서는 급진적 혁신이 일어나는 산업과 점진적 혁신이 일어나는 산업이 일정 비율로 섞여 있으므로 일국 내에는 유연한 노동시장과 경직적 노동시장이 병존하기 마련이다. 점진적 혁신이 일어나는 산업에서는 노동시장이 안전할 가능성이 높다. 문제는 급진적 혁신이 일어나는 산업에서 기술변화에 따라 진부해진 숙련을 가진 노동자가 해고되었을 때 노동시장의 안전을 어떻게 보장할지다. 여기서 노동시장이 유연하면서도 안전해야 하는 필요성이 제기된다. 요컨대, 기술혁신이 급격히 이루어지는 지식기반경제에서는 급진적 혁신이 야기할 고용 불안을 해소하기 위해 노동시장의 유연안전성이 필요하다.

유연한 노동시장에서는 고용 불안이 나타나고 경직적 노동시장에서는 정태적 고용 안정이 실현되지만, 유연안전성이 있는 노동시장에서는 동태적 고용 안정이 실현된다. 동태적 고용 안정은 해고된 실업자가 전직 훈련을 통해 빠른 시일 내에 재취업되어 결국 고용 안정이 실현되는 것을 말한다(Lipietz, 1992). 경직적 노동시장에서 '평생직장'이 존재한다면, 유연안전성이 있는 노동시장에서는 '평생고용'이 실현될 수 있다.[9] 평

9 지식기반경제 시대에 평생직장에 집착하는 것은 포드주의적 경직성의 함정에 빠지는 것이라 할 수 있다. 하지만 신자유주의적 논리에 따른 노동시장의 유연화를 위한 합리

생고용이 이루어지려면 실업자에게 실업급여만 지급하는 소극적 노동시장정책을 넘어서 실업자에게 전직 훈련을 실시하여 고용 가능성을 높이는 적극적 노동시장정책이 필수적이다. 평생학습은 적극적 노동시장정책의 일환으로서 평생고용을 실현할 수 있는 핵심적 요소가 된다. 평생학습을 통한 평생고용의 보장은 지속가능한 인간발전을 위해 필수다.

덴마크에서 전형적으로 작동하고 있는 노동시장의 유연안전성은 노동시장의 유연성, 적극적 노동시장정책, 관대한 사회복지가 결합된 노동시장체제다. '황금 삼각형'으로 알려진 노동시장의 유연안전성이 실현되면, 실업자들이 직업 훈련을 통해 시장경제에 통합되거나 사회적 경제에 통합될 수 있다. 적극적 노동시장정책을 통해 직업 훈련을 받은 실업자는 실업을 탈출하여 복지 공동체를 운영하는 사회적 기업에 고용될 수 있다.

그런데 실업자에 대한 전직 훈련과 고용정보 제공을 내용으로 하는 적극적 노동시장정책을 추진하는 주체는 중앙정부가 아니라 지방정부가 되어야 한다. 다시 말해 노동시장의 유연안전성을 실현하는 주체는 지방분권 시스템에서의 지방정부가 되어야 한다는 것이다. 덴마크의 '황금 삼각형' 모델은 중앙정부가 아니라 지방정부의 노동시장위원회가 실행하고 있다. 이 노동시장위원회에 노사가 공동으로 참여하여 지역산업의 특성에 적합한 유연안전성 정책을 추진하고 있다(양재진 외, 2008: 121).

요컨대, 유연안전성이 실현되면, 노동시장의 유연성 확보를 통해 시장경제에서의 성장이 촉진될 수 있고, 적극적 노동시장정책을 통해 일자리를 창출할 수 있으며, 관대한 사회복지를 통해 복지를 확충할 수 있다.

화로서 평생직장에 반대하고 평생고용을 주장하는 것은 옹호론에 불과하다. 평생직장 대신 평생고용을 주장하려면 노동시장의 유연안전성 정책 대안을 제시해야 한다.

적극적 노동시장정책으로 실업자에게 교육 훈련이 제공되어 실업자가 교육 훈련을 받음으로써 고용 가능성이 높아져 마침내 고용이 이루어진다면 그는 노동을 통해 자기실현을 할 수 있게 된다. 관대한 복지 제공은 실업자에게 실업 기간 동안 생활을 유지함과 동시에 교육 훈련을 받을 수 있게 하여 숙련 파괴(skill destruction)를 방지하고 새로운 숙련을 형성할 수 있게 한다. 이러한 점에서 노동시장의 유연안전성은 지속가능한 인간발전을 위한 복지체제 형성에 필수적 요소가 된다. 뿐만 아니라 유연안전한 노동시장은 경제성장과 소득분배와 같은 성과 면에서 유연한 노동시장과 경직적 노동시장에 비해 우월한 경제적 성과를 낸다는 것이 밝혀졌다(김형기, 2008a).

그렇다면 한국에서 노동시장의 유연안전성 실현의 조건은 어떠한가? 덴마크의 '황금 삼각형', 즉 유연한 노동시장, 관대한 실업급여, 적극적 노동시장정책이라는 3대 요소가 어떤 상태에 있는가? '황금 삼각형' 모델의 성립, 다시 말해 노동시장 유연안전성 실현의 과제는 무엇인가?

고용보호입법(Employment Protection Legislation)의 경직성 정도, 즉 EPL 지수를 통해 본 한국 노동시장의 유연성은 어떠한가? 2008년 현재 한국의 EPL 지수[10]는 1.90으로 OECD 평균 1.94보다 약간 낮다. 덴마크 1.50, 스웨덴 1.87보다는 높지만 프랑스 3.05, 독일 2.12보다는 낮다. 즉, 전체적으로 보았을 때 한국 노동시장은 프랑스처럼 매우 경직적이지도 미국(0.21)처럼 매우 유연하지도 않은 중간 정도 유연한 노동시장이다. 하지만 변화 추세를 보면 한국 노동시장은 급격히 유연해졌음을 알 수 있다. 즉, EPL 지수가 1995년에는 2.74였는데 1997년 외환위기를 계기로 크게 하락하여 2008년에는 1.90으로 낮아졌다. OECD 평균은 2.01에

10 이 지수는 각 요소들의 단순 평균치(Version 1)임.

서 1.94로 약간 낮아졌다. 한편 정규직과 비정규직의 EPL은 크게 차이가 난다. 2008년 정규직 EPL 지수는 2.37이고 비정규직의 EPL 지수는 1.44로 그 격차가 0.93이다. 정규직 EPL 지수는 OECD 평균인 2.13보다 높고 비정규직의 EPL 지수는 OECD 평균인 1.77보다 낮다(윤진호, 2012).

다음으로, 실업급여는 어느 정도 관대한지 보자. 한국의 실업급여 소득대체율은 OECD 국가 중 최하위다. 2009년의 경우 한국의 평균 실업급여 소득대체율[11]은 9%에 불과하다. 덴마크 53%, 스웨덴과 프랑스가 각각 39%, 미국 24%, 독일 23%에 훨씬 못 미치는 수준이다. 선진국에 비해 실업급여 소득대체율이 아주 낮아 실업급여를 통해 본 사회복지가 매우 인색함을 알 수 있다. 게다가 정규직의 18.8%, 비정규직의 43.9%가 고용보험 미가입자다(황덕순, 2012). 이와 같이 극히 인색한 실업급여 소득대체율과 비정규직의 낮은 고용보험 가입률은 실업자에 대한 사회보장, 즉 실업보호가 한국에서 매우 빈약함을 나타낸다. 노동시장 유연안전성의 한 요소인 관대한 실업급여가 한국에서는 결여되어 있음을 알 수 있다. 이러한 상태에서는 노동시장 유연안전성이 실현될 수 없고 지속가능한 인간발전을 말할 수 없다.

노동시장 유연안전성의 또 다른 요소인 적극적 노동시장정책 비율도 낮은 편에 속한다. GDP 대비 적극적 노동시장정책 지출 비율은 2010년 0.42로 매우 낮다. OECD 최하위권인 미국 0.14보다는 높지만 덴마크 1.91, 스웨덴 1.14, 독일 0.94보다 훨씬 낮다. 이는 전직 훈련을 포함한 실업자 고용 서비스 제공 수준이 낮음을 나타낸다. 게다가 공공 고용 서비스 인프라 투자도 매우 미흡하다. 이러한 측면에서도 노동시장 유연안

11 평균 실업급여 소득대체율은 소득 수준 두 가지, 가족 상황 세 가지, 실업 기간 세 가지 경우의 실업급여 소득대체율을 평균한 것임.

그림 11-1

노동시장 유연안전성 삼각형

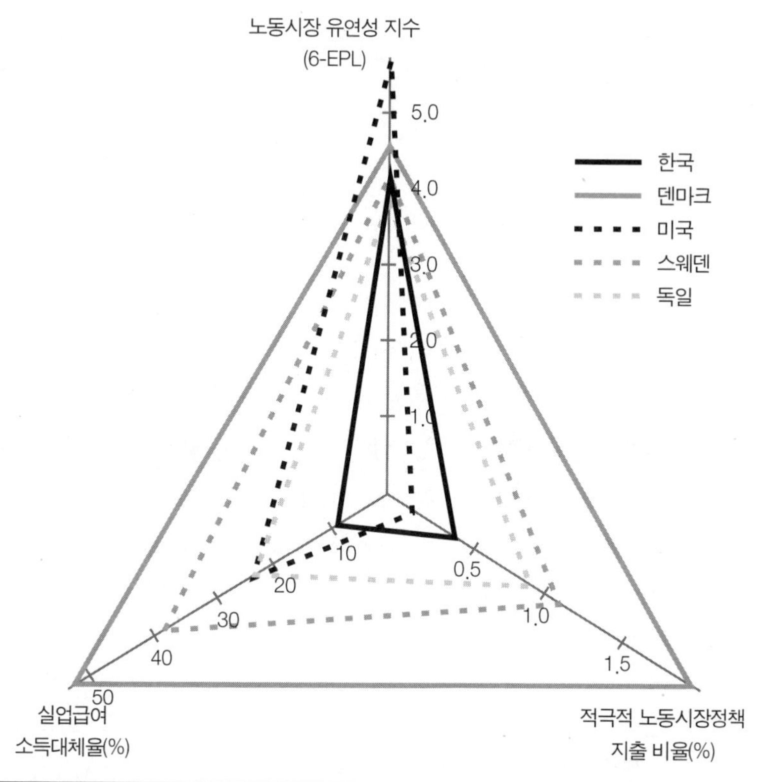

전성 실현을 위한 조건이 결여되어 있다. 이상에서 검토한 것처럼 우리나라는 노동시장 유연안전성의 3대 요소 중 관대한 실업급여와 적극적 노동시장정책 지출이라는 2대 요소가 매우 취약하다.

노동시장 유연안전성을 구성하는 3요소 관련 자료를 종합해 나타낸 것이 그림 11-1이 보여주는 '노동시장 유연안전성 삼각형(Flexicurity Triangle)'이다. 이는 노동시장 유연성 지수,[12] 실업급여 소득대체율(%),

적극적 노동시장정책 지출 비율(GDP 대비 %)을 삼각형으로 나타난 것이다. 그림에서 한국은 덴마크, 스웨덴, 독일 등 OECD 주요 국가들에 비해 유연안전성 실현 조건이 매우 열악함을 확인할 수 있다. 그림에서 덴마크의 '황금 삼각형' 패턴(유연하면서 안전한 노동시장)에 훨씬 못 미치고 미국 패턴(유연하면서 불안한 노동시장)처럼 열악한 한국의 유연안전성 삼각형을 볼 수 있다.

이러한 노동시장 유연안전성 삼각형 분석에 기초할 때, 실업급여 소득대체율을 높이고 적극적 노동시장정책 지출 비율을 높이는 것이 지속가능한 인간발전을 위한 복지체제 구축의 과제라 할 수 있다. 실업급여 소득대체율을 최소한 20% 수준으로 높이고 적극적 노동시장정책 비율을 적어도 GDP의 1% 수준으로 높여 독일에 가까운 노동시장 유연성 삼각형 패턴을 만드는 것을 중기적 과제로 설정해야 할 것이다. 이에 더하여 사회 지출의 비율(GDP 대비 %)을 2007년 현재 7.6%에서 OECD 평균인 20% 수준까지 늘리는 획기적인 복지 지출 증대가 수반되어야 한다(황덕순, 2011).

다른 한편, 한국 노동시장이 대기업과 중소기업 간에, 정규직과 비정규직 간에 양극화되어 있기 때문에, 이 문제를 해결해야 지속가능한 인간발전을 위한 복지체제를 구축할 수 있다. 아울러 OECD 최고의 저임금 고용 비율(2009년 25.7%)과 OECD 최저의 10년 이상 장기근속자 비율(2009년 16.9%)을 초래한 노동시장 구조와 노사 관계를 개혁해야 한다.

대기업과 중소기업 간의 양극화는 양자 간의 생산성 격차와 임금 격

---

12 그림에서 노동시장 유연성 지수(2008년)는 (6-EPL 지수)로 설정했다. 이렇게 계산했을 때, 노동시장 유연성 지수는 미국 5.79, 덴마크 4.50, 스웨덴 4.13, 한국 4.10, 독일 3.88로 나타났다.

차로 나타난다. 1인당 부가 가치 비율 기준 대기업과 중소기업 간 생산성 격차(2008년)는 2.9로 OECD 국가 중 최고 수준이다. 대기업과 중소기업 간 임금 격차는 1980년대 중반 100 대 75 수준에서 2010년에는 100 대 55 수준으로 확대되었다(홍장표, 2012). 여기에 대기업과 중소기업 간의 현격한 기업복지의 격차가 더해진다. 정규직과 비정규직 간에는 임금 차별, 고용 차별, 복지 차별이라는 '3중의 차별'이 가해지고 있다. 비정규직의 대부분이 중소기업에 고용되어 있기 때문에 정규직과 비정규직 간의 차별과 격차의 문제는 결국 대기업과 중소기업 간의 관계의 문제로 귀착된다. 따라서 비정규직 문제를 해결하려면 대기업과 중소기업 간 양극화를 크게 완화해야 한다.

이러한 대기업과 중소기업 간 생산성 및 임금 격차는 현상적으로는 대기업과 중소기업 간의 혁신 능력, 기술력, 숙련도의 현격한 격차에서 비롯되고 있지만, 이러한 격차를 초래하고 있는 근본적 요인은 재벌이 지배하는 경제 구조, 재벌 자본주의에서 찾을 수 있다. 재벌 대기업이 중소기업을 수탈하는 경제 구조가 개혁되지 않으면, 다시 말해 재벌이 독식하는 재벌 자본주의를 대기업과 중소기업이 공생하는 이해관계자 자본주의, 공생적 시장경제(Kim, 2012a)로 전환하지 않으면 대기업과 중소기업 간, 정규직과 비정규직 간 양극화를 해결할 수 없을 것이다. 경제 구조와 노동시장 구조의 양극화를 극복해야 중소기업 노동자와 비정규직 노동자의 지속가능한 인간발전을 위한 복지체제 구축을 기대할 수 있을 것이다. 따라서 한국 경제 시스템을 근본적으로 개혁해서 복지와 선순환하는 생산체제를 구축해야(이병천, 2011) 한다.

5. 맺음말

지속가능한 인간발전을 위한 복지체제 구축을 위해서는 사회적 합의가 필수적이다. 우선, 복지 공동체 실현을 위해서는 새로운 계층 연합이 필요하다. 즉, 새로운 복지 정치(welfare politics)가 요청된다. 과거 선진국의 케인스주의적 복지국가에서는 노사의 생산성 연합(productivity coalition)과 복지 연합을 포함하는 포드주의적 노사 타협이 이루어졌다. 1970년대 초 경제위기 속에 신자유주의가 등장하면서 포드주의적 노사 타협이 깨졌다. 미국의 경우 이러한 포드주의적 노사 타협의 해체가 중산층을 붕괴시키고 양극화를 심화해 마침내 2008년의 파국적 금융위기를 초래했다(라이시, 2012). 반면 경제위기 속에서 사회민주주의적 복지 공동체를 실현하는 방향으로 나아간 스웨덴과, 덴마크, 네덜란드 등 노르딕 국가들은 세계 금융위기 속에서도 건실한 경제 운용을 하는 양상을 보였다.

현재 한국의 진보 진영은 중앙집권적인 케인스주의적 복지국가를 보편적 복지라는 이름 아래 실현하려 한다. 보편적 복지는 절실히 요청되지만 케인스주의적 복지국가는 지식기반경제와 글로벌화 시대에 유효성이 떨어진다. 총수요를 유지하기 위한 수요 측면의 케인스주의적 국가 개입과 금융규제는 필요하지만 경제주체의 혁신 능력을 높이기 위한 인적자원개발을 강조하는 슘페터주의적인 공급 측면 국가 개입이 새로이 요청된다.

성장과 복지의 선순환을 위해서는 복지 공동체 중심의 보편적 복지의 실현과 적극적 노동시장정책 중심의 노동연계복지가 필요하다. 아울러 노동시장 유연안전성이 요청된다. 따라서 노동시장의 유연안전성에 대한 사회적 합의가 필요하다. 이러한 합의에 기초해 복지 공동체 실현을 위한 사회적 대타협이 필요하다. 중앙 수준이 아닌 지역 수준에서 노·사·정·민 간의 복지 공동체 연합이 결성되어야 한다. 보편적 복지 실현에 필요한 재원을 충당할 증세에 대한 사회적 합의가 필요하다(안현효, 2012).

요컨대, 생산성 연합을 넘어 유연안전성 연합과 복지 공동체 연합을 결성하는 것이 지속가능한 인간발전을 위한 복지체제 구축이라는 한국 복지정책의 새로운 의제 실현에 필수적이다. 이를 위한 노·사·정·민 간의 '새로운 뉴딜(New New Deal)'이 절실히 요청되는 시점이다.

제12장

공공성 높이기

지속가능발전을 위한 제도 개혁과 문화 혁신

1. 머리말

2008년 세계 경제위기 이후 자본주의의 지속가능한 발전을 위해서는 반드시 공공성(publicness)을 높여야 한다는 점이 전 세계적으로 보편화된 관점이 되었다. 여기서 공공성이란 사회의 보편적 이익을 실현하는 데 기여하는 제도와 문화의 수준으로 정의된다. 1980년대 이후 30년 동안 신자유주의가 지배한 결과 거의 모든 자본주의 국가에서 이런 의미의 공공성이 크게 약화되었다. 신자유주의 정책인 규제 완화, 사유화, 감세가 사회의 공적 영역을 축소하고 사적 영역을 확대했기 때문에 공공성이 약화된 것이다.

예컨대, 노벨경제학상 수상자인 조지프 스티글리츠(Joseph Stiglitz)가 자신의 저서 『불평등의 대가(The Price of Inequality)』(2014)에서 보여준 것처럼, 신자유주의가 기승을 부린 지난 30년 동안 미국에서의 정책들의 공공성이 자본가들의 사적 이익에 의해 심각하게 침해당했다.[1] 한국의 경우에도 1997년 외환위기 이후 신자유주의 정책들이 도입됨에 따라 지난 20년간 공공성이 약화되었다. 특히 보수 정부였던 이명박 정부 등장 이후 지난 9년간 공공성이 더욱 약화되었다.

지난 30년 동안 노정된 자본주의의 심각한 불안정성과 불공평성을 줄이기 위해서 신자유주의로 인해 훼손된 공공성을 회복해야 한다는 세계적 공론이 형성되고 있다. 1939년 대공황(Great Depression)에 버금가는

※ 제12장은 중국사회과학원(中國社會科學院, CASS) 주최 제1회 세계문화포럼(World Cultural Forum)(2015년 10월, 베이징)에서 필자가 발표한 글을 번역해 수정·보완한 것임.

1 자본가들의 사적 이익에 의한 공무원 포획은 민주주의 수준이 낮은 자본주의 사회에서 공통적인 현상이다.

2008년의 대침체(Great Recession) 이후, 시장에 굴복한 국가의 권력을 되찾기 위해서는 정치를 회복해야 한다는 주장,[2] 사적 영역의 확대를 멈추고 공적 영역을 확대해야 한다는 주장, 이기심과 탐욕을 줄이고 생태주의적 삶을 영위해야 한다는 주장 등이 설득력을 얻고 있다. 이 모든 주장들은 결국 공공성 제고를 호소하는 목소리라고 할 수 있다.

자본주의에서 공공성을 높이는 것은 지속가능한 발전을 달성하기 위한 필요조건의 하나다. 왜냐하면 공공성이 약화되면 자본주의의 불안정성과 불공평성이 증대해 자본주의가 경제적·사회적·생태적으로 지속불가능해지기 때문이다. 정치·경제·문화 영역에서 공공성을 높이기 위해서는 효과적인 제도 개혁과 문화 혁신이 있어야 한다. 세계적으로 보아 공공성이 매우 낮은 한국과 일본 등 동아시아 국가에서는 특히 공공성을 높이는 것이 매우 절실한 과제로 대두하고 있다. 이 글은 우선 한 나라의 공공성 수준은 제도와 문화 수준에 의존함을 밝히고자 한다. 또한 이 글은 서로 다른 발전 모델이 서로 다른 공공성 수준을 가지고 있음을 보여줄 것이다. 마지막으로, 이 글은 한 나라의 공공성을 높이기 위한 약간의 정책 함의를 제시할 것이다.

2. 발전 모델과 공공성 수준

자본주의는 사유재산제도와 시장경제라는 두 가지 기본적 제도를 가지고 있다. 사유재산제도와 시장경제는 사적 이익의 추구를 보장하는

---

2 2008년 세계 경제위기 이후 '정치의 회복'이 진보적 정책 대안의 주요 구호가 되었다. 정치의 회복이란 곧 정치를 통해 고삐 풀린 시장을 합리적으로 규제해야 한다는 것이다.

기본 제도이다. 이러한 자본주의에서 공공성을 실현하는 길은 크게 두 가지다.

한편에서, 자본주의의 공공성은 정부가 공익을 위해 사유재산권을 제한하고 시장에 개입함으로써 실현될 수 있다. 이 경우 공익을 위해 개별 경제주체의 경제적 자유를 제한하는 것이 불가피하다. 과트니와 로손, 홀(Gwartney, Lawson and Hall, 2014)이 고안한 '경제적 자유 지수(Economic Freedom Index)'는 제도 차원의 공공성 수준을 밝히는 데 유용하다. 그들의 경제적 자유 지수 중 특히 정부 규모 지수는 '작은 정부(small government)'인지 '큰 정부'인지를 말해주므로 공공성을 나타내주는 가장 직접적인 지표라 할 수 있다.

다른 한편에서, 공공성은 한 나라의 공공성 지향 문화 혹은 생활양식에 의해 실현될 수 있다. 사익보다 공익을 우선하는 문화가 지배할 경우 공공성은 높아질 것이기 때문이다. 세계가치관조사협회(WVSA)가 수행한 세계가치관조사(World Values Survey)는 각국 사람들의 사고방식과 행동양식을 보여주기 때문에 문화 차원에서의 공공성 수준을 분석하는 데 유용하다.

우선, '경제적 자유 지수'가 나타내는 제도 차원의 공공성 수준을 알아보자. 정부는 조세와 정부 지출을 통해 공공성을 실현할 수 있다. 국방, 치안, 교육, 사회복지 같은 공공재를 조세와 정부 지출을 통해 제공하는 것은 국가의 기본적 의무다. 공익을 실현하는 데 있어서의 정부의 역할은 국방이나 치안과 같은 공공재를 제공하지 못하는 시장실패를 교정하기 위한 소극적 공공 지출에서부터 보편적 복지 실현을 위한 적극적인 공적 사회 지출에 이르기까지 미칠 수 있다.

이러한 측면에서, 한 나라의 공공성은 그 나라가 '작은 정부와 큰 시장'을 가졌는지 '큰 정부와 작은 시장'을 가졌는지에 따라 다르게 나타날

표 12-1

발전 모델 유형과 공공성 지표

발전 모델	정부 규모 지수 (2012)	고용보호 지수 (2013)	공적 사회 지출 비율 (GDP 대비 %) (2013)	지니 계수 (2011)
영미형 모델 Anglo-American	6.4	1.56	19.3	0.343
라인형 모델 Rhine	5.1	2.58	25.7	0.278
노르딕형 모델 Nordic	4.4	2.34	29.7	0.262
지중해 모델 Mediterranean	5.4	2.54	26.5	0.336
동아시아 모델 East Asian	6.4	2.13	16.1	0.322

주: 영미형 모델(호주, 캐나다, 영국, 미국), 라인형 모델(오스트리아, 벨기에, 프랑스, 독일, 아일랜드, 네덜란드, 스위스), 노르딕형 모델(덴마크, 핀란드, 스웨덴), 지중해 모델(그리스, 이탈리아, 포르투갈, 스페인), 동아시아 모델(일본, 한국).
자료: Gwartney, Lawson and Hall(2014); OECD Database.

것이다. 그래서 '경제적 자유 지수' 중에서 '정부의 경제적 역할 지수'는 공공성의 지표가 될 수 있다. 정부의 경제적 역할은 '정부의 규모'로 확인할 수 있다.

표 12-1은 다섯 가지 발전 모델 유형에서의 공공성 지표를 보여준다. 여기서 공공성 지표로서 정부 규모 지수 이외에 고용보호 지수, 공적 사회 지출 비율, 지니 계수 등을 선택했다.

'정부 규모 지수'는 한 나라의 GDP 대비 정부 지출 수준이 낮고 공기업 부문이 적으며 최고한계세율이 낮을수록 그 나라가 높은 점수를 얻게 설계되어 있다. 이와 같이 '정부 규모'로 본 공공성은 스웨덴을 포함한 노르딕형 모델에서 가장 높고 영미형 모델과 동아시아 모델에서 가장 낮다. 노동시장에서의 공공성을 나타내는 것이 고용보호 지수(EPL Index)다. 고용보호 지수는 채용과 해고에 대한 정부의 규제가 어느 정도 엄격한지를 보여주는 지표다. 고용보호 지수가 높을수록 노동시장에서의 공공성이 높다고 할 수 있다. 고용보호 지수로 본 공공성은 표 12-1에서 보는 것처럼 독일을 포함하는 라인형 모델에서 가장 높고 영미형 모델에서 가장 낮다. 복지국가 수준을 나타내는 주요 지표 중 하나인 공적 사회 지출 비율(GDP 대비)로 본 공공성은 노르딕형 모델에서 가장 높고 한국을 포함한 동아시아 모델에서 가장 낮다. 특히 한국은 이 공공성 지표가 더욱 낮다. 이러한 공공성 수준의 차이들이 소득불평등 정도에 영향을 미치게 된다. 그래서 앞의 세 가지 지표들로 본 공공성이 가장 높은 노르딕형 모델이 가장 낮은 소득 불평도를 보이고 있다.

한편, 서울대학교 사회발전연구소는 「세계가치관조사(WVS)」 데이터에 기초해 공공성을 공익성, 공정성, 공민성, 공개성이라는 네 측면으로 나누어 OECD 국가들의 공공성을 분석한 바 있다. 그 분석 결과에 의하면, OECD 33개 국가 중 노르웨이가 공공성이 가장 높았고 한국이 가장 공공성이 낮았다. 세부적으로 보면, 공익성은 룩셈부르크가 가장 높고 한국이 가장 낮았다. 공정성은 노르웨이가 가장 높고 한국이 가장 낮았다. 공민성은 스웨덴이 가장 높았고 헝가리가 가장 낮았다. 공개성은 노르웨이가 가장 높았고 터키가 가장 낮았다(서울대학교 사회발전연구소, 2014).

이런 관점의 공공성을 발전 모델별로 본 것이 표 12-2다. 사회민주주의를 지향하는 노르딕형 모델에 속하는 노르웨이, 스웨덴, 핀란드, 덴마크가 공공성이 가장 높은 상위 4개국임을 주목할 만하다. 사회적 시장경제를 지향하는 라인형 모델에 속하는 독일, 네덜란드, 스위스도 비교적 높은 공공성을 보임을 알 수 있다. 자유시장경제를 지향하는 미국과

표 12-2

발전 모델 유형별 국가 공공성 순위

발전 모델	국가	공익성	공정성	공민성	공개성	공공성
노르딕형 모델	노르웨이	3	1	3	1	1
	스웨덴	6	2	1	3	2
	핀란드	5	3	4	2	3
	덴마크	4	6	2	5	4
라인형 모델	독일	16	18	6	10	12
	네덜란드	12	8	14	14	11
	스위스	27	7	10	6	9
영미형 모델	미국	32	31	5	8	24
	영국	24	22	17	16	22
지중해 모델	스페인	15	13	19	28	21
	포르투갈	21	28	26	24	25
동아시아 모델	일본	29	27	30	27	31
	한국	33	33	31	29	33

자료: 서울대학교 사회발전연구소(2014).

영국의 공공성은 비교적 낮다. 특히 미국은 공익성이 한국 다음으로 가장 낮은 국가로 나타났다. 동아시아 모델에 속하는 일본과 한국은 다른 발전 모델에 비해 가장 낮은 공공성을 보이고 있다. 특히 한국은 공익성과 공정성이 가장 낮고 전체적으로도 공공성이 가장 낮다. 이러한 분석 결과는 발전 모델 유형과 공공성 수준 사이에는 양의 상관관계가 있음을 시사한다.

서로 다른 발전 모델은 서로 다른 제도 및 문화를 가지고 있다. 공공성 하위 지수들, 즉 공익성, 공정성, 공민성, 공개성 등은 서로 다른 발전 모델의 제도와 문화의 다양성을 반영한다. 따라서 노르딕형 모델의 공공성이 가장 높은 것은 결국 이 발전 모델에 속하는 국가들의 제도와 문화의 공공성이 다른 발전 모델에 속하는 국가들에 비해 높기 때문이라고 할 수 있다.

여기서 제도는 경제주체와 사회주체들의 행동을 규율하는 게임의 규칙이다. 이러한 제도는 최상위의 헌법으로부터 법률, 협약, 관행에 이르기까지 위계를 가진다. 경제 활동과 관련해서는 재산권, 제품시장, 노동시장, 금융시장, 소득재분배 등에 제도가 개입할 수 있다. 이때 만약 사회의 보편적 이익 혹은 공익 실현을 위해 제도가 개입하면 공공성이 높아진다. 기회균등, 공정성, 평등을 위해 이러한 경제 영역에 제도가 개입하면 그만큼 그 사회의 공공성은 높아진다.

한편, 문화는 사람들의 생활양식(way of life), 즉 사고방식과 행동양식을 말한다. 문화의 차이는 「세계가치관조사」를 통해 알 수 있다. 서로 다른 나라 사람들의 사고방식과 행동양식에서의 공공성은 「세계가치관조사」의 지표들을 통해 분석될 수 있다. 우선, 타인에 대한 관용과 존중은 공공성을 높이는 가치다. '타인에 대한 관용과 존중' 그리고 비이기심(unselfishness)을 자녀가 지녀야 할 중요한 자질로 생각하는 응답자 비율이 표 12-3에 나타나 있다. 이 설문 결과는 스웨덴과 미국이 사람들의 '관용과 비이기심'의 측면에서 공공성이 높다는 것을 시사해준다. 이와는 대조적으로 한국은 관용과 비이기심 측면의 공공성을 높이는 자녀 교육이 가장 취약한 것으로 보인다.

'사람에 대한 믿음과 공공기관에 대한 신뢰' 수준이 표 12-4에 나타나 있다. 이 데이터는 '사람에 대한 믿음' 측면에서 스웨덴은 고신뢰 사회(high trust society)임을 시사한다. 이와 대조적으로 일본, 한국, 중국은 저신뢰 사회(low trust society)임을 보여준다. 중국에서는 정부와 의회에 대한 신뢰가 높음을 주목할 만하다. 일본은 사람에 대한 믿음이 매우 낮을

표 12-3

자녀가 지녀야 할 중요 자질: 타인에 대한 관용 및 존중과 비이기심

단위:%

	스웨덴	독일	미국	한국	중국	일본
타인에 대한 관용과 존중	87.0	66.7	71.8	40.8	52.2	64.6
비이기심	30.4	5.9	32.7	10.5	29.2	45.1

주: 표본수는 스웨덴(2011) 1206인, 독일(2013) 2046인, 미국(2011) 2232인, 한국(2010) 1200인, 중국(2012) 2300인, 일본(2010) 2443인임.

자료: World Values Survey Association(2014).

표 12-4

사람에 대한 믿음과 공공기관에 대한 신뢰: 주요 국가

단위: %

	스웨덴	독일	미국	한국	중국	일본
사람에 대한 믿음						
이웃	3.070	2.821	2.714	2.784	2.894	2.369
개인적으로 아는 사람	3.386	3.045	3.167	2.913	2.66	2.829
처음 만난 사람	2.455	2.1	2.177	1.899	1.689	1.493
공공기관에 대한 신뢰						
정부	2.085	2.363	2.435	2.18	3.049	1.872
법원	2.836	2.789	2.696	2.52	2.674	2.672
의회	2.543	2.340	2.067	1.961	2.83	1.861

주: 점수는 다음과 같이 부여됨: '완전 신뢰'=4점, '어느 정도 신뢰'=3점, '크게 신뢰하지 않음'=2점, '전혀 신뢰하지 않음'=1점. 독일은 2013년, 일본과 한국은 2010년, 스웨덴과 미국은 2011년 자료임.

자료: World Values Survey Association(2014).

뿐만 아니라 공공기관에 대한 신뢰도 매우 낮음을 보여준다.

민주주의에 대한 사람들의 의식은 공공성을 높이는 데 중요하다. 표 12-5는 주요 국가들에서 민주주의의 본질적 특성에 관한 사람들의 사고

표 12-5

민주주의의 본질적 특성에 대한 견해

	스웨덴	독일	미국	한국	중국	일본
시민권이 자유를 보호하는 것	8.61	8.10	7.46	7.02	7.12	7.47
국가의 실업 지원	7.52	7.87	5.73	7.00	7.05	6.89
소득재분배	6.42	6.95	5.04	7.44	5.59	6.50
소득평등 실현	3.39	5.60	3.83	5.07	6.72	4.03
양성평등 실현	9.49	9.12	8.22	7.64	7.59	7.92

주: '본질적 특성이다'=10점, '본질적 특성이 아니다'=1점
자료: World Values Survey Association(2014).

패턴을 보여준다. 다른 나라들보다 스웨덴과 독일에서, 국가의 억압으로부터 개인을 보호하는 시민권, 국가의 실업 지원, 양성평등의 실현을 민주주의의 본질이라고 생각하는 경향이 강하다. 다른 나라보다 한국에서, 조세와 정부 지출을 통한 소득재분배가 민주주의의 본질이라고 생각하는 경향이 강하다. 다른 나라보다 중국에서, 소득평등 실현이 민주주의에서 본질적이라는 생각이 강하다. 사회민주주의를 지향하는 스웨덴과 사회적 시장경제를 지향하는 독일에서 민주주의에 대한 의식 측면에서 본 공공성이 높으며, 자유시장경제를 지향하는 미국에서 그 공공성이 낮음이 주목된다.

공공기관 혹은 사적 기관 그리고 기업들이 공익에 반해 불공정하게 행동할 때 사람들은 정치적 행위를 함으로써 공공성을 높일 수 있다. 청원 서명, 불매운동 동참, 평화시위 참가, 파업 참가, 기타 항의 행동과 같은 정치적 행동을 경험한 사람들의 비중은 스웨덴과 독일에서 비교적 높다(표 12-6 참조). 이와 대조적으로 한국, 일본, 중국 등 동아시아 3국에서는 그 비율이 비교적 낮다. 중국은 가장 낮은 비율을 보이고 있다. 이 자

표 12-6

사람들의 정치 행동 경험

단위:%

	스웨덴	독일	미국	한국	중국	일본
청원 서명	68.0	42.7	60.1	26.4	4.5	28.0
불매 운동 동참	21.9	12.9	15.5	5.4	2.6	1.4
평화 시위 참가	20.8	21.1	13.7	9.5	1.7	3.6
파업 참가	16.0	11.9	7.4	5.3	1.4	3.5
기타 항의 행동	14.0	10.9	5.6	4.0	1.2	1.7

주: 정치 행동을 한 사람들의 비율.
자료: World Values Survey Association(2014).

료는 시민의 직접적 정치적 행동을 통해 공공성을 높이는 가능성이 노르딕형 모델과 라인형 모델에서는 높고 동아시아 모델에서는 낮음을 시사한다.

한편 「세계가치관조사」를 설계한 로널드 잉글하트(Ronald Ingelhart)와 크리스티안 벨첼(Christian Welzel)은 설문조사 관련 항목에 기초해 사람들의 물질주의적(materialist) 경향과 탈물질주의적(post-materialist) 경향을 분석했다. 여기서 물질주의적 경향은 생존 가치(survival values)를 중시하는 경향을 말한다. 생존 가치는 경제적 및 신체적 안전을 강조한다. 탈물질주의적 경향은 자기표현 가치(self-expression values)를 중시하는 경향을 말한다(Ingelhart and Welzel, 2005). 자기표현 가치는 환경보호, 양성평등, 경제적 및 정치적 생활에서 의사결정에의 참가를 강조한다. 따라서 물질주의적 경향은 공공성을 높이는 데 장애가 되는 반면 탈물질주의적 경향은 공공성 제고를 촉진하는 경향이 있다. 표 12-7이 보여주는 것처럼, 탈물질주의적 경향은 대표적인 사회민주주의 국가인 스웨덴과 대표적인 사회적 시장경제 국가인 독일에서 강하다. 전형적 자유시장경제 국

표 12-7

물질주의적 경향과 탈물질주의적 경향

단위: %

	스웨덴	독일	미국	한국	중국	일본
물질주의적	7.6	19.6	23.2	44.2	53.0	19.3
탈물질주의적	30.0	22.4	16.7	5.1	2.5	6.6

주: 탈물질주의 4개 항목(Post-materialist 4 items)에 기초(세계가치관조사).

자료: World Values Survey Association(2014).

가인 미국은 이 두 나라에 비해 물질주의적 경향이 강하고 탈물질주의적 경향은 약하다. 한국과 중국은 물질주의적 경향이 강하고 탈물질주의적 경향은 매우 약하다. 일본은 물질주의적 경향이 강하지 않지만 탈물질주의적 경향도 약하다. 탈물질주의적 생활양식은 지속가능한 발전을 실현하는 데 도움이 될 수 있는 연대와 생태의 가치를 널리 확산하는 데 기여할 수 있다.

벨첼에 의하면, 한 사회의 공공성을 높이기 위해서는 사람들이 개인적 자율성, 기회균등, 선택의 자유, 민중의 발언권과 같은 해방적 가치(emancipative values)를 가질 필요가 있다. 이런 해방적 가치들은 인간의 역량을 증진하는 데 핵심적인 문화적 구성요소가 된다. 해방적 가치들은 사회를 활성화하고 대중을 더욱 자기 표현적으로 만들며 시민사회에 활력을 불어넣는 사회 자본이다(Welzel, 2013). 요컨대, 해방적 가치들은 한 사회의 공공성을 높임으로써 지속가능한 인간발전을 달성하도록 한다.

표 12-8은 노르딕형 모델의 대표 국가인 스웨덴 사람들이 기회균등, 선택의 자유, 개인적 자율성, 민중의 발언권을 포함하는 해방적 가치를 가장 많이 존중하고 있음을 보여준다. 라인형 모델의 대표 국가인 독일 사람들은 스웨덴 다음으로 비교적 많은 해방적 가치를 가지고 있다. 이

표 12-8

해방적 가치들: 하위 지수

	스웨덴	독일	미국	한국	중국	일본
개인의 자율성	0.68	0.63	0.52	0.55	0.60	0.65
기회균등	0.85	0.72	0.76	0.55	0.53	0.52
선택의 자유	0.79	0.51	0.50	0.30	0.20	0.48
발언권	0.56	0.55	0.37	0.35	0.18	0.38

자료: World Values Survey Association(2014).

와 대조적으로 한국, 중국, 일본 등 동아시아 국가에서는 해방적 가치를 가지고 있는 사람들의 비중이 작다.

3. 지속가능한 발전을 위한 제도 개혁과 문화 혁신

위의 분석으로부터, 중요한 정책적 함의를 도출할 수 있다. 분명한 사실은 서로 다른 발전 모델은 서로 다른 공공성 수준을 보인다는 점이다. 노르딕형 모델 혹은 사회민주주의 모델은 가장 높은 공공성 수준을 보인다. 라인형 모델 혹은 사회적 시장경제 모델은 비교적 높은 공공성 수준을 보인다. 영미형 모델 혹은 자유시장경제 모델과 지중해 모델은 낮은 공공성을 보인다. 동아시아 모델은 가장 낮은 공공성을 보인다. 이러한 차이는 결국 서로 다른 발전 모델의 제도와 문화가 다름에 기인하는 것이라 할 수 있다.

따라서 공공성이 낮은 발전 모델에서 공공성을 높이기 위해서는 제도 개혁과 문화 혁신이 필요하다. 우선, 정부의 경제적 역할이 증가해야 한다. 소득불평등을 줄이기 위해 조세와 정부 지출을 통한 정부의 소득재분배 기능이 강화되어야 한다. 정부는 사람들이 사회생활의 모든 측면에서 공정성과 기회균등을 대하는 제도를 도입해야 한다. '작은 정부'가 아니라 '크고 유능한 정부'가 필요하다. 정치 부문에서는 지방분권체제 아래 주민자치를 통해 지방정부의 의사결정에 참여하는 참여민주주의를 확대해야 한다.

경제 부문에서 공공성을 높이기 위해서는, 무엇보다 주주 가치를 높이는 것을 기업 경영의 최우선 목표로 하여 주주만이 기업 의사결정에 참여하는 주주 자본주의가 아니라, 주주와 노동자 등 기업의 이해관계자들의 공동이익을 추구하며 그 이해관계자들이 기업 의사결정에 참여하는 이해관계자 자본주의가 기업지배구조에 도입되어야 한다. 주주 자본주의에서는 주주만이 의사결정에 참여하기 때문에 주주 가치를 극대화하는 것이 주된 목표가 된다. 반면, 주주, 노동자, 소비자, 지역 주민 등과 같은 기업의 이해관계자들이 함께 의사결정에 직간접적으로 참여하는 이해관계자 자본주의에서는 그들의 공동이익이 실현될 가능성이 높다. 따라서 주주 자본주의보다 이해관계자 자본주의가 공공성을 높일 가능성이 높다. 예컨대 독일의 노사공동 결정제도와 같은 노동자 경영참가도 공공성을 높일 수 있다. 수익성을 추구하는 기업들이 기업의 사회적 책임(CSR)이라는 공익성을 동시에 고려하여 경영을 할 때 공공성이 높아질 수 있다. 아울러 경제적 교섭력과 정치적 영향력이 강한 노동조합이 노조의 사회적 책임을 완수하는 노동운동을 전개해야 노사공동 결정제도가 공공성을 높이는 제도가 될 수 있다. 강한 노조가 직업 이기주의나 집단 이기주의를 추구할 경우 공공성을 오히려 낮출 수 있다.

아울러 협력적인 기업 간 관계가 형성되어야 경제 부문의 공정성이 높아질 수 있다. 대기업과 중소기업 간 공생적 협력 관계가 형성되어야 한다. 공생적 관계가 형성되기 위해서는 대기업과 중소기업 간의 비대칭적 권력 관계가 시정되어야 한다. 대기업이 시장거래에서 우월한 권력으로 중소기업이 창출한 가치를 이전시켜 약탈하는 것을 막아야 한다. 경제 부문에서의 공공성을 위해서는 대기업과 중소기업 간에 약탈의 하청 관계가 아니라 공생의 파트너십이 지배해야 한다(김형기, 2013). 시장거래에서 약탈을 막으려면 거래주체들 간의 권력이 대등해야 한다. 대기업과 중소기업 간의 약탈적 관계를 공생적 관계로 전환하려면 양자 간에 대등한 권력 관계가 형성되어 있어야 한다. 대등한 권력 관계는 중소기업이 강한 협동조합으로 조직될 때 실현될 수 있다. 중소기업이 대기업과 개별거래가 아니라 집단거래를 할 수 있도록 보장해야 한다. 독일에서 시행하고 있는 것처럼 '공정거래법' 혹은 '독점금지법'이 중소기업의 집단거래를 허용하는 예외조항을 두어야 한다.[3]

이에 더하여, 공익성의 원리와 수익성 원리를 동시에 추구하는 사회적 경제 영역을 확장해야 한다. 자본주의 시장경제는 사적 경제, 공공경제(public economy), 사회적 경제라는 세 개의 경제 부문을 가지고 있다.

사익을 추구하는 사적 경제 영역에서는 공공성이 실현되기 어렵다. 다만 사적 경제에서 기업의 사회적 책임이 완수될 경우 공공성이 어느 정도 실현될 수 있다. 기업이 주주만이 아니라 노동자, 소비자, 시민, 주민의 이익을 고려하여 책임감 있게 행동한다면 그만큼 공공성 실현에 기여할 수 있기 때문이다.

경제주체가 정부인 공공경제에서는 공공성을 실현하는 것이 기본 의무다. 그런데 자본주의에서 공공경제 그 자체가 자본가들이나 공무원이

3 독일은 '경쟁제한금지법'(UWG, 경쟁법)에서 중소기업이 협회를 통해 대기업과 집단거래하는 것을 예외적으로 허용하고 있다. 중소기업에 대해 카르텔 금지의 예외조항을 두고 있는 것이다.

나 공기업 직원들의 사익에 포획될 수 있으므로 공공성 실현을 위해서는 민주주의를 통한 정부정책 감시가 강화되어야 한다. 자본주의 국가는 자본가 계급의 이익을 우선하는 계급 편향성을 가진다. 하지만 1인 1표의 민주주의가 확대 심화되면 자본가 계급 편향성이 약화되고 공공성이 강화될 수 있다(김형기, 2001).[4] 정부가 공공기관의 성과를 평가할 때 공공성 지표가 다른 어떤 지표들보다 우선되어야 한다. 경제·사회 문제들에 대해 노·사·정 간의 사회적 합의가 이루어지면 공공성이 높아질 수 있다.

협동조합, 사회적 기업, 마을기업 등으로 구성되는 사회적 경제는 경제 영역에서 공공성을 높이는 데 기여할 수 있다. 사회적 경제는 장애인이나 소수자 집단과 같이 노동시장에서 불이익을 받는 노동자들에게 일자리를 제공하고 빈민들에게 복지를 제공하는 역할을 한다. 그래서 사회적 경제가 확장되면 실업이 감소하고 사회복지가 확대될 수 있다. 사회적 경제가 활성화되려면 사회적 기업 종사자에게 공익을 추구하면서 혁신을 추진하는 사회적 기업가 정신이 필요하다.

문화 부문에서는 생활양식의 혁신이 달성되어야 한다. 사회 조직의 모든 수준에서 공동체주의 원리가 지배해야 한다. 공동체 의식이 고양되어야 한다. 시민들의 참여의식이 강화되어야 한다. 사회문제에 대해 시민들이 외면하고 떠나는 '퇴장' 선택(exit option)이 아니라 참여하여 목소리를 내는 '발언' 선택(voice option)을 해야 한다. 다시 말해 사회문제에 적극적으로 관심을 가지고 참여하여 발언하며 고쳐나가는 시민들이 많아야 한다. 탈물질주의적이고 생태적인 생활양식이 사람들의 삶 속에 널

---

4 민주주의 원리가 '1인 1표(one person one vote)'라면 자본주의 원리는 '1원 1표(one dollar one vote)'다. 따라서 민주주의가 확대 심화되면 공공성이 강화되어 자본주의 국가의 계급성이 약화된다.

리 확산되어야 한다. 신뢰와 협력과 같은 사회 자본이 축적되어야 한다. 가정생활과 학교생활에서 자녀들이 관용과 비이기심을 함양하도록 해야 한다. 요컨대 새로운 진보의 세 가지 가치인 자율, 연대, 생태가 한 사회의 지배적 가치관, 즉 사회 패러다임(social paradigm)이 되어야 한다.

이에 더하여, 공공성을 높이기 위해서는 공적 영역을 축소하고 사적 영역을 확대하는 신자유주의적 발전 모델을 넘어서서 공적 영역을 확대하는 새로운 대안적 발전 모델을 지향해야 한다. 자유시장경제보다는 조정시장경제를 지향해야 한다. 공공성을 높이기 위해 새로운 발전 모델을 설계하는 데는 영미형 모델보다는 노르딕형 모델이나 라인형 모델을 참고할 가치가 있다.

4. 맺음말

이 글에서 공공성은 '큰 정부'와 '큰 시민사회'가 존재하는 노르딕형 모델에서 가장 높다는 것이 밝혀졌다. 여기서 '큰 정부'는 정부가 소극적으로 시장실패를 교정할 뿐만 아니라 사회경제적 과정에서 적극적으로 공정성과 평등을 실현하는 것을 의미한다. '큰 시민사회'는 시민 다수가 공익 실현을 위한 정치적 및 사회적 과정에 적극적으로 참여하는 것을 의미한다. 이런 의미에서의 '큰 정부'와 '큰 시민사회'는 공공성을 높일 수 있다.

공공성을 높이는 제도 개혁과 문화 혁신을 추진하기 위해서는 이러한 '큰 정부'와 '큰 시민사회' 둘 다 필요하다. 위에서 분석한 것처럼 대표적인 노르딕형 모델 국가인 스웨덴은 '큰 정부'와 '큰 시민사회'를 가지고 있다. 스웨덴은 매우 높은 신뢰사회이자 관용적인 사회이다. 스웨덴 사람들은 정치 행동에 적극 참여한다. 그들은 강한 해방적 가치들을 가지고 있다. 이러한 문화적 요인들은 스웨덴에서 세계 최고 수준의 공공성을 실현하는 데 기여했음이 틀림이 없다.

스티글리츠가 주장한 것처럼 공공성 결핍은 그것이 분할된 사회를 초래할 것이기 때문에 자본주의의 미래를 위태롭게 한다(Stiglitz, 2014). 우리가 만약 자본주의 내에서 지속가능한 발전을 기대한다면, 공공성을 높이기 위한 제도 개혁과 문화 혁신을 이루어야만 한다. 결론적으로 말하자면, 공공성을 높이기 위해서는 신자유주의를 넘어선 새로운 진보적 발전 모델이 필요하다.

참고문헌

강남훈·곽노완·이수봉. 2009.「즉각적이고 무조건적인 기본소득을 위하여」. 민주노총.

구본호·이규억 엮음. 1991.『한국경제의 역사적 조명』. 한국개발연구원.

국민경제자문회의. 2006.「동반성장을 위한 새로운 비전과 전략: 일자리 창출을 위한 패러다임 전환」. 국민경제자문회의.

김동석·김민수·김영준·김승주. 2012.『한국경제 성장 요인 분석 1970~2010』. 한국개발연구원.

김상조. 2015.「50대 기업의 부가가치 생산 및 분배에 관한 분석(2002~2013)」. 경제개혁연구소. ≪경제개혁리포트≫, 2015-1호.

김영용. 2007.「FDI의 위협효과에 관한 연구」. 김형기 엮음.『현대자본주의 분석』. 한울.

김정희. 2011.「한국 지방분권운동의 전개과정과 특징에 관한 연구」. 부산대학교 박사학위 논문.

김태기·전병유. 2003.「구조조정과 노사관계」. 한국경제학회 창립 50주년 기념호.

김현창. 2002.「외환위기 이후 은행-기업관계의 변화」. 한국은행 조사자료.

김형기. 1988.『한국의 독점자본과 임노동: 예속독점자본주의하 임노동의 이론과 현황분석』. 까치.

_____. 2000.「지방분권과 지역혁신: 지역발전의 새로운 비전」. 부산대 한국민족문화연구소. ≪한국민족문화≫, 제16호, 361~386쪽.

_____. 2001.『새정치경제학』. 한울.

_____. 2002.「지방분권과 지역혁신: 지역발전의 새로운 비전」. 김형기 엮음.『지방분권 정책대안』. 한울.

_____. 2003.「한국경제의 대안적 발전모델을 위한 노동개혁」. 이원덕 외.『노동의 미래와 신질서』. 한국노동연구원.

_____. 2005.「분권-혁신-통합에 기초한 국가균형발전의 비전과 정책과제」. 대통령자문 정책기획위원회 심포지엄 민주적 발전모델과 선진한국의 진로 발표논문.

_____. 2006a「글로벌화, 양극화, 그리고 소득불평등」. 한국국제경제학회 2006년 하계 정책세미나 발표논문.

_____. 2006b.「지속가능한 진보를 위한 대안적 발전모델」. 좋은정책포럼 창립 기념 심포지엄 발표논문.

_____. 2006c.『한국경제 제3의 길: 지속가능한 진보를 위한 대안적 발전모델』. 한울.

_____. 2007. 「글로벌화·정보화 시대와 자본주의의 다양성」. 김형기 엮음. 『현대자본주의의 분석』. 한울.
_____. 2008a. 「경제성장과 사회통합을 위한 노동시장 정책」. 한국노동연구원. ≪노동정책연구≫, 제8권 제3호, 93~124쪽.
_____. 2008b. 「이명박 정부의 경제정책: 비판과 대안」. 사회경제학계 공동학술대회 발표논문.
_____. 2008c. 「한국경제 제3의 길: 발전국가와 신자유주의를 넘어서」. 학술진흥재단 연구보고서.
_____. 2009a. 「그레이트 코리아를 위한 새로운 진보의 길」. 김형기·김윤태 엮음. 『새로운 진보의 길: 대한민국을 위한 대안』. 한울.
_____. 2009b. 「경제위기 탈출의 민주주의적 대안」. 『노무현 전 대통령 추모 학술제 발표논문집』. 광주연구소.
_____. 2010. 「세계경제위기 이후 한국경제시스템의 개혁방향: 하나의 진보적 대안」. 대통령소속 사회통합위원회 토론회 발표논문.
_____. 2013. 「새로운 경제질서: 공생적 시장경제」. 김기정·김창호·김형기·성경륭·안병진·이수훈·이숙진·이혜경·임경순·정회성. 『21세기 한국의 미래 구상: 도전과 선택』. 한국미래발전연구원.
_____. 2014. 『경세제민의 길』. 이담북스.
_____. 2015a. 「경제정의 구현을 위한 발전모델」. 김일수·김종엽·김진수·김형기·문병호. 『한국사회정의 바로 세우기』. 세창미디어.
_____. 2015b. 「박정희 모델: 발전국가의 기적, 위기, 전환」. 임현진·손열 엮음. 『광복 70주년 대한민국 7대 과제: 21세기 일류국가를 위한 정책 제언』. 진인진.
김형기 엮음. 2002a. 『지방분권 정책대안』. 한울.
_____. 2007. 『대안적 발전모델: 신자유주의를 넘어서』. 한울.
김형기·김애경. 2005. 「1997~1998년 한국경제의 위기와 경제개혁: 평가와 정책과제」. 한국경제발전학회. ≪경제발전연구≫, 제11권 제1호, 51~77쪽.
김희삼. 2015. 「사회 이동성 복원을 위한 교육정책의 방향」. 한국개발연구원. ≪KDI Focus≫, 제54호.
나카무라 사토루(中村哲). 1991. 『世界資本主義와 移行의 理論: 東아시아를 中心으로』. 안병직 옮김. 비봉출판사.
라이시, 로버트(Robert Reich). 2012. 『위기는 왜 반복되는가: 공황과 번영 불황 그리고 제4의 시대』. 안진환 옮김. 김영사.
리프킨, 제러미(Jeremy Rifkin). 2003. 『수소 혁명: 석유시대의 종말과 세계경제의 미래』. 이진수 옮김. 민음사.
모로토미 도우루·아사오카 미에(諸富徹·浅岡美恵). 2011. 『저탄소 경제의 길』. 이수철 옮김. 환경과 문명.

박상일. 2004.『지방분권시대 지역살리기』. 이소북.
박진도. 2009.「순환과 공생의 지역만들기」. 대구사회연구소 17주년 기념 심포지엄 발표 논문.
브라진스키, 그렉(Gregg Brazinsky). 2011.『대한민국 만들기 1945~1987: 경제 성장과 민주화 그리고 미국』. 나종남 옮김. 책과함께.
삼성경제연구소. 2006.「한국경제의 역사적 전환과 도전: 한국경제 20년의 재조명」. 삼성경제연구소 창립20주년 기념 심포지엄.
서울대학교 사회발전연구소. 2014.「이중위험사회의 재난과 공공성」.
석태문. 2009.「로컬푸드와 지방자치단체의 역할」. 대구사회연구소 17주년 기념 심포지엄 발표 논문.
성경륭·박양호 외. 2003.『지방분권형 국가만들기』. 나남출판.
셰네, 프랑수아(Francis Chesnais) 엮음. 2002.『금융의 세계화: 기원, 비용 및 노림』. 서익진 옮김. 한울.
진노 나오히코(神野直彦). 2000a.「21세기 새로운 분권화 모델」. 대구사회연구소·경북대학교 공동주최 제10회 21세기 발전모델포럼 발표논문.
_____. 2000b.『체제개혁의 정치경제학』. 이재은 옮김. 한울.
안병직. 1997.「한국근현대사 연구의 새로운 패러다임」. 창작과비평사. ≪창작과 비평≫, 제25권 제4호, 39~58쪽.
안상훈. 2005.「중소기업의 진입과 성장에 대한 실증분석」. 김주훈 엮음.『혁신주도형 경제로의 전환에 있어서 중소기업의 역할』. 한국개발연구원.
안현효. 2012.「복지와 성장이 선순환하는 사회적 합의」. 김상곤 엮음.『더불어 행복한 민주공화국: 자유와 진보의 연대를 위한 정책보고서』. 폴리테이아.
알트, 프란츠(Franz Alt). 2004.『(프란츠 알트의) 생태적 경제기적』. 박진희 옮김. 양문.
양재진·정형선·김혜원·이종태. 2008.『사회정책의 제3의 길: 한국형 사회투자정책의 모색』. 백산서당.
오건호. 2011.「복지국가 증세전략과 재정주권운동」.『한국 복지정치의 대전환』. 한국정치사회학회 특별심포지엄.
유종일. 2010.「세계금융위기와 경제정책 패러다임의 변화」. 서울사회경제연구소 엮음.『글로벌 경제위기와 새로운 경제 패러다임의 모색』. 한울아카데미.
유철규 엮음. 2004.『박정희 모델과 신자유주의 사이에서』. 함께읽는책.
윤종훈. 2008.「민생 뉴딜정책의 의의와 향후 과제」. 민생민주 국민회의 토론회 발표문.
윤진호. 2012.「노동시장, 복지, 노사관계의 이중구조화에 관한 국제비교 및 그 시사점」. 미발표논문.
이강국. 2005.『다보스, 포르투 알레그레 그리고 서울: 세계화의 두 경제학』. 후마니타스.
이근. 2007.『동아시아와 기술추격의 경제학: 신슘페터주의적 접근』. 박영사.
이병천. 2011.「정글자본주의에서 복지자본주의로: 복지-생산체제 혼합 전략」. 한국사회경제학회. ≪사회경제평론≫, 제37-1호, 121~162쪽.
이병천 엮음. 2003.『개발독재와 박정희 시대: 우리 시대의 정치경제적 기원』. 창비.
이상이 엮음. 2010.『역동적 복지국가의 논리와 전략』. 밈.
이상호. 2012.「복지국가 형성 주체로 나아가기 위한 노동조합의 사회연대전략」. 조홍식 엮음.『대한민국 복지국가의 길을 묻다: 바람직하고 지속 가능한 시민복지국가를 향해』. 이매진.
_____. 2016.「한국의 지방소멸, 지방의 위기와 대응방안」. 한국고용정보원.
이유진. 2009.「집중·의존에서 분산·자립으로: 에너지 자립형 지역만들기」. 제6회 전국지역리더대회 보고서. 지역재단.
이정우. 2003.「개발독재와 빈부격차」. 이병천 엮음.『개발독재와 박정희 시대: 우리 시대의 정치경제적 기원』. 창비.
임혁백 외. 2007.『사회적 경제와 사회적 기업: 한국형 사회적 일자리와 사회서비스 모색』. 송정출판사.
전병유·신동균·신관호·이성균·남기곤. 2007.『노동시장 양극화의 경제적 분석』. 한국노동연구원.
전창환. 2004.「1980년대 발전국가의 재편, 구조조정, 그리고 금융자유화」. 유철규 엮음.『박정희 모델과 신자유주의 사이에서』. 함께읽는책.
조복현. 2010.「미국 금융위기와 신자유주의적 경제질서」. 서울사회경제연구소 엮음.『글로벌 경제위기와 새로운 경제 패러다임의 모색』. 한울아카데미
조순. 1991.「압축성장의 시발과 개발전략의 정착: 1960년대」. 구본호·이규억 엮음.『한국경제의 역사적 조명』. 한국개발연구원.
조영탁. 2009.「지속가능한 발전과 관류혁신: 전통적 뉴딜, 녹색칠 뉴딜, 생태적 뉴딜」. 경북대학교 경제경영연구소 세미나 발표 자료.
지방자치발전위원회. 2016.『한국지방자치: 발전과제와 미래』. 박영사.
최병선·김선혁. 2007.『분권헌법: 선진화로 가는 길』. 동아시아연구원.
피케티, 토마(Thomas Piketty). 2014.『21세기 자본』. 장경덕 외 옮김. 글항아리.
홍장표. 2012.「대기업과 중소기업의 상생을 위하여」. 김상곤 엮음.『더불어 행복한 민주공화국: 자유와 진보의 연대를 위한 정책보고서』. 폴리테이아.
_____. 2015.「소득주도성장과 중소기업의 역할」. 서울사회경제연구소 제22차 심포지엄 한국경제의 새로운 지향과 발전전략 발표논문.
홍철. 2011.『지방보통시민이 행복한 나라: 지방도 잘 살 수 있다』. 대구경북연구원.
황덕순. 2011.「한국의 복지국가 발전과 노동」. 서울대 경제연구소. ≪경제논집≫, 50권 3호, 295~337쪽.
황한식. 2002.「주민자치와 지역경제의 내발적 발전의 길」. 김형기 엮음.『지방분권 정책대안』. 한울.

宮本憲一·中村剛治郎·横田茂 編. 1990.『地域經濟學』. 東京: 有斐閣.

金子勝·児玉 龍彦. 2004.『逆システム学ー市場と生命のしくみを解き明かす』. 東京: 岩波書店.

増田寬也. 2014.『地方消滅』. 東京: 中央公論新社.

Acemoglu, Daron and James A. Robinson. 2012. *Why Nations Fail: The Origins of Power, Prosperity and Poverty*, New York: Crown.

Amable, Bruno. 2003. *The Diversity of Modern Capitalism*. New York: Oxford University Press.

Amsden, Alice. 1989. *Asia's Next Giant: South Korea and Late Industrialization*. Oxford University Press.

Anand, Sudhir and Amartya Sen. 1994. "Sustainable Human Development: Concepts and Priorities." http://www.undp.org/hdro/oc8a.htm

Aoki, Masahiko. 1994. "The Contingent Governance of Teams: Analysis of Institutional Complementarity." *International Economic Review*, Vol. 35, pp.657~676.

Baek, Sung-Wook. 2005. "Does China Follow 'the East Asian Development Model'?" *Journal of Contemporary Asia*, Vol. 35, No. 4, pp.485~498.

Berman, Eli, John Bound and Stephen Machin. 1998. "Implications of Skill-based Technological Change: International Evidence." *The Quarterly Journal of Economics*, November, pp.1245~1279.

Bolto, Anrea and Maria Weber. 2009. "Did China Follow the East Asian Development Model?" *European Journal of Comparative Economics*, Vol. 6, No. 2, pp.267~286.

Bonoli, Giuliano and Martin Powell. 2004. *Social Democratic Party Policies in Contemporary Europe*. London and New York: Routledge.

Borzaga, C. and Defourny, J.(eds.). 2001. *The Emergence of Social Enterprise*. London and New York: Routledge.

Bowls, Samuel and Herbert Gintis. 1998. *Recasting Egalitarianism: New Rules for Communities, States and Markets*. London and New York: Verso.

Boyer, Robert. 2000. "Is a Finance-led Growth Regime a Viable Alternative to Fordism?" A Preliminary Analysis. *Economy and Society*, Vol. 29, No. 1, pp.111~145.

_____. 2004. *The Future of Economic Growth: As New Becomes Old*. Cheltenham: Edgar Elgar.

Boyer, Robert, Hiroyasu Uemura and Akinori Isogai(eds.). 2012. *Diversity and Transformations of Asian Capitalisms*. New York: Routledge.

Boyer, Robert and Toshio Yamada(eds.). 2000. *Japanese Capitalism in Crisis: A Regulationist Interpretation*. London: Routledge.

Boyer, Robert and Yves Saillard(eds.). 2002. *Regulation Theory: The State of the Art*. London and New York: Routledge.

Burkett, Paul. 2003. "Marx's Vision of Sustainable Human Development." presented at the Conference on the Work of Karl Marx and Challenges for the 21st Century, Havana, Cuba.

Chang, Ha-Joon. 2006. *The East Asian Development Experience: The Miracle, the Crisis and the Future*. New York and Penang: Zed Books and TWN.

Chen, Yun. 2009. *Transition and Development in China: Towards Shared Growth*. Burlington: Ashgate.

Chowdhury, Anis and Iyanatul Islam. 1993. *The Newly Industrializing Economies of East Asia*. London and New York: Routledge.

Defourny, J. and M. Campos(eds.). 1992. *Economie Sociale*. Paris: DeBock-Wesmael.

Feenstra, Gail. 2002. "Creating Space for Sustainable Food Systems: Lessons from the Field." *Agriculture and Human Values*, Vol. 19, No. 2, pp.99~106.

Florida, Richard. 2002. *The Rise of Creative Class: And How It's Transforming Work, Leisure and Everyday Life*. New York: Basic Books.

Florida, Richard et al.. 2011. "Creativity and Prosperity: The Global Creativity Index." Martin Prosperity Institute.

Giddens, Anthony. 1998. *The Third Way: The Renewal of Social Democracy*. Cambridge: Polity Press.

Green New Deal Group. 2008. "A Green New Deal." New Economics Foundation.

Gwartney, James, Robert Lawson and Joshua Hall. 2014. "Economic Freedom of the World 2014 Annual Report." Fraser Institute.

Hall, Peter and David Soskice. 2001. *Varieties of Capitalism: The Institutional Foundations of Comparative Advantage*. New York: Oxford University Press.

Hartz, Peter. 2002. *Job Revolution: How New Jobs Will Be Generated*. Frankfurt am Main: Frankfurter Allgemeine Buch.

Henderson, Gregory. 1968. *Korea: The Politics of Vortex*. Boston: Harvard University Press.

Henderson, Jeffrey. 2011. *East Asian Transformation: On the Political Economy of Dynamism, Governance and Crisis*. New York: Routledge.

Hollings, J. and R. Boyer. 1997. "Coordination of Economic Actors and Social Systems of Production." in J. Hollings and R. Boyer(eds.). *Contemporary Capitalism: The*

Embeddedness of Institutions. New York: Cambridge University Press.

Hsu, S. Philip, Yu-Shan Wu and Suisheng Zhao(eds.). 2011. *In Search of China's Development Model: Beyond the Beijing Consensus*. New York: Routledge.

ILO. 1996. "Combating Unemployment and Exclusion Issues and Policy Options." Contribution of the ILO to the G7 Employment Conference.

_____. 2004. "A Fair Globalization: Creating Opportunity for All." Report of the World Commission on the Social Dimension of Globalization.

Ingelhart, Ronald and Christian Welzel. 2005. *Modernization, Cultural Change, and Democracy: The Human Development Sequence*. New York: Cambridge University Press.

Isogai, Akinori. 2012. "The Transformation of the Japanese Corporate System and the Hierarchical nexus of Institutions." in Robert Boyer, Hiroyasu Uemura and Akinori Isogai(eds.). *Diversity and Transformations of Asian Capitalisms*. New York: Routledge.

Jackson, Gregory. 2009. "The Japanese firm and its diversity." *Economy and Society*, Vol. 38, No. 4, pp.606~629.

Jessop, Bob. 2002. *The Future of the Capitalist State*. Cambridge: Polity Press.

Johnson, Chalmers. 1982. *MITI and the Japanese Miracle*. California: Stanford University Press.

Kim, Hyungkee. 2007. "The Knowledge-Led Accumulation Regime: A Theory of Contemporary Capitalism." Institute for Research on Labor and Employment, Working Paper Series 158-07, University of California, Berkeley.

_____. 2011. "A Solidaristic Knowledge Policy for Sustainable Human Development." *International Critical Thought*, Vol. 1, No. 3, pp.267~279.

_____. 2012a. "Symbiotic Market Economy: A New Economic Order for Sustainable Human Development." presented to the WAPE 2012 Conference, World Association for Political Economy.

_____. 2012b. "The Great Transformations of the Korean Economy since 1962 Processes and Consequences." in Robert Boyer, Hiroyasu Uemura and Akinori Isogai(eds.). *Diversity and Transformations of Asian Capitalisms*. New York: Routledge.

Krugman, Paul. 1994. "The Myth of Asia's Miracle." *Foreign Affairs*, Vol. 73, No. 6, pp.62~78.

Lawson, Robert and Edward Bierhanzl. 2004. "Labor Market Flexibility: An Index Approach to Cross-Country Comparison." *Journal of Labor Research*, Vol. 25, No. 1, pp.117~126.

Lipietz, Alain. 1985. *Mirages et Miracles: Problemes de l'industrialisation dans le tiers monde*. Paris: La Découverte. (A.リピエッツ. 1987.『奇跡と幻影—世界的危機とNICS』. 若森章孝·井上泰夫 訳. 東京: 新評論.)

_____. 1992. *Towards a New Economic Order: Postfordism, Ecology and Democracy*. London: Polity Press.

Lu, Ming, Zhao Chen, Yongqin Wang, Yan Zhang, Yuan Zhang and Changyuan Luo. 2013. *China's Economic Development: Institutions, Growth and Imbalances*. Northampton: Edward Elger.

McDonough, W. and M. Braungart. 2002. *Cradle to Cradle: Remaking the Way We Make Things*. New York: North Point Press.

OECD. 2006. "OECD Factbook 2006."

Perkins, Dwight. 2013. *East Asian Development: Foundations and Strategies*. Cambridge and London: Harvard University Press.

Progressive Policy Institute. 1999. "Rules of the Road: Governing Principles for the New Economy." Progressive Policy Institute, Washington D. C.

Rawls, John. 2001. *Justice as Fairness: A Restatement*. Cambridge: Harvard University Press.

Richter, Frank-Urgen(eds.). 2000. *The East Asian Development Model: Economic Growth, Institutional Failure and the Aftermath of the Crisis*. New York: St. Martin's Press.

Schneider, Aaron. 2003. "Decentralization: Conceptualization and Measurement." *Studies in Comparative International Development*, Fall 2003, Vol. 38, No. 3, pp.32~56.

Schultz, Wofgang and Thorsten Held. 2004. *Regulated Self-Regulation as a Form of Modern Government*. Eastleigh: University of Luton Press.

Scitovsky, T. 1986. "Economic Development in Taiwan and South Korea." in Lawrence J. Lau(eds.). *Models of Development: A Comparative Study of Economic Growth in South Korea and Taiwan*. San Francisco: ICS Press.

Stiglitz, Joseph. 2001. "From Miracle to Crisis to Recovery: Lessons from Four Decades of East Asian Experience." in Joseph Stiglitz and Shahid Yusuf(eds.). *Rethinking the East Asian Miracle*. New York: Oxford University Press

_____. 2002. *Globalization and Its Discontents*. New York: W. W. Norton & Company.

_____. 2003. *The Roaring Nineties*. London: Penguin Books.

_____. 2014. *The Price of Inequality: How Today's Divided Society Endangers Our Future*. New York and London: W. W. Norton & Company.

Stiglitz, Joseph and Shahid Yusuf(eds.). 2001. *Rethinking the East Asian Miracle*. New York: Oxford University Press.

Talbott, John. R.. 2008. *Obamanomics: How Bottom-Up Economic Prosperity Will Replace Trickle-Down Economics*. New York: Seven Stories Press.

Tonelson, Alan. 2002. *The Race to the Bottom*. Boulder, Co: Westview Press.

UNEP. 2008. "A Global Green New Deal." report prepared for Economics and Trade Branch, Division of Technology, Industry and Economics, United Nations Environment Programme.

Walter, Andrew and Xiaoke Zhang(eds.). 2012. *East Asian Capitalism: Diversity, Continuity, and Change*. Oxford: Oxford University Press.

Welzel, Christian. 2013. *Freedom Rising: Human Empowerment and the Quest for Emancipation*. New York: Cambridge University Press.

Wilthagen, Ton. 1998. "Flexicurity: A New Paradigm for Labour Market Policy Reform?" Flexicurity Research Programme FX Paper Nr.1.

Wilthagen, Ton and F. Tros. 2004. "The Concept of 'Flexibility': A New Approach to Regulating Employment and Labour Markets." *Tran-European Review of Labour and Research*, Vol. 10, No. 2, pp.166~187.

Woo-Cumings, M.. 2001. "Miracle as Prologue: The State and the Reform of the Corporate Sector in Korea." in Joseph Stiglitz and Shahid Yusuf(eds.). *Rethinking the East Asian Miracle*. New York: Oxford University Press

World Bank. 1993. *The East Asian Miracle: Economic Growth and Public Policy*. New York: Oxford University Press.

_____. 2013. "Gender Equality Data."

World Economic Forum. "Global Gender Gap Index 2012."

World Values Survey Association. 2014. "World Values Survey 2010~2014."

Yamada, Toshio. 2000. "Japanese Capitalism and the Companyist Compromise." in Robert Boyer and Yamada Toshio(eds.). *Japanese Capitalism in Crisis: A Regulationist Interpretation*. London: Routledge.

Yusuf, Shahid. 2001. "The East Asian Miracle at the Millennium." in Joseph Stiglitz and Shahid Yusuf(eds.). *Rethinking the East Asian Miracle*. New York: Oxford University Press.

찾아보기

인물 찾아보기

용어 찾아보기

김형기

현재 경북대학교 경제통상학부 교수로 재직하고 있다. 서울대학교 경제학과를 졸업하고 동 대학원에서 경제학 박사학위를 받았으며, 프랑스의 파리13대학, 중국의 푸단대학, 일본의 교토대학 등에서 초빙교수로 연구하거나 강의했다. 한국사회경제학회 회장, 대구사회연구소장, 지방분권국민운동 초대 의장, 경북대학교 교수회 의장, 대통령자문 국가균형발전위원회 위원을 지냈으며, 현재 ≪International Critical Thought≫의 편집위원이자 좋은정책포럼 대표를 맡고 있다.

그동안 경세제민의 길을 찾고자 지행합일의 정신으로 연구하고 실천하고자 노력했다. 그 과정에서 '한국 경제 제3의 길', '새로운 진보의 길', '지방분권국가의 길'을 제시하고 그 실현을 위해 활동해왔다. 이와 더불어 '공생적 시장경제', '혁신주도 동반성장체제', '애국적 진보', '분권형 복지국가' 개념을 주창했으며, 특히 1997년 외환위기 이후 박정희 모델을 넘어선 새로운 한국 모델을 제시하기 위한 연구를 거듭해왔다. 현재는 새로운 동아시아 발전 모델 연구에 매진하고 있다.

주요 저서로는 『한국노사관계의 정치경제학』(1997), 『새정치경제학』(2001), 『지방분권 정책대안』(편저, 2002, 문화체육관광부 우수학술도서 선정), 『새정치경제학 방법론 연구』(편저, 2005, 대한민국학술원 우수학술도서 선정), 『한국경제 제3의 길: 지속가능한 진보를 위한 대안적 발전모델』(2006), 『대안적 발전모델: 신자유주의를 넘어서』(편저, 2007), 『현대자본주의 분석』(편저, 2007), 『새로운 진보의 길: 대한민국을 위한 대안』(편저, 2009), 『경세제민의 길』(2014) 등이 있다.

한울아카데미 2003

새로운 한국 모델
박정희 모델을 넘어

지은이 **김형기**
펴낸이 **김종수**
펴낸곳 **한울엠플러스(주)**
책임편집 **최규선**

초판 1쇄 발행 **2018년 3월 12일**
초판 2쇄 발행 **2019년 11월 29일**

주소 **10881 경기도 파주시 광인사길 153 한울시소빌딩 3층**
전화 **031-955-0655**
팩스 **031-955-0656**
홈페이지 **www.hanulmplus.kr**
등록번호 **제406-2015-000143호**

Printed in Korea.
ISBN 978-89-460-7003-5 93300 (양장)
ISBN 978-89-460-6451-5 93300 (무선)

* 책값은 겉표지에 표시되어 있습니다.